『안티-오이디푸스』 읽기

Deleuze and Guattari's Anti-Oedipus: A Reader's Guide

Ian Buchanan

Deleuze and Guattari's *Anti-Oedipus*: A Reader's Guide
by Ian Buchanan

『안티-오이디푸스』 읽기

발행일 초판1쇄 2020년 2월 28일 | **지은이** 이언 뷰캐넌 | **옮긴이** 이규원, 최승현
펴낸곳 (주)그린비출판사 | **펴낸이** 유재건 | **주소** 서울시 마포구 와우산로 180, 4층
주간 임유진 | **편집·마케팅** 방원경, 신효섭, 이지훈, 홍민기 | **디자인** 권희원
경영관리 유하나 | **물류유통** 유재영, 이다윗
전화 02-702-2717 | **팩스** 02-703-0272 | **이메일** editor@greenbee.co.kr | **신고번호** 제2017-000094호

ISBN 978-89-7682-160-7 93100

이 도서의 국립중앙도서관 출판예정도서목록(CIP)은 서지정보유통지원시스템(http://seoji.nl.go.kr)과 국가자료종합목록
구축시스템(http://kolis-net.nl.go.kr)에서 이용하실 수 있습니다.(CIP제어번호: CIP2020004715)

철학과 예술이 있는 삶 **그린비출판사**

『안티-오이디푸스』읽기

이언 뷰캐넌 지음 | 이규원 · 최승현 옮김

Deleuze and Guattari's
Anti-Oedipus: A Reader's Guide

그린비

벤트 마이어 쇠렌센을 위해

감사의 말

나는 특별히 이 책에 대한 아이디어를 제공해 준 한조 베러섬Hanjo Berressem, '파파머미는 없다'Got no pappamummy 워크숍에 참여한 모든 학생들에게 고마움을 전한다. 또 클레어 콜브룩Claire Colebrook, 윌리엄 코널리William Connolly, (인내심 있는 편집자인) 세라 켐벨Sarah Campbell, 마틴 푹상Martin Fuglsang, 프레드릭 제임슨Fredric Jameson, 크리스티안 커슬레이크Christian Kerslake, 그렉 램버트Gregg Lambert, 존 마크스John Marks, 니거 모테드Negar Mottahedeh, 폴 패턴Paul Patton, 애드리언 파Adrian Parr, 패트리시아 피스터스Patricia Pisters, 데이비드 로도윅David Rodowick, 마르크 뢸리Marc Rölli, 호스트 루스로프Horst Ruthrof, 데이비드 사밧David Savat, 대니얼 스미스Daniel W. Smith, 벤트 마이어 쇠렌센Bent Meier Sørensen, 마르셀 스위보다Marcel Swiboda, 닉 서번Nick Thoburn과 제임스 윌리엄스James Williams는 들뢰즈와 가타리를 보는 시야를 자극해 주었다. 아무도 자신의 시각과 얼마나 다른지를 놓고 문제 삼은 이는 없었다.

다시 한 번 타냐 뷰캐넌Tanya Buchanan에게 고마움을 전해야만 하겠다. … 당신과 나, 우리는 기나긴 길을 함께 했다. 말없이 동행해 준 코트니와 서배스천에게도 고마움을 전하며.

2007년 5월, 카디프에서

일러두는 말

이 책은『들뢰즈주의』*Deleuzism*의 후속편이다. 나는 들뢰즈의 작품과 변증법 사이의 연접을 보다 상세히 잇고자 하였다. 동시에 상이한 작업도 시도하였는데, 나는 이를 '실용적 들뢰즈주의'라고 부른다.

약어표

본문에 제시한 들뢰즈·가타리의 문헌 인용은 괄호 안에 간단히 약어와
쪽수로 표시하였다. 문헌의 쪽수는 앞의 것이 영어본, 뒤의 것이 프랑스
어본이다.

질 들뢰즈와 펠릭스 가타리의 공저

AO   G. Deleuze and F. Guattari, *Anti-Oedipus: Capitalism and
Schizophrenia*, Trans. R. Hurley, M. Seem and H. R. Lane, London
and New York: Continuum, 2004. / *L'Anti-Œdipe. Capitalisme et
Schizophrénie* (1972), Paris: Éditions de Minuit, 2002.

ATP   G. Deleuze and F. Guattari, *A Thousand Plateaus*, Trans. B.
Massumi, London and New York: Continuum, 2004. / *Mille
Plateaux. Capitalisme et Schizophrénie 2* (1980), Paris: Éditions de
Minuit, 2001.

WiP?   G. Deleuze and F. Guattari, *What is Philosophy?*, Trans. H.
Tomlinson and G. Burchell, New York: Columbia University Press,
1994. / *Qu'est-ce que la philosophie?*, Paris: Éditions de Minuit,
1991.

K   G. Deleuze and F. Guattari, *Kafka: Towards a Minor Literature*,
Trans. D. Polan, Minneapolis: University of Minnesota Press, 1986.
/ *Kafka: Pour une Littérature Mineure* (1975), Paris: Éditions de
Minuit, 2005.

질 들뢰즈의 저작

TRM G. Deleuze, *Two Regimes of Madness: Texts and Interviews 1975-1995*, Ed. D. Lapoujade, New York: Semiotext(e), 2006. / *Deux régimes de fous et autres textes : textes et entretiens 1975-1995*, Paris: Éditions de Minuit, 2003.

C1 G. Deleuze, *Cinema 1: The Movement Image*, Trans. H. Tomlinson and R. Galeta, London: Continuum, 2005. / *Cinéma I: L'image-mouvement*, Paris: Éditions de Minuit, 1983.

C2 G. Deleuze, *Cinema 2: The Time-Image*, Trans. H. Tomlinson and R. Galeta, London: Continuum, 2005. / *Cinéma II: L'image-temps*, Paris: Éditions de Minuit, 1985.

DI G. Deleuze, *Desert Islands and Other Texts 1953-1974*, Ed. D. Lapoujade, New York: Semiotext(e), 2004. / *L'île déserte et autres textes: textes et entretiens 1953-1974*, Paris: Éditions de Minuit, 2002.

PS G. Deleuze, *Proust and Signs: The Complete Text*, Trans. R. Howard, Minneapolis: University of Minnesota Press, 2000. / *Proust et les signes* (1964), Paris: PUF, 1976.

CC G. Deleuze, *Essays Critical and Clinical*, Trans. D. W. Smith and M. A. Greco, Minneapolis: University of Minnesota Press, 1997.

N G. Deleuze, *Negotiations: 1972-1990*, Trans. M. Joughin, New York: Columbia University Press, 1995. / *Pourparlers 1972-1990*, Paris: Éditions de Minuit, 2003.

DR G. Deleuze, *Difference and Repetition*, Trans. P. Patton, London: Athlone, 1994. / *Différence et répétition* (1968), Paris: PUF, 2005.

ES G. Deleuze, *Empiricism and Subjectivity: An Essay on Hume's Theory of Human Nature*, Trans. C. V. Boundas, New York: Columbia University Press, 1991. / *Empirisme et subjectivité: Essai sur la nature humaine selon Hume* (1953), Paris: PUF, 1998.

D G. Deleuze and C. Parnet, *Dialogues II*, Trans. H. Tomlinson & B. Habberjam, London: Continuum, 1987. / *Dialogues* (1977), Paris: Flammarion, 1996.

NP G. Deleuze, *Nietzche and Philosophy*, Trans. H. Tomlinson, London: Athlone, 1983. / *Nietzsche et la philosophie* (1962), Paris: PUF, 2003.

펠릭스 가타리의 저작

AOP F. Guattari, *The Anti-Oedipus Papers*, Ed. S. Nadaud, Trans. K. Gotman, New York: Semiotext(e), 2006. / *Écrits pour L'Anti-Œdipe*, textes présentés et agencés par Stéphane Nadaud, Paris: Lignes-Manifeste, 2004.

CY F. Guattari, *Chaosophy*, Ed. S. Lotringer, New York: Semiotext(e), 1995.

차례

Deleuze and Guattari's
Anti-Oedipus: A Reader's Guide

1장

역사적 맥락에서 본 들뢰즈와 가타리

> 우리에게 중요한 것은 그저 둘이서 함께 작업하고 있다는 사실이었습니다.
> 우리는 '저자'이기를 멈췄던 거지요.
> — 질 들뢰즈·클레르 파르네, 『디알로그』*Dialogues*

> 나는 순진하게도 '함께'라는 것을 '내 친구 녀석들'을 뜻하는 것으로 착각했었다. 하
> 지만 이런 착각은 길지 않았다! 어느새 나는 우리 둘뿐임을 깨닫게 된 것이다. 그것
> 은 내가 그전까지 상상도 못 했던 격정을 동반한 작업이었다.
> — 펠릭스 가타리, 『카오소피』*Chaosophy*

페리 앤더슨이 늘 지적했던 바와 같이, 서구 마르크스주의에 대한 알튀세르의 지배력, 보다 일반적으로는 1960년대의 비판이론은 68혁명 이후 절대적으로 쇠퇴하였는데, 이는 이 해 5월에 벌어진 사건에 대해 그들이 제대로 된 대답을 주지 못했기 때문이었다.[1] 그러나, 설령 앤더슨이 들뢰즈와 가타리가 행한 작업에 동조하지 않는다 하더라도, 그들이 정확히 같은 시기에 5월이라는 사건에 개입하여 정합성 있는 대답을 내놓았다는 점에는 그도 동의할 것으로 본다. 하지만 우리는 "『안티-오이디푸스』의 경우"를 앤더슨처럼 "방자한 주관론"saturnalian subjectivism의 난입으로 이해할 필요는 없다.[2]

---

1 Perry Anderson, *In the Tracks of Historical Materialism*, London: Verso, 1983, p. 39.
2 Ibid., p. 51.

나는 이들의 작업 결과가 앤더슨이 말한 것처럼 비합리적인 것이라기보다는 오히려 매우 복잡하고 대담한 것이었다고 말하고 싶다. 이는 이 시기 서구 마르크스주의의 상태에 대한 앤더슨의 전반적인 평결을 들뢰즈와 가타리의 작품에 투사해 버림으로써 그들의 기획을 당시에 만연하던 경향과 동일시해 버릴 위험이 있다고 말할 수 있기 때문이다. 앤더슨이 1960년대에서 1970년대에 걸쳐 이루어진 이론의 발전에 관련하여 가장 실망(이 표현이 맞는 말인지 확신할 수는 없지만)한 점은 '전략', 즉 "자본주의화된 민주주의를 사회주의적 민주주의로 전환하는 구체적이고 타당한 관점의 구성"[3]에 실패했다는 사실이었다. 그러나 여기서 기억해야 할 것은 비록 앤더슨의 이런 고발이 들뢰즈와 가타리를 포함해 여러 사상가들을 겨냥하는 방식으로 취해졌다 해도, 그의 지적이 정말 타당하게 되는 대상은 오히려 상황 자체였다는 점이다. 마르크스주의와 단절했다고 아도르노를 비판한 사람들에게 프레드릭 제임슨이 대답했듯이, "변한 것은 사람들이 아니라 바로 상황"인 것이다.[4]

68혁명의 결과적인 실패 —— 들뢰즈와 가타리는 그렇게 생각하지 않았지만 —— 는 알랭 바디우가 "테르미도르적"[반동적]이라고 적절히 묘사한 상황을 낳고 말았다.[5] 즉, 그것은 전략적 사고를 생각하기 힘든 순간이었다는 것이다. 따라서 68혁명 이후 서구 마르크스주의의 도전은 앤더슨이 요구했던 바와 같이 이론을 수반한 전략을 제공하는 것이 아니라, 그 실행 불가능성이 지닌 치명적 오점을 세척하기 위해 이론을 활용

---

3 Ibid., p. 27.

4 Fredric Jameson, *Late Marxism: Adorno, or, The Persistence of the Dialectic*, London: Verso, 1990, p. 4.

5 Alain Badiou, *Metapolitics*, trans. J. Backer, London: Verso, 2005, p. 136.

하는 것으로 바뀌었다. 이것이 바로 『안티-오이디푸스』가 욕망의 계보학 genealogy of desire을 통해서 답하고자 한 것, 즉 욕망이 언제 어떻게 사슬에 매이게 되는가 하는 것이었다. 『안티-오이디푸스』의 마지막 페이지들에 서까지도 들뢰즈와 가타리는 따라야 할 모델을 제시하려 들지 않았다고 말한다. 그러나 그것은 그들의 테제, 만일 우리가 욕망을 적절하게 이해하고 그것을 이해관계와 분명히 구별한다면 혁명은 이미 일어난 것이라는 테제와 연관되어 있다. 물론 이 혁명은 늘 영원히 연기될 위험 속에 처해 있다. 2007년 프랑스 대선 당시 니콜라 사르코지가 했던 선언을 생각해 보라. "우리는 68년 5월의 유산을 청산할 날을 이틀 앞두고 있습니다!"[6]

질이 펠릭스를 만났을 때

질 들뢰즈와 펠릭스 가타리는 1969년 여름에 만났다. 들뢰즈는 자신들의 만남에 대해 말하길, 가타리는 들뢰즈가 찾으려 했던 사람들 중의 하나였지만 그때까지만 해도 그가 누구인지조차도 몰랐다는 것이다. 그들의 만남은 확실히 의미 있는 것이었는데, 둘이 만났을 때 들뢰즈가 함께 작업하길 제의했기 때문이었다.[7] 너무나도 자주, 누가 어떤 대목을 썼는가라는 천박한 종류의 동기를 가지고 그들이 실제로 어떻게 공동 작업에 임했는가를 추측하는 글들이 난무했다. 그러나 이에 대해 들뢰즈는 둘이 서로 상대가 홀로 뻗어 나간다고 생각될 때 무엇인가를 배울 수 있었다고 말한다. 들뢰즈는 파르네와의 대담에서, '픽업' 방식으로 가타리와 작업했지

---

6 *The Guardian*, 5 May 2007, p. 21 (International News section).
7 S. Nadaud, "Love Story between an Orchid and a Wasp", Félix Guattari, *The Anti-Oedipus Papers*, ed. S. Nadaud, trans. K. Gotman, Semiotext(e), 2006, p. 12.

만 결국 이때의 '방식'이라는 것은 적절한 단어가 아니며 오히려 '상호-절도'double theft이자 '비-평행론적 진화'a-parallel evolution로 보는 것이 더 나을 것이라고 말한 바 있다(D, 18/25).

그것은 편지로 시작되었다. 결국 우리는 가끔씩 만나 상대가 하는 말을 귀 기울여 듣기 시작했다. 그것은 무척 흥미로웠다. 그러나 또한 정말 지루한 것이기도 했다. 우리 둘 중 한 명이 늘 너무 많이 말했던 것이다. 종종 어떤 개념을 둘이 서로 상이한 맥락 속에서 밀고 나가 상대가 그것을 이해하지 못하고, 몇 달이 지나도록 어떤 것도 만들어 내지 못하곤 했다. […] 또 우리는 너무 많이 썼다. 펠릭스는 글쓰기란 모든 종류의 것들을 그려 내는 분열증적 흐름이라고 이해한다. 나는 사방에서 날아오르는 동시에 하나의 알처럼 그것 자체로 완결적인 글쓰기를 좋아했다. 당신은 과묵함, 공명, 헤맴 그리고 모든 종류의 애벌레들을 책 속에서 발견하게 될 것이다. 결국 우리가 진정 함께 글을 쓰기 시작하는 일은 문제될 것이 없었다. 우리는 다시 쓰는 일로 계속 돌아갔다. (N, 14/25)

1969년 들뢰즈는 마흔넷이었고 이제 막 국가박사학위를 완성하여 매우 훌륭한 연구자의 전형이 되어 있었다. 그의 친구들도 그렇게 생각했다. 안토니오 네그리는 훗날 "들뢰즈는 유쾌한 성격을 가지고 있었다. 하지만 그는 역시 교수, 지식인이었다!"라고 회상했다.[8] 비슷하게 가타리도, 들뢰즈와의 공동 작업에 대한 희망은 들뢰즈가 점점 정치적 행위에 관심

---

8 A. Negri, *Negri on Negri: Antonio Negri in Conversation with Anne Dufourmantelle*, trans. M. B. DeBevoise, London: Routledge, 2004.

을 갖도록 했지만 그것은 역효과도 있었다고 말한다(CY, 28).[9] 이것이, 들 뢰즈가 정치적으로 수동적이거나 관여하고 싶어 하지 않았다는 말은 아 니다.[10] 그러나 그는 새로운 개념의 발명을 통해 새로운 형식의 사유를 만 들고, 글쓰기를 통한 정치적 실천을 선호한 이였음을 쉽게 알 수 있다. 들 뢰즈는 그 스스로가 인정하듯이, 너무 많이 여행을 다니게 되면 그것이 자신의 생성을 막아 버린다고 생각한다(N, 138/188). 그러나 이런 냉정함 에도 불구하고, 성실한 학자인 이 교수가 확실히 강력하고도 지적인 흡인 력을 세미나와 책을 통해서 행사한 것이 사실이다.

비록 들뢰즈 사후에 나오긴 했지만, 1988년 프랑스 국영방송에서 녹 음된 그와 파르네 간의 여덟 시간에 걸친 대담인 「들뢰즈 ABC」*L'Abécédaire de Gilles Deleuze*에서 시청자들은 이 점을 생생히 볼 수 있다.[11] 인터뷰는 1980년, 그에게 마음을 빼앗긴 학생들로 가득 찬 뱅센 대학의 작은 세미 나실에서 진행했던 내용들을 거칠고 조악한 흑백영상에 담아 감칠맛 나 게 보여 준다.[12] 들뢰즈가 앉은 평평한 테이블은 테이프 레코더 및 소형 마이크들과 더불어 새로운 학생 세대의 욕망기계들로 덮여 있다. 실험 적 뮤지션으로서 들뢰즈를 공부하는 리샤르 피나Richard Pinhas도 그들 중

---

9 '실천'에 대한 들뢰즈의 접근이 갖는 모순을 탁월하게 논의한 것으로는 N. Thoburn, *Deleuze, Marx and Politics*, London: Routledge, 2003, pp. 35~37 참조.
10 예컨대 그는 감옥정보그룹(GIP)에 속해 있었고 훗날 팔레스타인에 대한 취급과 제1차 걸프 전쟁에 반대하기도 했다.
11 이는 DVD로 나와 있다.
12 들뢰즈는 학생들에게 말했다. "나는 자네들이 나에게 무슨 의미를 갖는지, 내가 무엇을 줄 수 있는지 말한 바 없지. […] 그것은 반향실(反響室), 되먹임 회로 같아. 다양한 필터를 통해 아이디어가 지나가고 나면 다시 떠오르는 것. 개념을 통한 철학적 이해뿐 아니라 지각과 감 응에 바탕을 둔 비철학적 이해 또한 얼마나 많이 필요한 것인가를 깨닫는 것. 자네들은 둘 다 필요해."(D, 139/191)

한 명이었다. 그는 여러 개의 세미나 기록들을 녹음했는데, 이는 '웹 들뢰즈'www.webdeleuze.com에 접속하면 만날 수 있다. 그 과정을 통해서 그는 들뢰즈의 가르침에 접근할 수 있게 하려는 집단적인 아카이브 프로젝트에 대한 놀라울 정도로 자발적인 열광을 이끌어 낼 수 있었다. 기록들은 데이터로 저장되고 여러 언어로 번역되었고, 덕분에 들뢰즈 연구자들에게 매우 유용한 자료가 되고 있다.[13]

들뢰즈는 자신의 이전 세대에 반反하여 스스로의 지적 정체성에 대해 정의 내렸다. 그는 자신의 스승들을 존경했음에도 불구하고 그들의 가르침을 확실히 거부했다. "나는 이분법이나 코기토에 관련된 데카르트나 삼원 형식[정·반·합] 혹은 부정의 조작에 관련된 헤겔을 참을 수가 없었다."(D, 14/21) 하나의 예외는 사르트르였다.[14]

학생 시절 들뢰즈는 사르트르를 통해 신선한 공기를 마셨지만, 그것은 실존주의나 현상학에 대해 그랬던 것은 아니었다(D, 12/18). 소설가인 미셸 투르니에는 들뢰즈가 학부 시절에 이미 굉장한 혁신가였다고 회고한다.

우리는 하나의 말을 이해하고 거기에서 진부함, 어리석음 혹은 지성의 실패를 폭로해 버리는 들뢰즈의 이해력에 곧바로 놀라곤 했습니다. 그는 번역과 재구성에 놀라운 능력을 가지고 있었어요. 지루한 철학 교육 과정들이 그를 거치고 나면 완전히 이해할 수는 없지만 신선하고, 아직

---

13 피나는 들뢰즈로부터 받은 영감을 바탕으로 들뢰즈의 목소리와 음악적 [기술들을] 이용하여 낯설고 다양한 전자음을 조합해 냈다.
14 흥미롭게도 가타리 또한 '탈영토화'(deterritorialization) 같은 특정한 개념이 사르트르에게서 큰 영향을 받은 것이라고 말한다.

소화되지 않고 통렬한 맛을 내는 새로운 것이 되어 버렸죠. 취약하고 게으른 마음이 당황과 반감을 느끼게 되기도 했지요.[15]

들뢰즈는 자신의 젊은 시절이 "철학사 때문에 죽을 정도로 압박을 받았던" 세대에 속했었다고 묘사한다(N, 5/14). 들뢰즈는 "넌 이걸 읽기 전까진 그걸 할 수 없어"와 같이 모든 학생들을 구속했던 정언명령에 의해 사유를 진공 속에 넣는 억압적 방식에 반대했다.

그는 여기에서 빠져나오기 위해 "비역질 혹은 (같은 말로서) 무오류적인 개념화로서 철학사"를 생각했다. "나는 저자의 등 뒤에서 그를 껴안고 괴물 같은 자식을 안겨 주고자 했다."(N, 6/15) 그가 초기에 쓴 흄, 베르그송, 니체 그리고 스피노자는 그들 자신의 말보다는, 그들을 바라보는 기존의 관점과는 완전히 다른 어떤 것에 관한 것이다. 그러나 보다 중요한 것은 이 책들이 들뢰즈를 다르게 생각하도록 만들어 주었다는 것이며 그의 탈주선, 곧 '마녀의 빗자루'(D, 15/22)를 타고 자신의 바깥으로 나가 주어진 상황의 한계를 뛰어넘는, 그에게 철학하는 일의 자유를 안겨 주었다는 점이다. 자신이 생각한 바와 같이 그는 박사학위 논문인 『차이와 반복』*Différence and Répétition*의 주요 테마들을 쓰기 전까지 자신만의 철학을 시작한 것은 아니었다. 그에 따르면 특히 3장 '사유의 이미지'는 정확히 근본적으로 새로운 사유를 산출해 낼 가능성에 관한 조건으로서 훗날 가타리와의 공동 작업의 길을 닦는 것이었다(D, xvii).

들뢰즈보다 몇 살 어린 가타리는 1969년 당시 서른일곱이었다. 당시

---

15 Michel Tournier, *The Wind Spirit: An Autobiography*, trans. A. Goldhammer, Boston: Beacon Press, 1988, p. 128.

그는 학위도, 자신의 저서도 없었다. 네그리는 훗날 공동작업자가 될 두 사람의 대조적인 성격을 생생하게 비춘다. 들뢰즈에 대해 말하면서 네그리는 다음과 같이 말한다. "우리[네그리와 가타리]는 너무 많은 것들에 대해 이야기했지만 우울하다거나 힘들다거나 문제가 있다고 그에게 말할 수 없었어요. 저를 위한 어떤 것도 물을 수 없었고요. 이탈리아에서 벌어지고 있는 일을 그에게 설명한다는 건 어려운 일이었습니다. 저는 펠릭스와는 함께 할 수 있었죠. 곧바로 우리는 함께 아이디어를 만들기 시작했습니다. 이론적인 것까지도요."[16] 가타리는 창조적 불꽃을 함께 만들어 내기 위해 사람들을 조직하였다. 그것은 마치 살아 있는 '횡단성'transversality을 체화한 것으로서 주체와 대상, 주체와 주체 간의 관계를 묘사하기 위해 발명해 낸 개념에 가까웠지만, 결코 통합적이거나 전체론적이지는 않았다는 점이다. 가타리는 들뢰즈를 만나기 전 이미 프랑스에서 정치적인 활동가로서 악명 높았다. 그는 알제리의 탈식민화와 죄수에 대한 부당한 대우의 시정(그는 푸코의 감옥정보그룹의 성원이었다), 프랑스 정신병원에서의 개선된 치료, 자유라디오의 설립, 게이의 권리 및 녹색당 등 다방면의 캠페인을 벌여 '반체제 인물'Monsieur Anti로 프랑스 신문에 알려져 있었다. 그는 1973년 「30억 명의 도착: 호모 섹슈얼리티 사전」이라는 도발적인 제목으로 오켕겜Guy Hocquenghem과 셰레René Schérer가 편집하는 『탐구』Recherches지에 특별기고를 하여 국가적 차원의 감수성을 건드리기

---

16 A. Negri, *Negri on Negri*, p. 46. 여기서 네그리는 앰네스티인터내셔널의 도움으로 1980년대 초반 이탈리아에서 프랑스로 옮길 수 있도록 한 것이 가타리였다고 말한다. 그들은 비록 어렵지만 공산당과 녹색당 간의 연합을 구축하려는 의미 있는 시도를 위해 성명서 *Communists Like Us: New Spaces of Liberty, New Lines of Alliance*, 1985를 발표하는 등 여러 정치적 기획을 함께 하였다. 이것은 마이클 하트(Michael Hardt)와의 공동 작업, 특히 『제국』(*Empire*, 2000)을 위한 전조가 되었다.

도 했다.[17] 프랑스 법원은 이를 금지했고 모든 복사물들을 없애도록 명령했다. 가타리는 벌금형을 받았지만 결코 내지는 않았다. 보다 심각한 것은 동료인 네그리가 '붉은 여단'과 공모한 혐의로 1977년 체포되었다는 사실이다. 가타리는 바더-마인호프 그룹Baader-Meinhof Group에 동정적이었던 독일의 변호사 클라우스 크로이산트에 대한 독일에서 프랑스로의 송환에도 반대했다. 1950년대 후반과 1960년대 초반에는 프랑스 법으로부터 알제리를 독립시키기 위해 게릴라군이 창설한 '알제리 민족해방전선'을 위한 자금책이 되었다.

가타리의 실천주의는 1953년 장 우리가 세운 라 보르드 사설 정신 클리닉에서 수련의로 임상 활동을 하면서 형성되었는데, 이 기관의 목적은 "제도를 탈-제도화시킨" 전혀 새로운 형식의 돌봄을 제공하는 데에 있었다.[18] 보르도에서 요리사와 청소부를 포함한 모든 직원은 환자의 치료에 참여하였고, 다수의 환자와 의사 및 간호사들이 병원을 함께 유지해 나갔다. 가타리는 들뢰즈에게 "우리가 시도하고 있는 것은 (수많은 하급 카스트제도들은 물론이고) 환자와 간호사 그리고 의사의 카스트제도를 뒤집는 것"이라고 설명했다(AOP, 144/204). 가타리는 우리가 데려온 사람인데 왜냐하면 그가 집단 활동을 잘 조직했기 때문에 직원과 환자 간의 벽을 허무는 데에 도움을 줄 것이라고 보았기 때문이었다. 가타리는 1969년 프로이트와 라캉을 주요 해석가로 인정하는 분석가 협회에서 공식 훈

---

17 이 간행물에 대한 상세한 분석은 G. Genosko, "The Figure of the Arab in *Three Billion Perverts*", *Deleuze Studies*, 1 : 1, 2007, pp. 60~78을 참조.
18 장 우리의 작업에 대한 보다 상세한 설명은 다음의 중요한 인터뷰를 볼 것. Jean Oury, "The Hospital is Ill: An Interview with Jean Oury", trans. D. Reggio, *Radical Philosophy*, 143, 2007, pp. 32~45.

련을 받았다. 비록 그가 파리 프로이트협회의 라캉학파의 성원으로 남긴
했지만, 1980년 라캉의 죽음으로 파경을 맞을 때까지, 라캉과 라캉 정신
분석과의 관계는 좋게 말해도 상극적인 것이었다.

가타리는 자신의 『안티-오이디푸스 초록』*The Anti-Oedipus Papers*에서
『안티-오이디푸스』 출간 이후 (저자들에 따르면, 비록 이 책이 라캉을 라캉
주의자들로부터 구해 내고자 한 것이긴 하나) 그들 사이의 껄끄러운 관계
가 명확해지기에 이르렀다고 말한다. 사실 이 책이 출간되기 전부터 라캉
은 스트레스를 받고 있었고, 또한 가타리의 잡지에 따르면 자신에게 원
고 한 부를 보내라는 압박도 하고 있었다. 가타리는 이를 거부해야만 했
는데, 왜냐하면 라캉과의 관계가 개인적인 것도 아니었을뿐더러 그 텍스
트가 완성되었을 때에만 라캉에게 보여 주고 싶었기 때문이다.[19] 들뢰즈
와 라캉은 확실히 라이벌로서 인식되었고 그들의 세미나가 같은 시간에
잡힐 경우 학생들은 누구를 선택할 것인가를 놓고 고민에 빠지게 되었다.
이 경쟁에서 확실한 승자로 간주된 들뢰즈는 그들이 『안티-오이디푸스』
를 통해 라캉에게 일종의 '분열증적 도움'을 주고자 한 것으로 [세간에]
받아들여졌다. 그것은 들뢰즈가 구조, 상징적 질서, 기표 따위의 라캉적
개념들을 소거해 간다는 것을 뜻하기도 했지만, 이는 "명백히 잘못 알려
진"(N, 14/25) 것이다.

들뢰즈와 가타리의 협동작업은 종종 자신들이 묘사한 것처럼 말벌
과 난초의 만남과 같이 대조적 인물 간의 만남으로 묘사되었다.[20] 이런 묘
사는 피상적인 것이기는 하지만, 하나의 완벽함에 따라 다른 것을 보완하

---

19 가타리는 『안티-오이디푸스』를 둘러싼 라캉과의 만남을 회고하면서 자신의 일기에 무언가
    어긋나고 있다고 썼다(AOP, 344/프랑스어판에는 없음).
20 S. Nadaud, "Love Story between an Orchid and a Wasp", pp. 11~22.

라는 말을 함축한다는 점에서 오류이다. 더욱이 이런 신화는 치명적인 효과를 낳는다는 점이 확실하다. 가타리는 들뢰즈의 젊은 파트너로서 경시되고 아예 무시되거나(나를 포함한 대다수의 주석가들이 '들뢰즈와 가타리'로 써야 할 대목에서 '들뢰즈'라고만 쓰는 오류를 범해 왔다), 보다 심하게는 그가 들뢰즈를 낯선 곳으로 빠져들게 하여 그를 망쳐 버리고, 그들의 글을 불완전한 것으로 만들었다고까지 말해진다. 그러나, 나는 아직 구체적인 방식을 찾아내지는 못했지만, 가타리의 기여를 강조할 필요가 있다는 게노스코의 언급에 동의하는 바이다.[21]

68년 5월

『안티-오이디푸스』가 68년 5월에 관한 저서임은 저자들 자신의 말을 빌려 종종 이야기되곤 한다. 그러나 이는 무엇을 뜻하는가? 크리스틴 로스는 『68년 5월과 그 이후의 삶』*May '68 and its Afterlives*에서, 68혁명이라는 역사적 사건, 그리고 그것이 프랑스 지성계에 끼친 영향과 함의는 광범위한 대중운동의 하나로서 운동에 참가한 이들에게조차도 결코 직선적이거나 명백한 것이 아닌, 단일한 배경, 의견, 정치, 동기와는 먼 것이었다는 점을 지적한다.[22] 들뢰즈나 가타리 모두 사상가, 활동가, 작가로서 로스의

---

21 G. Genosko, *Félix Guattari: An Aberrant Introduction*, Continuum, 2002, p. 16.

22 "68혁명은 프랑스 역사상 가장 큰 대중운동으로서 (900만 명의 노동자를 포함하는) 가장 큰 파업이자 제2차 세계대전 이후 선진국에서 벌어진 유일한 '대중적'(general) 반란이다. 그것은 서비스산업, 정보통신 및 문화산업 ──총체적인 사회적 재생산의 영역 ──과 같이 전통산업을 뛰어넘어 확장된 첫 번째 대중 파업이었다. 그것은 전문적인 분과도, 노동자 간의 범주 구분도 없이 [전통적] 파업에 영향을 받지 않았다. 즉, 프랑스에서 종교, 도시, 마을의 구분에 영향을 받지 않았다는 것이다."(K. Ross, *May '68 and its Afterlives*, Chicago: Chicago University Press, 2002, p. 6)

만신전에 들지 않는 "지적이고 정치적인 궤적"을 그리면서 68년 5월로 돌아간 이들이다.[23] 얼핏 보기에 이는 부당해 보일 수 있는데 왜냐하면 결국 들뢰즈와 가타리 자신들이 68혁명에 스스로 연루된 것이 아닌, 특히 가타리의 경우 악명 높은 오데옹 극장Théâtre de Odéon에 속해 있었기 때문이다. 그러나 로스의 평결에는 일면의 진실 이상의 것이 존재한다. 그들이 인정한 바에 따르면 들뢰즈와 가타리는 68혁명으로부터 공격을 당한 셈이고, 그 점은 둘 모두를 놀라게 했으며 대응을 위해 허둥거리도록 만들었기 때문이다.[24] 그러나 이미 말한 바와 같이 들뢰즈와 가타리의 욕망과 생성 개념이 5월 운동에서 벌어진 일을 설명하지 못했다는 로스의 생각에는 동조할 만한 이유가 없다고 본다.[25]

들뢰즈와 가타리가 5월이라는 사건에 대응하는 데에 있어서 생긴 어려움은, 그들이 함께 산출해 낸 작품의 핵심적 구조가 종종 한숨이 나올 만큼 복잡한 것과도 관련이 있다. 그들은 68년 5월의 가능성에 들뜬 것만큼이나 그 실제 모습에 괴로웠고, 이 양가성은 완화된 안도감을 가져다준 68혁명과 같이 당시의 정치적 사유나 행위가 지닌 모순을 설명하기 위해 욕망의 이론을 그려 내도록 했다.[26] 들뢰즈와 가타리는 68혁명이라는 변

---

23 Ibid., p. 6.
24 "68혁명은 다른 이들 만큼이나 질과 내게는 큰 충격으로 다가왔다. 즉, 우리는 이전에 서로를 알지 못했지만 그럼에도 불구하고 지금 이 책에서 그것은 하나의 결과가 되어 있다."(N, 15/26)
25 K. Ross, *May '68 and its Afterlives*, p. 116.
26 우리는 다른 하나의 사례로 (비록 68혁명의 규모는 아니지만) 1999년 1월 시애틀에서 벌어진 반(反)세계무역기구 운동을 들 수 있는데, 이는 거대 권력의 사업적 이해관계에 친화적인 전지구적 흐름을 위해, 새롭게 규정된 세계질서의 부흥에 반대하는 블루칼라 노동자들과 환경운동가들이 연합한 것으로 유명하다. I. Buchanan and A. Parr, "Introduction", eds. I. Buchanan and A. Parr, *Deleuze and The Social*, Edinburgh: Edinburgh University Press, 2006, pp. 11~14.

화, 즉 욕망 그 자체의 해방을 향한 조짐에 섞여들어 갔지만, 동시에 그것에 수반된 교의의 전환에 대해서는 매우 회의적이었는데, 욕망 전체가 다시 유폐될지도 모른다고 보았기 때문이다. 그들은 특히 저 유명한 백화제방운동과 같이 센강 좌안에 만개한 마오주의에 반대했다. 그들은 68혁명을 새로운 국가 기구의 설립을 위한 보다 장기적인 투쟁에 있어 첫 번째 혹은 최초의 단계로 보기를 거부했던 것이다.[27] 가타리는 "욕망의 해방을 위해 당이나 국가 기구에 의존해야 한다"는 것은 "이상한 일"일 뿐이라고 말했다(CY, 62).

만일 『안티-오이디푸스』가 68혁명을 정당화하려고 한 책이라면 결국 그것은 1969년에 최초로 만난 두 명의 사상가가 그것의 양가성과 불확실성을 표현했기 때문일 것이다. "그것은 우리가 축적해 놓은 지식의 불완전성에 대한 물음 이상도 이하도 아니다. 심지어 68사건 이후의 전환에 직면하여 큰 고통을 당한다 하더라도 말이다."(CY, 93) 바꿔 말해, '68세대'soixante-huitards 혹은 거기에 참여한 이도 아닐뿐더러 거리에 바리케이드를 치고 해변가의 포장도로를 파괴한 학생과 노동자도 아닌 이들이 바로 68혁명에 관한 이해를 제공하는 『안티-오이디푸스』를 쓴 셈이다. 68혁명에 관한 들뢰즈와 가타리의 침묵은 (만일 정치적으로 파장이 큰 사건에 대한 최초의 충격을 던진 이들이 소르본의 학생들에 의해서였다고 한다면) 자신들이 실제 68에 참여한 이들보다 이전 세대에 속했다고 보는

---

27 들뢰즈와 가타리는 실제로 기능하는 권력에 참여할 것이라곤 아무것도 없다고 말하면서 마오주의자들이 만들어 놓은 자기비판이라는 거센 요구가 맥빠진 것에 불과하다고 보면서 거부했다. 들뢰즈는 "68혁명 가운데 많은 좌파 교수들은 부르주아 이데올로기의 성원으로서 공개적 자기비판에 너무 많은 시간을 허비했다. 그것은 어리석은, 간단히 말하자면 학문의 전당에서의 마오주의적 충동일 따름이다"(CY, 56)라고 말했다.

한에서 부분적으로 설명될 수 있다. 그들의 지성과 정치적 견해가 형성된 시기는 2차 대전 기간이었으며, 이후 모든 형태의 조직화된 정치에서 회의주의가 고개를 든 프랑스에 물든 패배주의의 흉터를 갖고 있다고 하겠다. 1972년 가타리는 『안티-오이디푸스』와 관련해 프랑스에서 가진 인터뷰에서 다음과 같이 말했다. "우리는 파시즘이라는 공동의 신화와 더불어 해방에 대한 열광과 순진함 속에서 태어나 정치적 의식을 획득한 세대이다." 나아가 그는 "68혁명은 그간 실패한 혁명들과 짝을 이뤄 수많은 물음들을 대위법처럼 좌파에게 안겨 주었다. 다른 이들과 마찬가지로 우리 또한 우리를 위해 준비된 미래를 걱정했고 과거의 파시즘을 놓쳐 버릴 수도 있다"(CY, 94)고 덧붙인다. 바꿔 말해, 들뢰즈와 가타리는 68혁명의 진정한 의미, 예컨대 모든 것이 변했지만 실제 그들 세대가 삼았던 원칙과 다를 게 없는 오만스런 요구에 신뢰할 수 없었던 것이다.[28] 십 년 뒤, 『천의 고원』에서 그들은 레몽 아롱과 같은 [68혁명] 반대론자들을 채찍질한다.

이해할 수 없는 것은 피해야 하기 때문에 그 사건이 아무것도 아니었다고 말하는 거시정치론자들이 존재한다. 정치인, 정당, 노동조합, 많은 좌파들은 완전히 곤혹스럽다. 그러나 그들은 '조건'이 성숙하지 않았다고 반복해서 말할 뿐이다. [68혁명이] 그들을 입증된 연설가로 만들어 주는 총체적인 이분법 기계로부터 잠시 탈취해 왔음에도 불구하고 말이다.

---

28 들뢰즈와 가타리는 확실히 레몽 아롱(Raymond Aron)이나 (훨씬 더 최근에는) 피에르 노라(Pierre Nora)와 같이 68에는 아무 일도 없었다고 주장하는 이들의 관점을 공유하지는 않았다. 그들은 10년 뒤 68혁명의 기억을 묻으려 한 신철학자들과도 함께 하지 않았다(K. Ross, *May '68 and its Afterlives*, pp. 67, 171).

(ATP, 238/264)

『안티-오이디푸스』에서 거친 톤으로 반反자본주의를 외친 들뢰즈와 가타리는 68혁명의 유토피아적 측면(예컨대, 세계-변형적인)에 공감했지만 그 해법이 공산주의로의 즉각적 이동이라는 점은 수용하지 않았다.

> 해방된 욕망이란 사적 환상의 교착상태를 벗어난 욕망을 뜻한다. 즉, 그것은 적용되고, 사회화되고, 규율화되는 것에 관한 물음이 아니라, 그 과정에 있어 [기존의] 사회체제에 방해받지 않으면서 접속하고 동시에 그 표현에 있어 집단적이어야 한다는 점이다. 생각할 것은 권위주의적인 단결이 아니라 무한한 방출이다. 즉, 학교, 공장, 이웃지간, 유치원, 감옥 등에서의 욕망이 그것이다. 그것은 방향성, 전체성에 관한 물음이 아니라 동일한 진동면으로의 접속이다. 우리가 무정부적인 맥빠진 자발성과 관료주의적이고 위계화된 관습으로 무장한 당 조직 사이에서 대안을 찾는 한, 거기에는 욕망의 해방이라곤 없다. (CY, 62)

『안티-오이디푸스』가 혁명의 책으로 이해된다는 사실, 예컨대 일상의 잠재적 혁명에 눈뜨길 원하는 이들을 위한 저서임은 부정할 수 없다. 그러나 확실히 바로 앞서 인용한 바와 같이, 혁명에 대한 정의는 권력의 탈취를 포함하지 않는다.[29] 그것은 하나의 체제 전복을 뜻하지 않으며 그

---

29 따라서 나는 피터 홀워드에게 동의하지 않는다(Peter Hallward, *Out of this World: Deleuze and the Philosophy of Creation*, London: Verso, 2006, p. 7). 그는 들뢰즈가, 철학이란 단순히 사회를 이해하는 일이 아니라 사회를 바꿀 수 있어야만 한다는 마르크스의 격언을 따르사는 데에 실패했기 때문에 그의 작업이 정치적 언사를 제공한 것은 없다고 본다. 내가 보

결과 또 다른 체제가 들어서거나 마오주의자나 레닌주의자들이 요구하는 바와 같이 위에서 아래로 정부를 개혁하는 일이 아니다. 그것은 그런 프로그램을 원치 않는다.

들뢰즈와 가타리에게 혁명이란 새로운 리듬으로 요동쳐 변화하는 동시에 분열증 환자를 생성하지 않고도 기존의 권력 구조를 분열증화하는 것schizophrenizing을 뜻한다. 그러나 그들이 낡은 억압을 반복하지 않을 새로운 사회를 향한 모델을 제공하는 것은 아니다. 그들의 논변은 우리가 새로운 사회를 열 투사를 얻을 수 있다는 것이 아니라, 낡은 관습, 권력에 대한 오래된 집착, 그것에 아첨하는 일 따위를 하지 않는 것에로 이끈다. "그런 점에서 분열분석은 혁명으로부터 연원하는 사회체socius의 본성에 관한 물음이 아니며, 또한 혁명 그 자체와 동일해질 것을 주장하지도 않는다."(AO, 415/456) 그것의 유일한 물음은 바로 "혁명은 어디로부터 오는가?"일 뿐이다. 시작부터 끝까지 『안티-오이디푸스』는 이러한 단일한 물음의 지배를 받고 있다.

그것은 카스트로라는 인물, 아랍, 흑표당원 아니면 저 지평선 끝의 중국인에게서 올 것인가? 68혁명은 공장 굴뚝 속 은자마냥 집에서 키운 마오주의자인가? 봉쇄된 공리의 부가 속에서는 늘 위반이 발견되어 왔고, 파시스트 대령님은 마오를 읽기 시작한다. 우리는 또 바보가 될 수 없다.

기에 흘워드는 무엇을 할 필요가 있는가라는 행동에 반(反)하는 관조적 철학자로 들뢰즈를 그리고 있다. 들뢰즈에게 이론적 작업은 그 자체로 정치적 행위인데, 왜냐하면 그것은 사유를 위한 새로운 조건을 창조해 내고, 또 생각과 태도의 변화 이외에는 그것을 향한 다른 잠재적 공식이라고는 존재하지 않기 때문이다. 이 점에서 들뢰즈의 정치적 사유는 할러웨이(J. Holloway, *Change the World Without Taking Power*, Pluto Press, 2005)와 조지(S. George, *Another World is Possible If* ⋯, London: Verso, 2004)가 개진한 입장과 양립 가능하다.

카스트로는 그 자신과 관련해서까지도 불가능한 인물이 되었다. 공포細胞들은 결박되고 게토는 만들어진다. 노조는 자신에게 호소한다. '단념'이라는 가장 해로운 형태가 발명된다. 이해관계의 억압이 강제된다. 그러면 [대체] 어디에서 욕망이 새롭게 분출할 것인가? (AO, 413/454)[30]

이 물음에 대한 들뢰즈와 가타리의 대답은, 이어지는 장들에서 보다 상세히 검토하겠지만 새로운 욕망의 분출은 늘 욕망 자신의 내부로부터 온다는 것이다. 들뢰즈와 가타리는 욕망은 그 자체로 혁명이지만 그것은 늘 족쇄로 채워지고 나쁘게는 이해관계, 지배와 평정에 사로잡히는 일에 민감한 이해관계로 전환된다고 말한다. 『안티-오이디푸스』 내내 되풀이된 그들의 평결은 "자본주의 사회는 여러 이해관계의 징후를 견딜 수 있지만, 근본 구조를 폭발시키기에 충분한 욕망이라는 하나의 징후만큼은 유치원 수준에서도 일어난다"는 것이다(AO, 414/455[623~624]). 그러나 순수한 욕망의 징후는 심지어 혁명적 상황에서도 드물다.

우리는 혁명적 상황을 당대의 이해관계들에 대한 단순한 분석을 통해 설명할 수 없다. 1903년 러시아 사회민주주의당은 프롤레타리아의 동맹과 조직 그리고 아방가르드의 역할을 논의했다. 혁명을 준비하는 척하는 동안 1905년의 사건은 갑작스레 이를 흔들었고 달리는 열차 위로 뛰어들었다. 거기에는 광범위한 사회적 규모에서 창출된 이해 불가한 욕망의 결정화라는 상황이 존재했던 것이다. 1917년에도 마찬가지다. (CY, 65)

---

30 들뢰즈·가타리, 『안티 오이디푸스』, 김재인 옮김, 민음사, 2014, 622쪽. 한국어본의 번역과 이 책의 번역은 다소 다른 경우가 많다. 이하 한국어본 인용 페이지는 본문에 대괄호 [ ] 안에 두었다. ─ 옮긴이

같은 이유로, 혁명을 야기하는 사회질서의 붕괴를 포획하는 집단이 늘 있기 마련이다.

다니엘 게랭Daniel Guérin은 1789년 혁명에 관한 몇 가지 심오함에 대해 말한 바 있다. 부르주아는 결코 자신의 진정한 적이 누구인가에 관해 어떤 환상도 품은 바가 없다. 그것은 기존의 체제가 아니라 이전 체계의 조정을 벗어나는 무엇, 부르주아가 몇 차례고 지배하고자 애썼던 무엇이다. 그것은 역시 낡은 체제의 붕괴에 빚을 지지만, 이 힘은 낡은 체제에 반反하는 모반과는 전혀 다른 어떤 것으로 실행될 때에만 가능하다. 부르주아는 결코 혁명적이었던 적이 없다. 그들은 단지 혁명과는 거리가 먼 확실한 타자들을 만들어 낼 뿐이다. 그들은 엄청난 수의 대중이 가진 욕망을 조작하고 경로화하고 억압할 뿐이다. (CY, 65)

여기서 놓치지 말아야 할 점은 우리가 혁명이 어디에서 오는가를 규정하는 방식으로 그 관심사를 이용할 수 있다는 것이 아니라, "누가 혁명을 배반하는가?"와 같은 물음을 나란히 고려하여 설명하는 일에 관심을 두어야 한다는 점이다. 또한 들뢰즈와 가타리에게 "어디로부터 혁명이 오는가?"와 "그것이 어떻게 배반당하는가?"라는 이 두 물음은 궁극적으로 동전의 서로 다른 면일 뿐이라는 것이다.

알제리, 베트남, 이탈리아…

『안티-오이디푸스』를 68혁명에 관한 저서로 이해한다는 것은 복수적이고 다가적인 글쓰기에 초점을 맞추는 유용한 방식이긴 하지만, 이 프레임의 한계는 분명하다.[31] 『안티-오이디푸스』가 순수하게 국지적인 사건, 즉 30년 전 파리에서 일어난 단발적 사건에 대한 단발적 대응이라고 보는 것은 위험하다. 다음 장에서 보다 상세히 보겠지만, 『안티-오이디푸스』에서의 여러 논의가 확실히 파리인 중심의 그것이라고 보는 것은 맞다. 당시 특히 알튀세르, 라캉 그리고 레비-스트로스와 같이 파리의 지성계를 선도한 이들은 논쟁 중이었다. 그럼에도 불구하고, 보드리야르, 엘렌 식수, 데리다, 푸코, 이리가레, 크리스테바, 리오타르에 의한 이론적 격변은 영미권과 프랑스 대학의 해석적 제한점에도 불구하고 전 세계로 울려 퍼졌지만 이들에 대해 [앞선 선배들이] 언급하지 않았던 것 또한 사실이다. 1960년대 후반과 1970년대 초반 파리로 몰려온 전 세계의 학생들은 어느 분야에서건 새로운 사유방식과 세계관으로 무장한 채 과거의 지혜들을 수용하길 거부한 이 스승들의 발치에 앉아 있었다. 프레드릭 제임슨에 따르면 이론사에서 『안티-오이디푸스』는 "본질적으로 프랑스적인" [새로운] 십 년의 여명에 나타난 것이었다.[32] 그러나 이 시점에서 이론의 글로벌화는 생산이 국지적인 것에 불과하다는 사실을 증명해 주지 않았다. 이런 이유로 68혁명은 그 자체로 가치 있으며, 그것이 국지적인 것인가 아닌가와는 무관하게 이제껏 배워 본 적이 없는 시각으로 나타나게 된 것이다. 이는 『안티-오이디푸스』가 68혁명에 관한 저서로서 인정받을 수 있다는 나의 최초 주장에서 이어지는 당연한 귀결이리라. 즉, 68혁명 그

---

31 로널드 보그에 따르면 『안티-오이디푸스』의 명성은 양날의 검이라고 한다. 들뢰즈와 가타리는 "반(反)정신분석과 68혁명 정신의 상징이 되어 버렸고, 결과적으로 『안티-오이디푸스』가 종종 무시했던 보다 넓은 부분에 관심을 갖게 했다"라는 것이다(Ronald Bogue, *Deleuze and Guattari*, London: Routledge, 1989, p. 6).

32 F. Jameson, *Late Marxism: Adorno, or, The Persistence of the Dialectic*, p. 5.

자체가 [기존의] 역사와는 먼 곳에 위치한 복잡하고 복수적인 것으로 규정되는 한에서 『안티-오이디푸스』가 그에 관한 저서로 취급될 때 정당하다는 것이다.

68혁명에 관해 고도로 양식화된 영화인 베르톨루치 감독의 「몽상가들」(2003)은 우리의 시선에서 본다면 전복적이라 할, 68이라는 사건에 대한 당시의 적절한 역사적 측면을 조명하면서 협소하고 배타적인 파리인의 이미지를 생생하게 그리고 있다. 베르톨루치는 68혁명을 학생저항 운동으로 그리면서 그것이 어떻게 시작되었고, 어떻게 곧 9백만 명 이상의 파업 노동자가 참여하는 국가적 저항이 되었는가에 의미를 부여한다. 파업으로 인해 계단과 거리에서 미수거된 쓰레기 더미가 언덕을 이루긴 하지만 파업 노동자들은 나타나지 않는다. 더욱이 베르톨루치는 카르티에라탱Le Quartier Latin의 회랑에서 학생 저항이 시작된 것으로 그리지만, 실제로는 낭테르와 뱅센의 후미진 이민자 슬럼 구역에 있는 그야말로 얼룩진 교실에서 '살아 있는' 수업을 제공하던 새로 생긴 대학의 탑에서 시작되었다.[33] 위대한 마르크스주의 철학자인 앙리 르페브르에 따르면 그것은 정부의 냉담함을 일상적으로 '경험'하는 급진화된 학생들과 노동자 운동의 결합이 기폭제가 되었다는 것이다.[34] 둘째, 영화의 주인공인 남매 이자벨과 테오는 모두 십대 후반과 이십대 초반으로서 비교적 잘나가는 부모들과 집에서 함께 사는데, 영화에서 그들은 나이브하고, 자기몰두적이며, 도착적인 모습으로 68혁명에 참가하는 학생들로 묘사된다. 영화와 책의 편린이 만들어 준 자기만의 환상에 빠진 이자벨과 테오는 울리히와

---

33 K. Ross, *May '68 and its Afterlives*, p. 95.
34 Ibid., p. 95.

아가테의 포스트모던적 판본인 셈이다.[35] 그들은 미국인 교환학생인 매튜를 만나고 그를 초대하여 어울린다. 그들의 부모가 가 버렸을 때 그들은 자신들의 변덕을 마음껏 채울 수 있게 되었고, 그 장면은 1960년대의 반反문화, 다시 말해 섹스, 마약, 로큰롤이라는 세 개의 산물을 통한 상투적인 놀이들을 보여 준다. 그들은 거품 목욕조에 함께 들어가고 마리화나에 취한다. 테오가 브레히트식의 무관심으로 계란 후라이를 하는 동안 매튜와 이자벨은 사랑을 나눈다. 그들은 아버지의 고급 와인을 병째로 마시고 영화와 정치, 그 밖의 모든 것들에 대해 밤새 이야기 나눈다. 그들은 그 세계 바깥을 무시해 버린다.

매튜는 곧 세상을 벗어난 듯한 두 사람을 비난하며 그들의 목가적인 모습에 화를 낸다. 왜냐하면 이자벨은 진짜 '데이트'라는 것을 해 본 적이 없고 테오는 중국 홍위병마냥 몽상에 빠진 눈을 하고 있었기 때문이다. 그 모든 것은 이자벨이 매튜에 대해 사랑의 신호로서, 그의 단정한 머리를 깎을 것을 요구하면서 시작된다. 그는 그 요구가 자신들을 둘러싸고 벌어지고 있는 일의 진실과는 거리가 먼 유아적 행동으로 보였기 때문에 거절한다. 매튜는 그들에게 "뭔가 잘못되어 가는 걸 느껴"라고 말하지만 이자벨과 테오는 개의치 않는다. 그들의 정치적 각성은 아파트 창 너머 날아다니는 벽돌만으로도 충분한 것이 되고 만다. 벽돌은 문자 그대로 그들의 세계를 흔들지만 동시에 그들의 삶 또한 지켜 주고 있었다. 이

---

35 이 언급은 로베르트 무질(Robert Musil)의 『특성 없는 남자』(Der Mann ohne Eigenschaften)에 대한 것으로서 들뢰즈가 썼듯이(CC, 74) 허먼 멜빌(Herman Melville)의 『피에르』(Pierre, or the Ambiguities)에서의 피에르와 이자벨을 떠오르게 한다. 들뢰즈의 관점에서 본 무질과 멜빌의 근친상간적 관계에 대한 보다 상세한 이야기는 I. Buchanan, The Rights of Desire, Vintage, 2000, pp. 93~116을 볼 것.

자벨이 한 차례 더 진탕 놀고 나서 잠을 깨 보니, 단정치 못한 복장을 보고는 아파트에서 분명 퇴폐적인 행동이 있었음을 깨닫게 된다. 셋 모두는 서로 껴안고 벌거벗고 있었던 것이다. 정말 부끄러웠던 것은 이자벨과 테오, 매튜가 함께 자살하기 위해 가스불을 켜 놨었고 두 남자 사이에 누워서 그럴 준비를 하고 있었다. 창문이 깨져 있었던 것은 이 점 때문이다. 따라서 그들의 자기 폐쇄적인 환상계로 들어선다는 것은 목숨을 건 사건이랄 수 있다. 벽돌은 자기만족에 찬 주문을 부수고 여태껏 그들이 해 온 것에 갑자기 들어오는데, 이자벨과 테오 모두는 뭔가 밖에서 일어나고 있고 그것이 자신들에 관계된다는 것을 깨닫고는 흥미를 갖게 되는데, 무엇보다도 자신들의 세계보다 더 중요하다고 느낀다. 그들 셋은 우선 발코니로 달려가 아래에서 벌어지는 사건을 보고 거리로 뛰쳐나간다. 그러나 여기서 이 행복한 트리오는 쪼개지는데 왜냐하면 이자벨과 테오만이 참여했기 때문이다. 매튜는 자기 혼자 평화주의자라고 자청하며 그들로부터 돌아선다. 테오의 손에 화염병이 들려 있는 것을 본 매튜가 움찔했지만 그들의 소동에 합류하길 거부한다. 결국 베르톨루치의 영화는 68혁명이 프랑스에서만 배타적으로 벌어진 사건이며 동시에 잘못된 것이고 필연적으로 폭력을 낳았다고 보고 있다.

68혁명에 대한 로스의 설명은 정확히 베르톨루치의 그것과 대조적이다. 그녀는 68혁명을 단순한 학생저항으로 보는 데 대해 분노하면서, 어떤 식으로든 그것은 (역사에 대한 무지라는 면에서) 순진한 것에 불과하며 아마도 그것은 파리를 넘어 훨씬 긴 연결을 낳는 중요성을 가질 것이라고 본다. 그녀는 이 사건이 5월 한 달이라는 기간을 뛰어넘는 광범위함을 갖는다고 보면서, (베르톨루치와 같이) 소르본에서 일어난 사건으로 제한하는 것이 아니라 20년 전 일어난 알제리 전쟁으로 되돌아간다. 이는 바꿔 말해 68혁명이 그저 현대화를 가속화한 커다란 문화혁명, 곧 개인주의화의 여명이 아니라는 것이다. 그것이 사회학적 범주인 일부 '청소년'이 벌인 폭동은 결코 아니라는 것이다.[36] 그것은 알제리의 독립을 거부한 드골파의 구역질 나는 야만성을 목도하며 자라 온 세대와 분과를 가로지르는 노동자, 학생의 폭동이었다. "알제리는 프랑스 사회의 공식적인 '인도주의' 담론에 균열을 내는 정체성을 가진 것으로 정의되었다. 프랑스 안에 알제리가 있기도 했고, 그 역이기도 했다."[37] 아버지 노릇을 했던 드골 대통령을 제외한다면, 경찰의 곤봉에 의해 헤게모니 국가의 복지정책을 찬양하는 프랑스의 지도자들과 그들의 자식이길 거부한 시위대는 화해 불가능한 것이었다. 물론 『안티-오이디푸스』는 이 사건에 대한 유사 정신분석적 설명에 반反하는 경향을 보이고, 또한 알제리가 정치란 오이디푸스적 투쟁으로 환원될 수 없음을 보여 주는 정확한 사례라고 들뢰즈와 가타리는 말한다. 그들은 "[해방을] 보기 위해 속박된 사람들이 이를 기다리는 꿈을 꿔야 한다는 건 이상한 일이다. 엄마가 선교사와 춤을 추고 아빠가 세금징수관에게 욕을 해 대는 동안 자아는 백인에 의해 통제되는 유사 삼각 꼭지점 말이다"(AO, 105~106/114[175])라고 쓴다.

프란츠 파농의 작품이 보여 주는 바와 같이, 들뢰즈와 가타리는 모든 주체가 다음과 같은 것들에 직접적으로 연관됨을 제기한다.

모든 삼각구도를 지속적으로 부수는 이들 —— 군인, 경찰, 거주자, 공동연구자, 급진주의자, 저항가, 사장 그리고 그 아내 —— [이 존재하는] 역사적

---

36 K. Ross, *May '68 and its Afterlives*, p. 26.
37 Ibid., p. 38.

상황, 또한 가족의 복잡함과 내면화로 떨어지는 일을 막아서는 총체적 상황들. (AO, 107/116 [177])

필즈Belden Fields가 쓰는 바와 같이, 알제리 전쟁은 1960년대 프랑스 학생들에게 결정적 자극제였는데 왜냐하면 그것은 국가의 구조를 부정하는 것이었기 때문이다. "예컨대, 교육제도는 제국주의 전쟁을 위해 군사 관료로 젊은이들을 바꿔 내거나, 사적이건 공적이건 간에 억압적 체제 유지를 위해 돈을 버는 자본주의 관료로 바꿔 내기 위한 것으로 보인다."[38] 영화배우 장-폴 벨몽도Jean-Paul Belmondo는 1960년을 강타한 장-뤽 고다르Jean-Luc Godard의 '불운한 반反영웅'을 다룬 「네 멋대로 해라」À bout de souffle는 보통 "알제리에서 복무하고, 고통받고, 심지어 죽은 젊은 세대 프랑스인에 관한 스크린에서의 표상"이라고 본다.[39] 심지어 상대적으로 주류에서 특권을 누리는 계급에 속할지라도 자신의 운명을 뛰어넘는 조정력의 결핍은, [오히려] 교육체제 자체의 억압적 의고주의와 더불어 실로 그 총체로서의 국가 구조로 희생된 모든 이들에 대해 젊은이들이 강력히 공감하도록 만들어 낸다. 학생들은 스스로 공장 노동자와 연대하고 있다고 생각함에도 불구하고 그들의 운명은 어느 날 그들을 노동자들로 '만드는' 경영자가 된다는 사실이다. 바꿔 말해, 그들의 계급적 이해관계가 상이함에도 불구하고 학생들과 노동자들은 국가라는 논쟁의 장에서 공통의 이해관계 지점을 발견할 수 있게 되는 것이다. 국가의 통상적

---

38 B. Fields, "French Maoism", S. Sayres et al., *The 60s without Apology*, University of Minnesota Press, 1984, p. 149.

39 P. Dine, *Images of the Algerian War: French Fiction and Film, 1954-1992*, Clarendon Press, 1994, p. 220.

인 분할과 지배전략은 인구를 계층화하는 방법에 의존하고, 그 층화의 유형화가 극적으로 실패하지 않도록 정확하게 보증하려 든다. 무엇보다 최소한 국가가 혹독하게 이견을 짓누르도록 규정된 거대하고 억압적이며 일방향적인 체계 이상의 어떤 것으로서 그 자체 존재한다는 것은 불가능하기 때문에 [지배전략은] 실패한다. 불행히도 여전히 매우 강력하고 폭넓은 제도적 지원을 받고 있는 프랑스 공산당은 전쟁에 대해 '실용적인' 대답을 내놓았다. 즉, 기본 방침에 있어 전쟁이라는 것은 협상의 안정으로 끝나야 하지만 그것이 너무 강제된다면 경직되고 구식으로 비칠 수 있는 결과를 낳기 때문에 현 세대의 요구와 무관할 수 있다는 것이다.[40] 들뢰즈와 가타리는 확실히 이런 관점을 공유했고, 그들의 공공연한 반反개혁적 성향은 프랑스 공산당을 지향하는 것으로 비칠 수 있었다.

두 번째로 로스는 파리 교외의 학생 자치구 카르티에라탱만이 아니라 이전의 여타 식민지, 예를 들어 베트남과 프랑스 모두로 논의를 확장시킨다. 1950년대에 프랑스 지배자들의 탈취 과정은 그 자체로 미국인들을 내쫓는 것이었다.

전 세계에 걸쳐 정치, 문화적 지배를 행사하는 미국과의 전쟁은 제2차 세계대전의 종결 이래 행사되어 온 것으로서, 베트남은 반反제국주의와 반反자본주의라는 주제로 결합이 가능해지게 되었다. 동시에 이론적 정당화는 마오주의와 느슨하게 결합하고 있다.[41]

---

40 B. Fields, "French Maoism", p. 151.
41 K. Ross, *May '68 and its Afterlives*, p. 80.

사실상, 그 사건 자체는 하나의 사건에 의해 촉발된 것이었다. 파리의 스크리브 가에 있는 아메리칸 익스프레스 빌딩의 창문이 깨진 일로서, 1968년 3월 20일 베트남에서의 전쟁에 반대하는 일부 학생 운동가가 일으킨 것이었다. 이틀 후 낭테르에서의 학생 저항은 반反베트남[전쟁] 행렬에 대한 경찰의 엄격한 개입으로 촉발되었다. 낭테르의 학생들은 "3월 22일의 운동"이라는 표어 아래에서 결집했는데, 이는 몬카다 병영 공격과 바티스타 폭동의 시작을 기념한 카스트로의 "7·26 운동"을 의도적으로 상기시키는 것이었다. "그래서 베트남은 거리에서의 활동을 시작하는 한편, 여러 그룹들을 하나의 우산 아래에 모았다. CVN(Comité Vietnam national)은 트로츠키주의자들에 의해 장악되었고, CVB(Comité Vietnam de base)는 마오주의자들에 의해 장악되었다. 게다가 이전부터 가깝지 않았던 군인들이 함께 하고 있었다."[42] 저항자들은 물론 학생들과 노동자들에게도 베트남은 서구에서는 단지 잠재적인 것으로 생각되었을 뿐이었던 과정을 실제로 만들어 낸 것으로 이해되었다. 또 하나, 베트남은 포스트모던 자본주의 국가에 내재한 폭력성과 그것이 지켜 내려 애쓴 권력의 크기를 드러내 주었다. 현 상태status quo의 기득권을 지키려 이 강자가 약자들에게 가하는 폭력이 어떤 것인가를 드러낸 것이다.[43] 베트남은 또한 거대 국가의 취약성과 그것이 "아래로부터의 혁명"에 대해 가지는 민감성을 드러내 주었다(DI, 213/239). 사르트르는 68년 5월 혁명의 진정

42 Ibid., p. 91.
43 나는 다른 곳에서, 이 사실이야말로 2003년 이라크전쟁에서 우리가 이끌어 내어야 할 핵심 교훈임을 논한 바 있다. Ian Buchanan, "Treatise on Militarism", eds. I. Buchanan and A. Parr, *Deleuze and the Contemporary World*, Edinburgh: Edinburgh University Press, pp. 21~41.

한 뿌리는 베트남이라고 확신한 사람들 중 하나였다. 비록 수많은 전사자들을 내긴 했지만 적의 압도적인 화력을 이겨 낸 베트남의 게릴라들[베트콩]의 예야말로 서구의 지식인들로 하여금 자신들이 국가 앞에서는 무력한 존재라고 생각했던 갑갑한 울타리에서 벗어나게 해 주었다고 보았기 때문이다.[44]

보다 구체적으로, 오늘날 우리가 글로벌화라고 부르게 된 흐름(이를 통해 국지적 시장들은 글로벌 경쟁자들에게 흡수되어 갔다)에 의해 자신들의 생계를 위협받은 프랑스 노동자들은 자신들이 미국 제국주의의 희생자이기도 함을 알게 된다. 들뢰즈와 가타리는 (의도적으로 경제학자들의 메마른 언어를 사용해서) '구조 조정'의 값비싼 대가를 예민하게 간파하고 있었다.

오늘날[1972년 당시]의 상황을 살펴보면, 권력은 필연적으로 하나의 글로벌한 또는 총체적인 눈길을 품고 있다. 내가 뜻하는 것은 오늘날 억압의 모든 형태들은 권력의 관점에서 쉽게 총체화되고 체계화된다는 것이다. 이민자들에 대한 인종적인 억압, 공장에서의 억압, 학교와 교육에서의 억압, 젊은이들에 대한 광범위한 억압 등등. 우리는 억압의 이런 형태들의 통일성을 오로지 68혁명에 대한 반동에서 찾을 수밖에 없다. 물론 좀 더 주목해야 할 곳은 우리의 즉각적 미래에 대한 협약된 준비와 조직화일 것이다. 프랑스에서의 자본주의는 완전고용이라는 그 자유주의적이고 가부장제적인 가면을 벗어던지고 있다. 실업자들의 "보유량"을

---

44 K. Ross, *May '68 and its Afterlives*, p. 91. 실천적인 층위에서도, 68년 5월 혁명이 학생운동이라는 좁은 울타리를 거대한 흐름으로 바꾸어 놓은 조직들을 만들어 낼 수 있게 해 준 것은 1967년에 결성된 CVN, CVB 같은 반(反)베트남 조직들이었다.

절실히 필요로 하고 있는 것이다. 이런 관점에서 보아야만 앞에서 언급한 억압 형태들에서 발견되는 통일성이 눈에 들어온다. 이민자들에 대한 제한은 그들에게 가장 힘들고 또 저임금인 일들이 프랑스의 공장에서 떠맡겨지게 될 때에 더 선호된다. 마찬가지로, 청년들에 대한 경찰력의 억압은 노동시장에서 그들이 덜 필요해지게 될 때 강화된다. (DI, 210/294)

이 점에 관해 로스는 68혁명의 지리적 경계를 이탈리아로 넓혀 생각할 필요가 있음을 지적한다. 세계화의 첫 번째 단계가 일으킨 정치적인 요동이 가장 예민하게 느껴진 지역이 바로 이탈리아였기 때문이다.[45] 또, 피아트의 노동자들이 외친 "베트남은 우리의 공장들 안에 있다!"라는 슬로건은 미국 제국주의와의 연계성을 드러내기도 했다. 이런 맥락에서 로스는 세 번째 단계의 논변을 제시한다. 이런 사건들이 사유되는 사회학적 프레임을 재정의해야 한다는 것이다. 만일 저항 행위가 학생들에게 또는 노동자들에게 또는 심지어 농부들에게만 한정되었더라면, 68혁명은 우리가 알고 있는 것과는 매우 다른 것이 되었으리라는 것이다. 이 집단들 그리고 다른 집단들까지 포함해 여러 집단들이 서로간의 연계 가능성과 또 그래야 할 필연성을 인식함으로써 우리가 아는 68혁명이라는 특이한 사건으로 귀결될 수 있었던 것이다. 그러나 로스의 주된 논의는 오히려 이 점에 있다. 이 집단들 중 어느 하나도 미리 존재했던, 자체 충족적인, 등질적인 것이 아니었다는 사실이다. 이 이질적인 집단들 사이의 관련성

---

45 니콜라스 쏘번이 지적했듯이, 이탈리아에서의 노동자 운동은 들뢰즈와 가타리에게 매우 중요했다. N. Thoburn, *Deleuze, Marx and Politics*, London: Routledge, 2003.

들에 대해서는, 공통의 이해관계를 추구하기 위해 조약을 맺은 국가들의 행동에서처럼 이해하면 곤란하다. 로스는 이들의 행동들은 공유된 동일성의 끈을 통해서가 아니라 오히려 "문화적 전염"으로 볼 수 있으며, "자신들과 다른 사람들의 마주침이야말로 새로운 삶에의 꿈을 이루게 해 줄 것"으로 보았다고 생각한다.[46] 그러나 로스의 목적은 제임슨이 영미에서의 문화연구cultural studies가 정치적 마비로 귀착하는 것에 대해 비판하면서 언급했던 두 가지 흐름, 즉 개인에 대한 강조와 차이에 대한 강조를 주장하려던 것은 아니었다. 전적으로 잘못된 범주인 "반反-총체화" 아래에서 집단the collective과 동일자the same를 재평가함으로써, 문화연구는 정치학을 위한 가장 기초적인 두 조건, 즉 공통의 행동을 위한 포텐셜과 공통의 목표의 확정을 스스로에게서 박탈해 버렸다.[47] 집단적인 것을 부정하고 개인적인 것에 가치를 두고 같은 것을 부정하고 차이 나는 것에 가치를 두는 것의 위험을 잘 알고 있던 로스는 68혁명의 사회학적 차원에 대한 접근에 있어 들뢰즈·가타리와의 연계성을 충분히 파악하고 있다.[48]

궁극적으로 들뢰즈와 가타리에게 68혁명을 설명한다는 것은 권력, 권력관계, 집단, 집단정체성, 사건 등과 같은 정치학적 개념들을 완전히 새롭게 사유해야 할 필요성을 요청하는 것이었다. 그리고 이런 과제를 떠맡은 책인 『안티-오이디푸스』를 '68혁명의 책'이라고 부르는 것은 적절한 것이다.

---

46 K. Ross, *May '68 and its Afterlives*, p. 130.
47 F. Jameson, *The Seeds of Time*, Columbia, 1994.
48 K. Ross, *May '68 and its Afterlives*, p. 170.

2장

주제들의 개관

모든 것은 마르크스에서 출발해, 레닌과 더불어 계속되고, 다음과 같은 리토르넬로로 끝난다. "환영합니다. 브레즈네프 동지."
— 질 들뢰즈·펠릭스 가타리, 『안티-오이디푸스』

스키조[분열증 환자]는 혁명적이지 않다. 그러나 분열적 과정은 혁명을 위한 포텐셜이다. 스키조는 다만 이 과정에 개입하는 자이거나, 아니면 공허 속에서 지속하는 자일 뿐이다.
— 질 들뢰즈·펠릭스 가타리, 『안티-오이디푸스』

많은 프랑스 지식인들이 "실패한 폭동"으로 간주한 68년 5월의 사건의 여파로부터 상당한 시간이 지난 후, 권력에 대한 물음 —권력이란 무엇인가, 그것은 어떻게 작동하는가, 누가 그것을 가지고 있고 누가 가지고 있지 못한가—은 프랑스의 주요 지식인들 대다수에게 있어 주된 관심사가 된다. 저항의 가능성, 그리고 보다 구체적으로 정치적 행동 자체의 가능성에 관련된 서로 얽혀 있는 물음들을 따라가면서, 권력에의 물음은 루이 알튀세르, 알랭 바디우, 에티엔 발리바르, 장 보드리야르, 피에르 부르디외, 코르넬리우스 카스토리아디스, 엘렌 식수, 레지 드브레, 자크 데리다, 미셸 푸코, 뤼스 이리가레, 줄리아 크리스테바, 앙리 르페브르, 장-프랑수아 리오타르, 니코스 풀란차스, 자크 랑시에르, 폴 비릴리오 등의 핵심 관심이 되었다. 이들의 정치적이고 철학적인 노력은 매우 다양했지만, 이들 모두는 좌파적인 정향을 띠고 있었다. 물론 이것이 이들이 마르크스주의자들이었다는 것을 뜻하지는 않는다. 다만, 알튀세르 그리고 발리바르, 랑시에르 같은 알튀세르주의자들은 매우 특수한 형태의 마르크스주의자들이었다. 그럼에도 이들의 다양한 움직임을 가로지르는, 68혁명 이후의 권력에의 물음에 관한 이들의 사유를 특징짓는 어떤 큰 일반성이 존재했다.

예컨대 권력이란 단순한 강제 또는 억압의 문제가 아니라는 것, 한 집단의 다른 집단에 대한 지배의 문제가 아니라는 것에 대한 광범위한 동의가 형성되어 있었다. 그리고 현대 사회는 권력 없는 다수에 영향을 행사하는 강력한 지배엘리트의 산물 또는 표현이 아니라는 것에 대해서도 많은 사람들이 동의했다. 뿐만 아니라 권력은 일상적인 것들에 내재한다는 것, 그리고 전통, 법, 언어, 일상생활이 권력의 작동들에 의해 직간접적으로 굴절된다는 점에 대해서도 광범위한 공감대가 형성되어 있었다. 마찬가지로 권력이 작동하기 위해서는 지배받는 자들의 측면에서도 일정한 기여complicity가 있어야 한다는 것에 대해서도 대개 동의했다. 그러나 이것이 어떤 방식으로 일어나는지에 대해서는 일치되는 견해가 없었다. 위에서 언급한 모든 이론가들이 오늘날 우리가 목도하고 있는 상황이 적어도 위태롭다는 사실에 동의했으며, 그 핵심 원인이 자본주의에 있다는 점에 대해서도 대체적으로 일치했다. 더 나아가, 세계가 근본적으로 바뀌어야 한다는 점에도 대개 공감하고 있다. 그러나 사람들이 때로 얼굴을 붉히면서까지도 서로 일치하지 못하는 점은 이런 변화를 어떻게 이룰 수 있는가 하는 점에 대해서이다. 이 물음을 둘러싸고서 폭발한 논의의 핵심 내용은 변화가 일종의 혁명적 행위를 통해 권력을 쟁취하지 않고서도 가능할까를 둘러싼 것이었다.

『안티-오이디푸스』는 이런 소동의 소용돌이 속으로 떨어진 핵폭탄이었다. 이 핵폭탄이 겨냥한 목표는 언어학에서의 기표 중심주의, 정신분석학에서의 결여lack 개념의 중시 등도 있었지만, 그 핵심 목표는 푸코가 이 책의 영어 번역본에 붙인 서문에서 예리하게 지적했듯이 우리 내부의 파시즘, 권력에의 의지/욕망에 대한 비판이었다. 권력을 잡는다는 것이 그 권력이 할당되어 있는 기존의 제도들과 관념들을 보존하려는 것을 의미한다면, 이런 유형의 혁명들이란 결국 그 목적에서나 의도에서나 반혁명적인counter-revolutionary 것이라 하지 않을 수 없을 것이다. 그런 것은 어떤 본질적인 것도 바꾸지 못하기 때문이다. 게다가 들뢰즈와 가타리는 권력의 유혹에 대해서, 그것이 우리로 하여금 그것의 고삐 아래에 들어가고 싶어 하도록 몰아가는 힘에 대해서도 관심을 가졌다. 들뢰즈와 가타리가 특히 관심을 가졌던 가장 중요한 정치적 물음은 욕망이 어떻게 그것의 이해관계를 넘어서 활동할 수 있는가 하는 것이었다. 1970년대에 프랑스에서 "유행한" 모든 사상들에 강퍅한 비판을 퍼부었던 장 보드리야르는 그의 『푸코를 잊어라』Forget Foucault에서 들뢰즈와 가타리 역시 비판한다. "욕망이 그 자신의 억압으로 회귀하는 것reversion은 피할 수 없는 것"이라는 이유에서이다.[1] 그의 요점은 욕망이란 것이 그토록 강력한 것이었다면, 해방적인 역능을 갖춘 것이라면, 애초에 그것이 어떻게 억압될 수 있었겠는가 하는 것이다. 이런 비판은 들뢰즈와 가타리의 작품에 쏟아진 수많은 부정적인 응답들 중 특히 두드러지는 예다. 이런 비판은 들뢰즈와 가타리의 작업 전반을, 특히 이들의 욕망 개념을 심각하게 오독한 경우이다.

『안티-오이디푸스』가 등장하기 얼마 전에, 프랑스 문화를 다루는 잡

---

1 Jean Beaudrillard, *Forget Foucault*, trans. N. Dufresne, New York: Semiotext(e), 1987, p. 39.

지인 『라크』L'Arc는 들뢰즈 특집을 낸 바 있다. 유명 사상가들의 비판과 찬사가 뒤섞인 이 잡지에서 별도로 표시해 놓은 '지식인과 권력'이라는 제목의 '대담'을 볼 수 있다. 바로 푸코와 들뢰즈 사이의 의미 깊은 대담이다. 이 대담은 영어로 처음 발간되었다. 도널드 부처드Donald Bouchard가 푸코의 글, 인터뷰를 모아서 『언어, 반反기억, 실천』Language, Counter Memory, Practice이라는 제목으로 발간했다. 그래서 이 글은 대개 영어사용권의 푸코주의자들이 많이 읽었는데, 그들은 이 대담을 권력 일반에 대한 그리고 특히 지식인의 역할에 대한 푸코의 생각을 표현한 것으로서 받아들였다. 그리고 바로 같은 이유에서, 마이클 하트의 경우를 예외로 한다면,[2] 영미의 들뢰즈주의자들은 이 대담을 그다지 중요하게 다루지 않았다. 그러나 나로서는 이 대담이 권력 일반에 대한 그리고 특히 지식인들의 역할에 대한 들뢰즈의 생각을 잘 드러내는 경우라고 생각한다. 들뢰즈가 이 대담에서 장차 발간될 『안티-오이디푸스』의 주된 테마들과 주요한 비판의 대상들에 대해 미리 언급하고자 한 것이 사실이다. 들뢰즈는 이 저작에서 논할 분열분석schizo-analysis을 미리 드러내는 '관심 영역들' 세 가지를 꼭 집어서 말하고 있다. 첫째는 이론과 실천의 관계이다. 실천은 이론의 확장도 아니고 이론에 영감을 주는 것도 아니다. 둘째는 권력에 대한 이해에 있어 이해관계에 중점을 두는 것에 대한 비판이다. 마지막 셋째는 권력의 미시역학과 권력 없는 자들의 요구가 가지는 잠세력potency의 중요성에 대한 강조이다.

들뢰즈는 이론이란 "바로 도구상자와 같은 것"이라고 말한다. "그것

---

2 Michael Hardt, *Gilles Deleuze: An Apprenticeship in Philosophy*, Minnesota University Press, 1993, pp. 104~107.

은 기표와는 아무런 관련이 없다. […] 하나의 이론은 사용되어야 하며, 작동해야 한다. 그리고 그 자체만을 위해 사용되고 작동되어서는 안 된다."(DI, 208/290)[3] 나아가 그는 "이론은 본성상 권력과는 대립적"이라고 말한다. 그러나 또한 그 방법이나 대상에 있어 너무 고착되어 버릴 경우, 권력에 대항할 수 있는 이론의 능력은 심각하게 훼손될 것이다(DI, 208/291). 바로 이런 이유 때문에 들뢰즈는 혁명을 위한 개혁이라는 생각에는 동조하지 않는다. 다만 들뢰즈에게 혁명이란 지배 조직을 군사적으로 뒤엎는 것을 뜻하지는 않는다. 가장 흥미로운 점으로서, 들뢰즈는 이론과 실천 사이의 기대되는 관계를 끊지 않는다는 점이다. 그에 따르면, "실천이란 하나의 이론적 지점으로부터 다른 지점으로의 연대들의 네트워크network of relays이며, 이론은 하나의 실천을 다른 하나의 실천에 이어준다". 그러나 "하나의 이론은 어떤 벽에 마주치지 않고서는 전개되지 못하며, 실천은 돌파할 필요가 있다"(DI, 206/288). 그리고 그는 그 예로서 감옥에 대한 푸코의 작업을 든다. 이 작업은 우선은 형벌체계에 대한 이론적인 설명을 제공하면서 시작하지만, 이내 수감자들로 하여금 스스로에 대해 말할 수 있게 해 줄 연대를 창조할 필요를 느끼게 되었다. 그러나 그는 푸코가 이를 위해 행한 실천적 기제인 GIP는 결코 이론의 적용이 아니었다고 한다. 『천의 고원』을 통해 우리에게 익숙해진 용어를 사용한다면, 차라리 그것은 다양체의 문제였다.[4]

---

3 이 대목에 대한 다른 번역은 푸코-들뢰즈의 『대담』에서 볼 수 있다.

4 한 가지 주목할 점은 감옥에 대한 푸코의 저작인 『감시와 처벌』은 아직 나타나지 않았다는 점이다. 뿐만 아니라 『안티-오이디푸스』 출간 3년 후에 나온 이 저작은 들뢰즈와 가타리의 이 저작에 대한 큰 빚을 언급하고 있다. Michel Foucault, *Discipline and Punish*, trans. A. Sheridan, 1975, p. 309, note 2.

우리에게 지식인들과 이론가들은 대표하는represents 또는 대의적인 주체이기를, 의식이기를 그친 것으로 이해됩니다. 그리고 정치적 투쟁에 관련된 사람들은 대표되기를 그쳤습니다. 정당에 의해서든 조합에 의해서든, 그들의 의식이고자 했던 그런 존재들에 의해서 대표되기를 말입니다. 누가 말하고 행동합니까? 늘 다양체인 것입니다. 말하거나 행동하는 사람들조차 말이죠. 우리는 모두 [다양체를 구성하는] 집단-요소들 groupuscules입니다. (DI, 207/289)

이론과 실천

들뢰즈의 가정은 특히 좌파가 발전시킨 권력에 관한 대다수의 이론이 그것을 이해관계의 문제로 다루고 있다는 것이다. 즉, 권력은 지배 계급의 손에서 통합되고 자신들의 이해관계에 가장 잘 복무할 일련의 의정서들에 따라 실천된다. 예컨대, 2003년 이라크에 대한 미국의 침공은 미국 지배 엘리트의 이해관계를 노골적으로 보여 준 것으로서 그것은 개인적으로는 엄청난 기회이자, 오일 가격을 밀어붙여 이득을 얻고 "경쟁도 없이" 수익성 높은 커다란 횡재를 누리려는 것이다. 잠재적으로는 이라크 국민에게 비용을 부담시키되 확실한 이득을 보장하지 않으면서 금궤를 부풀리려는 "감독관 없는" 계약서의 재작성이었다. 실제로 이라크 재구축에 쏟아부은 천문학적인 돈은 이라크 국민들의 이익을 늘리는 데에 실패했고, 많은 경우 그들의 상황은 악화되었다. 실제 영국의 저널리스트인 콕번Patrick Cockburn이 이라크에 대한 미국의 취득에 대해 날카롭게 지적한 바에 따르면, 수백만 달러의 지출에도 불구하고 전력, 물, 하수도와 같은 기본적인 국가 인프라는 여전히 적대행위의 공식적 중단 이후 4년이 지나도록 전쟁 이전 수준에 불과하다는 것이다. 역설적이게도 미국 주도의 바그다드 재구축은 제1차 걸프전을 지휘한 사담 후세인 체제보다 더 효과적이지 못하다는 것이다.[5] 이와 같이 권력에 대한 지독한 (오)용의 사례를 마주할 때 들뢰즈는 누가 착취하고, 누가 이득을 얻고 누가 지배하는가는 명백하다고 말한다(DI, 212/296). 그러나 앞서 말한 바와 같이 우리는 여전히 중요한 문제에 맞닥뜨려 있다.

> 권력이 없어 한 줌의 권력이라도 쥐려고 하는 이들에게 어떤 일들이 벌어질 것인가? 아마도 무의식적인 엄청난 경제적 투자가 있어야만 할 것이다. 즉, 우리의 이해관계에 반反하지 않는 필수적 욕구라고 설명되는 욕망에 대한 투여가 있을 수 있는데, 왜냐하면 욕망은 어디에서나 추구되고 나타나지만 이해관계보다도 깊고 산재한 방식으로 존재하기 때문이다. (DI, 212/296)

권력의 문제는 만일 그것이 이해관계에 따라 형성될 뿐이라면 앙상한 형태의 질문이라는 점에서 이보다 복잡한 문제인데, 왜냐하면 이해관계의 작동보다 더 다양한 힘들이 존재하기 때문이다.

들뢰즈에게 있어 권력에 대해 제기할 수 있는 유일하게 적절한 방식은 욕망에 의거한 것이다. 그러나 우리는 무엇보다도 권력을 가진 이와 이로부터 해방되려는 이들, 곧 권력과 그 상실이라는 낡은 이분법적 구분을 단념해야 한다. 왜냐하면 그런 딱딱한 구분은 권력 관계의 진정한 복

---

5 P. Cockburn, *The Occupation: War and Resistance in Iraq*, London: Verso, 2006, pp. 82~99.

잡함에 눈멀도록 하기 때문이다. 권력은 매우 얼룩덜룩한 실체로서 (몰적인) 응축과 (분자적인) 이완 모두를 가지고 있다. 수축과 이완은 권력과 그 상실이라는 단순한 부호가 아니라, 언어의 과정에서 어떻게 그것이 실제로 작동하는가에 관한 이해력의 구조에 관한 문제이기 때문이다. 모든 실체는 우리가 그것을 어떻게 보느냐에 따라 수축과 이완의 두 면을 가지고 있다. 인간 신체를 있는 그대로 본다면, 그것은 경화된 상태의 사지로 이루어진 자립적 총체이지만, 현미경으로 들여다보면 점점 더 작아져 무한히 존재하는 미시적 차원의 다양체적 세포로 이루어져 있다. 몸은 결코 우리의 시선이 얼마나 극미량에 이르는가와는 관계없이 몸에 그치길 거부하며, 현미경으로 들여다볼 때 그 존재에 중단 없는 세포들로 구성되어 있다. 이는 몸에 대한 이런 두 개의 관점이 애매하거나 명목론적인 것에 불과함을 말하려는 것이 아니다. 왜냐하면 거기에는 들뢰즈와 가타리가 '대수의 법칙'이라고 말한 몰적인 것과 분자적인 것 간의 진정한 긴장이 존재하기 때문이다. 엘리트 운동선수의 예를 보자. 만일 그들이 경쟁을 위해 지나치게 힘든 과도한 훈련을 받게 되면 총체로서 이해된 몰적 몸의 분투는 분자적 몸의 급속한 붕괴를 이끌고 말 것이다. 그러나 같은 이유로 운동선수의 훌륭함과는 무관하게 결정되는 분자적인 측면에서 본 몸의 조건이 만들어진다. 즉, 그들은 자신들의 근육섬유가 특정한 한 가지 방식으로 조성됨에 따라 영광을 얻거나 실패하게 된다. [이런 점에서] 철학이 '몸은 무엇을 할 수 있는가'라는 물음에 답할 수 없는 이유는 그것이 몸 자체가 가진 다양체성을 설명할 올바른 방식의 가정을 발견하지 못하기 때문이라고 말할 수 있다(ATP, 283/314). 이는 이해관계로서의 권력에 대한 표준적인 개념화를 불평하는 들뢰즈를 설명해 준다. 즉, 그것은 권력의 다양체성을 설명하지 못한다.

이와 관련해 정치란 당신이 사물들을 어떻게 보는가에 크게 의존하고 있다. 현대판 타이탄처럼 포스트모던한 세계에서 두 다리를 벌리고 기준이 된 것처럼 보이는 기업의 잠재성과 취약성에 대한 나오미 클라인Naomi Klein의 설명은 이 점을 탁월하게 묘사하고 있다. 예컨대, 브랜드는 현대 세계의 외양, 느낌, 취향과 질감을 형성하는 기업의 힘을 표현하지만 바로 이 점으로 인해 [실제] 다국적 연결망에 있어 가장 취약한 연결을 드러낸다. 네트워크의 제조와 분산이 어떤 방식으로 지지되고 있는가와는 무관하게 거대 기업들은 판매라는 지점에 취약한 것이다. 즉, 유행이 지난 브랜드를 가진 다국적 기업은 자신들의 기계적 모멘텀을 떠받쳐 주던 이들에게 상품을 파는 일에 실패하게 될 때, 이런 아주 단순한 사실 앞에 무릎을 꿇게 되는 것이다. 만일 디즈니Disney가 가정적인 이미지를 잃거나 콜라를 마시는 것이 재미없어진다면 결국 상상 못할 일, ─ 바로 사람들이 그 상품을 사려 들지 않을 것이다. 이것이 바로 기업이 이미지를 통제하여 편집증적인 소비자를 만드는 이유이다. 또 그것은 왜 그들이 자신들의 이미지를 보호하는 일에 그토록 많은 소송을 거는가를 설명해 준다. ─ 이미지가 전부이다. 이것이 바로 클라인이 『노 로고』No Logo에서 독자들에게 전하는 한 줌의 희망으로서, 이는 그렇지 않았다면 글로벌 문화의 진위성, 독창성 및 생기의 지속적 상실에 대한 무책임한 넋두리에 그치고 말았을 것이다. 판매를 전제로 한 '잠재의식이라는 X레이'로 이미지를 변형시킴으로써 이미지 자체를 공격하는 게릴라 전투의 일종인 문화해적질culture-jamming은, 그렇지 않았다면 잃어버렸을 힘을 표현하는 공격적 '답신'인 셈이다.[6] 페미니스트 문화해적가가 수척한 수퍼모델 이

---

6 N. Klein, *No Logo*, London: Flamingo, 2000, p. 281.

미지 옆에서 '나를 먹어'라고 휘갈겨 쓸 때, 그들의 요점은 눈과 이가 꺼진 흉측한 두개골에 담긴 죽음을 떠올리는 텅 빈 얼굴의 모델을 변형시킴으로써 아름다움에 대한 이런 식의 개념화가 앙상함을 드러내어, 결국 '나를 사라'는 이미지가 지닌 몰적 힘을 부숴 버리려는 데에 있다. 그들의 공격이 갖는 최종 결론은 자신들의 독창적 호소가 유지되는 한에서만 분자적 복수성이라는 메시지가 존재할 수 있다는 것이다. 이런 방식으로 분자화된 광고는 전체적 효력을 잃고 소비자들이 구매하고자 생각하는 상품의 적절한 비용에 관해 잠재적으로 생각하도록 만든다. 문화해적질은 자본주의로 인해 억눌린 부정성, 회의주의, 냉소주의를 풀어헤치는 동시에 그런 것들을 설득하고 품는다.

그러나 들뢰즈적인 방식으로 클라인을 적절히 독해한다는 것은 우리가 보다 맑은 정신으로 쿨함을 수용하는 부분과 나란히 해적질에 대한 희망적 부분을 읽어 낼 수 있어야 한다는 것을 뜻한다. 왜냐하면 문화해적질의 분자적 힘만이 정확히 쿨함의 상품화 속에 함축된 반대로서의 몰적 [힘의] 회복을 가능하도록 하기 때문이다. 패션에서 새로운 스타일 아이디어와 다음에 올 '신상품'을 위해 [빈민가] 게토ghetto와 바리오barrio[스페인의 거주지]를 샅샅이 뒤지는 쿨-헌팅[7]은, 문화해적질의 이면인 셈이다. 즉, 그것이 의복에 대한 경박하고 반어적이고 풍자적인 활용을 통해 [의미] 전환을 꾀하는 작업은, '요트를 가진'have-yachts [이들을] 위한 상품화의 과정에서 특권이라곤 없이 '아무것도 없는'have-not 공동체 속에서 발견된다. 1990년대 후반 캘빈클라인의 헐렁한 청바지는 허리밴드와 속옷이 드러나는데, 이는 그것을 입은 이들이 기호학적으로 '거리'에

---

7 시장 조사 형태로 거리 패션을 포함해 떠오르는 유행과 스타일을 관찰하는 일.— 옮긴이

대한 신뢰 속에 [자신을] 감금시키고 복무시키는, 근본적으로는 '갱단'이라는 맥락화된 기호의 행사를 뜻한다. 이렇듯 탈맥락화되고 주변화된 양태에도 불구하고 그것은 그때까지 숨어 있던 표식을 드러내는 변명에 불과하다. 클라인에 따르면 쿨-헌팅은 "미국 인종관계의 심장에서 소외를 먹이로 삼는, 즉 백인 청소년에게 블랙 스타일로 페티시화된 것을 팔고, 흑인 청소년들을 페티시화하여 부를 챙기는" 극단적으로 냉소적인 행위라는 것이다.[8] 토머스 프랭크Thomas Frank는 『쿨함의 정복』The Conquest of Cool 에서 이런 냉소주의가, 전세계적으로 새로운 시장의 창조를 위한 소위 대항문화에 기업이 깊게 의존하고 있음을 감추고 있다고 말한다. 자본주의는 적극적으로 청년의 저항을 사업의 기회로 전환하고 싶어 한다. 예컨대 1960년대에 표준화된 옷을 입는 관습, 곧 아버지들의 낡고 비루한 회색 플란넬 양복과 어머니들의 버튼 업 점퍼스커트에 대한 거부는, 오늘날 우리가 단순히 패션이라고 생각하는 것들 및 급진적인 가운데 새로운 세련됨을 추구하는 장을 열어 주었다.[9] 그 자체[의 한계]에도 불구하고 저항문화는 사물의 이해관계, 곧 능글맞은 보수적 질서를 지닌 글로벌 자본주의에 저항하도록 한다. 어쨌든 들뢰즈와 가타리가 이로부터 끌어내는 결론은 자본이 늘 승리하고 따라서 변할 수 있는 것은 아무것도 없다는 "냉소적 이성"(슬로터다이크)이라는 우울한 생각이 아니다. 반대로 그들은 변화를 풀어헤치고 포괄하는 자본주의의 핵심 기능이 굉장히 불안정한 에너지 자원, 곧 욕망에로 다가가는데 이는 그들이 보기에 본성적으로 혁명적인 동시에 극단적으로 취약한 것이기도 하다.[10]

---

8 N. Klein, *No Logo*, p. 76.
9 T. Frank, *The Conquest of Cool: Business Culture, Counterculture, and the Rise of Hip Consumerism*, Chicago: Chicago University Press, 1997, pp. 185~204.

정신분석을 혁신하기

들뢰즈와 가타리의 정신분석 혁명은 무의식이라는 정신분석적 개념에 대한 그들의 혁신 덕분이다.[11] 이어지는 내용들에서 보게 될 것인 바, 들뢰즈와 가타리는 무의식에 대한 이런 기본적 모델을 유지한다. 또 그것은 무의식에 관한 프로이트의 3원적 생각에 대해서조차도 유지되지만 그 내

---

10 여기서 들뢰즈가 후기 자본주의의 이데올로그에 불과하다고 도발적으로 주장하는 지젝 (Slavoj Žižek, *Organs without Bodies: On Deleuze and Consequences*, London: Routledge, 2004, pp. 183~192)에 응답해야 할 시점인 것 같다. 그는 이 주장의 정당화를 위해 두 가지를 제시한다. 첫째, 지젝은 기차에서 들뢰즈와 가타리를 읽는 여피를 목격하고 놀란 르세르클 (Jean-Jacques Lecercle)을 인용한다. 그는 여피에 어리둥절한 르세르클의 모습을 상상하면서 이와 반대되는 시나리오를 생각해 볼 것을 요구하는 동시에, 여피에게 친숙한 삶을 떠올려 보라고 말한다. 만일 우리가 이런 생각을 받아들인다면 들뢰즈와 가타리는 그들의 책에서 후기 자본주의적 세계관이 발견된다는 이유로 이데올로그가 되고, 결국 우리는 모든 좌파[여기서는 지젝—옮긴이] 사상가와 작가들을 버려야만 한다. 왜냐하면 좌파에 선 누구도 노동, 가치 및 자본을 우파[여기서는 들뢰즈와 가타리]보다 더 진지하게 다루지 않았기 때문이다. 사실 궁극적 결정 심급이 경제적인 것이라는 알튀세르의 유명한 교의를 가장 충실히 따른 것은 신자유주의자들이다. 마거릿 대처(Margaret Thatcher)의 악명 높은 슬로건인 "별 도리 없잖아?"가 이것이 아니고 무엇이겠는가? 둘째, 지젝은 스웨덴 작가인 바드(Alexander Bard)와 소더비스트(Jan Soderqvist)가 쓴 『네토크라시』(*Netocracy*)라는 책이 들뢰즈와 가타리로부터 영감을 받은 것이라고 하면서, 이 점이 바로 들뢰즈와 가타리가 후기 자본주의의 이데올로그임을 증명한다고 말한다. 만일 그들이 들뢰즈와 가타리로부터 영감을 받았다는 이분법적 주장을 받아들인다 하더라도, 들뢰즈와 가타리가 이를 지지한다고 정당화하기에는 충분치 않아 보인다. 따라서 지젝의 두 번째 과시행위는 첫 번째 주장과 마찬가지로 설득력이 떨어진다. 우리가 이런 논의를 따라가야 한다면 비판 그 자체를 옆으로 밀쳐 두어야만 할 것이다. 들뢰즈와 같은 스승뿐 아니라 지젝에게 영감을 받아 쓰인 모든 책들이 그 사상가에게로 환원될 수 없다고 생각하는 것은 당연하다. 사정이 이렇다면 내가 읽은 모든 논문들 중 지젝의 작품에 영감을 받은 것들 또한 모두 그와 연관 지어 판단되어야 한다. (나와 마찬가지로) 지젝이, 그리고 그에 응수했던 버틀러(Judith Butler), 하트, 네그리, 특히 라클라우(Ernesto Laclau)가 이를 받아들이지 않을 것이라는 점은 뻔하다.

11 무의식에 대한 그들의 개념화가 갖는 영향력과 그 자원에 관한 상세한 설명으로는, 비록 『안티-오이디푸스』에 그다지 주목하지 않는 점이 우리에게 이상하게 느껴지기는 하지만 C. Kerslake, *Deleuze and the Unconscious*, London: Continuum, 2007을 볼 것.

적 역동성에 있어서는 변화를 도모한다. 무엇보다 그들은 의식을 억압하는 것이 무의식이라는 관념을 거부한다. 반대로 그들은 무의식을 억압하는 것이 의식이라고 말한다(AO, 371/404). (프로이트의 불행한 표현 중 하나라고 할 수 있는) 진정한 "마음의 토착적 거주자들"이라는, [이른바] 무의식을 포함해 멋대로인 이 사유를 대신하여 양 체계 간의 장벽을 뚫고자 하는 지속적 시도에서 들뢰즈와 가타리가 마음속에 그린 것은 그것을 이해하려 들기보다는 [이미] 그것이 무엇이다라고 말할 뿐인 고압적 의식을 반영한 거울 [수준의] 사유에 대해서이다.[12] 이러한 변화는 우리가 프로이트의 작품이 갖는 배경에 반대하기 시작할 때 보다 명확한 것이 될 것이다.

프로이트는 세 가지 상호 연관된 방식으로 무의식을 생각한다. 즉, 역동적이고, 지형학적이고, 경제적인 것으로서. 그러나 그가 이러한 입장을 체계적인 방식으로 도입하게 되는 것은 1915년의 「무의식」이라는 글 이전까지 나타나지 않았다. 이는 '욕망하는 생산'의 발명자 들뢰즈와 가타리에 의해서도 확인되는바, 점차 그들의 입장에 대한 본질적인 개념적 기반이 되어 간다. 일단 우리는 프로이트가 '그것'das Es이라고 부른 단어가 그로덱Georg Groddeck이 자신의 스승인 슈베닝거Ernst Schweninger로부터 차용한 말이라고 간단히 말할 수 있다. 기이하게도 프로이트의 영국어 번역자는 '그것'It보다는 '이드'Id로서 '그것'das Es을 택하는데, 이는 보다 엄밀히 따진다면 '나'I의 짝으로 대응되는 그리스어 '에고'Ego에서와 같이 보다 일관되었어야만 한다는 점이다.[13] 그러나 프로이트 자신도 알았

---

12 S. Freud. "The Ego and the Id", ed. A. Richards, *On Metapsychology: Penguin Freud Library Volume 11*, trans. J. Strachey, London: Penguin, 1923/1991, p. 199.

던 바와 같이 이 말에 대한 오늘날의 감각을 최초로 제시한 이는 바로 니체였다.[14] 이드는 날것 상태의 심리적 에너지이다. 이드는 강박적이고 난폭하고 비인격적이며 굶주리고 만족을 모르는, 성적인, 공격적이고 창조적인 동시에 파괴적인 본성을 지닌 우리 내면의 힘이다. 그것은 우리 안에 살지만 우리는 그것을 '타자'로 경험한다. 프로이트는 1915~1917년에 행한 「정신분석 입문 강의」에서 무의식의 과정을 극장 출입을 거절당해 쫓겨났지만 여전히 그 앞에서 망치질을 해대는 소란스런 손님과 같은 것으로 이드와 대응시켜 묘사한다. 이런 가정은 마음의 형식과 기능에 관한 프로이트의 관찰에 전적으로 기대고 있다. 말실수는 단지 이 소란스런 손님이 관리인을 교묘히 빠져나가 의식 가운데에서 예기치 않게 나타나도록 만든 사례일 뿐이라는 것이다. 또 증상이라는 것은 단지 똑같은 손님이 단번에 [무의식이 강제하는 바를] 피하고자 하는 연장선상에 불과하다. 프로이트는 무의식을 근대사회라는 문명화된 주체인 '우리'가 저지해야만 하는, 인간 본래의 저수지인 어두운 정념으로 본다. 프로이트는 문명화란 특정한 집단적 형태의 사회일 뿐이며, 이는 그저 '이드'에 길들여진 정도의 가치밖에 가지지 못한다고 말한다.

이런 관점 위에서 의식은 항구적인 어둠에 대한 지각 그리고 무의식이 내뿜는 불쾌로 인한 사고와 충동의 고통에 사로잡히고, 결국 무의식 가운데에서 스스로를 억압하게 된다. 그러나 이는 정확히 들뢰즈와 가타

---

13 『에크리』에 포함된 라캉의 에세이 「프로이트적인 것」(The Freudian Thing)은 이런 번역 문제를 포함해 중요한 면들을 제시한다. J. Lacan, *Écrits: The First Complete Edition in English*, trans. B. Fink, New York and London: W. W. Norton, 2006, p. 347을 볼 것. [이드를 대명사가 아닌 명사형으로 이해함으로써 실체화했다는 비판이다.—옮긴이]

14 S. Freud, "The Ego and the Id", p. 345. 프로이트의 이 글에 대한 편집자의 각주를 볼 것.

리가 반대하는 관점이다. 따라서 욕망하는 생산이 이드의 다른 측면이라는 것은 유지되기 어렵다. 욕망하는 생산은 『안티-오이디푸스』가 말머리에서 제기한 바와 같이 이드의 애매한 다른 이름이 아니다. 다시 말해, 그것은 에고에 둘러싸여 억압당하는 욕망의 저수지가 아닌 것이다.[15] 욕망하는 생산은 그 외형적 유사성에도 불구하고 이드와 동일한 것이 아닌데, 왜냐하면 그에 대한 프로이트의 정의는 감각-의식 체계와 에고가 연결된다는 것을 뺀다면 그 실재에 접근하지 못하기 때문이다. 이는 들뢰즈와 가타리가 기계의 기능에 대해 말했던 바와 일치하지 않는다.[16] 그들은 기계가 실재에 연결된다고 말한다. 만일 프로이트적 유비가 필요하다면 결국 욕망하는 생산은 그 기능에서 **총체로서의** 무의식 체계가 [기계와] 동등하게 되어 버리고 말 것이다. 명확히 보이는 것은 아니지만 이런 생각이 함축하는 바는 분열증적이건 신경증적이건 혹은 도착이나 그 무엇이건 간에 결과는 욕망의 **과정**에 '오류'나 '결함'이 존재한다는 것이다. 그러나 이는 아마도 들뢰즈와 가타리가 죽음과 같은 극단적 부정을 제외하고 어떤 체계가 결함으로부터 자유로운가에 관한 모델이나 그림을 제시하려 들지 않았다는 점에서 잘못된 길이라고 해야 할 것이다. 따라서 오류를 저지른다는 것은 살아 있다는 것, 곧 결함이 곧 우리 자신의 본질임을 뜻한다. 우디 앨런Woody Allen이 말하듯, 우리는 그것이 있으나 없으나 살수 있다. 이는 왜 욕망하는 생산이 분열분석의 효과적 범주인가를 설명해준다. (이는 번역자가 '원칙적 관련'이 있다고 말한 것 이상의 어떤 것을 뜻한

---

15 토드 메이(Todd May)는 *Gilles Deleuze: An Introduction,* Cambridge: Cambridge University Press, 2005, p. 121에서 들뢰즈와 가타리의 기계 개념을 논하는 가운데 이를 정확히 지적한다.

16 S. Freud, "The Ego and the Id", p. 397.

다. 즉, 그것은 다른 부분들과의 관계에서 규정되는 '심적 기제'를 가리킨다.)
그러나 그것은 욕망하는 기계의 수준에 이르는 것은 아닌데, 이는 충동과
증상이라는 프로이트적 개념과 어원이 같은, 곧 분열분석 '치료'로서 효
과가 있기 때문이다. '치료'란 욕망하는 생산이라는 사태가 나아가도록
그리고 빈 공간이 아닌 어딘가로 가도록 하는 일 이외의 것이 아니다.

　[요컨대] 정신분석 전체는, 현대의 삶 속에서 단련된 의식이란 참을
성 없고 억압될 수밖에 없다는 식의 유형화된 생각에 기초하고 있다. 대
중의 상상 속에서 그것은 실현 불가능한 성적 판타지나 전체 이야기가
완전히 비틀어졌다는 식의 생각을 가정한다. 의식은 불법적인 성적 욕망
을 억압할 뿐 아니라 그것이 비논리적이고 비합리적이고 불가능한 생각
이라고 못 박는다. 이런 이유로 생각이 걸러지는 과정은 의식을 거치지
만 '검열'과 '실질 검사'와 같이 잘 알려진 방식이 아닐 수도 있다. 어떤 면
에서 보더라도 무의식은 이러한 견딜 수 없는 생각들의 원천이자, 대상이
그렇게 유지되도록 검열한다. 처음에 프로이트는 무의식을 역동적인 것
으로 묘사하는데, 왜냐하면 그가 추구한 것은 생각과 관념의 변형 가능
성, 즉 무의식과 더불어 시작된 것은 후에 의식적인 것이 되고 그 반대도
가능하다고 생각했기 때문이다. 무의식적 사고나 관념은 보통 '잠복해 있
는'latent 것으로 알려져 있는데 왜냐하면 그것은 의식을 생성시키기 때문
이다. 정신분석 치료는 잠재적 사고가 표명되는 길을 명확히 하는 수단
을 발견하게 해 줌으로써 효과적인 것이 된다. 잠재적 사고는 살 속에 박
힌 가시와 같이 무의식적인 것 속에 있다고 가정되며, 이는 모든 장벽을
부수고 의식적인 것이 되는 길을 찾을 때에야 비로소 우리의 걱정을 덜어
준다. 무엇보다도 두려움에 가득 찬 우리는 이런 일을 막아 낼 새로운 방
법을 찾으려고 부단히 노력하게 된다는 것이다. 따라서 한 번 생각이 억

압되고 나면 우리는 그것을 되풀이하고 나아가 우리가 억압되고 있다는 사실을 환기시키는 것조차도 억압하게 된다. 프로이트가 '원초적 억압'이라고 부른 것이 바로 이 첫 번째 예이며, 두 번째는 현실화된 억압이다. 이는 원초적 억압과의 연대와 상기를 목표로 삼는다. 프로이트는 이를 '적정 억압'이라고 불렀다. 치료의 대상이 되는 이런 억압들은 '저항'의 형태를 띠는데, 이는 역설적이게도 억압이 전부 소거되어야만 충분한 치료가 된다. 왜냐하면 우리가 빛에 노출됨으로써 그것들을 단번에 없애는 것만이 유일한 길이기 때문이다. 그것은 말 속에 존재하는 것으로 공표되었는데, 이로 인해 정신분석은 '대화 치료'로 알려지게 되었다.

무의식에 관한 이 모델의 불완전성은 확실해 보인다. 즉, 이 모델은 무의식의 발생이 사고의 어느 부분에서 일어나는지, 왜 다른 생각도 아닌 어떤 특정한 생각이 무의식 속에 갇혀 책망받게 되는지도 설명하지 못하기 때문이다. 이러한 간극은 지형학적 인식에 따라 처리되며 그 결과 무의식에 관한 경제모델이 되어 버린다. 무의식에 대한 지형학적 개념화는 무의식적인 것과 의식적인 것을 특정하게 구별된 범위로 갈라 취급하고 있다. 무의식에 대한 이런 식의 공간화는 해부학적인 것과 밀접한 연관이 있다. 또 그것은 [공간화가 불가능한] 심적 기질에 대해 배타적이다. 그 목적은 사고와 관념이 상이한 두 영역에서 현시된다는 가정에 따라 이를 설명한다. 즉, 의식 체계 속에 있는 사고나 관념은 그에 속한 말과 나란히 현시된다. 반면 무의식 체계 속에 있는 사고나 관념은 단독으로 현시된다. 프로이트의 관찰에 따르면 그의 환자 중 가장 유명한 늑대 인간은 사물 수준에서는 여드름을 짜는 것과 사정射精하는 것, 양말과 질膣이 거의 유사성이 없지만, 말의 수준에서는 여드름과 남근 모두가 '솟구치는 것'이고 양말과 질은 '어두운 구멍'으로 말한다는 것이다. 따라서 늑대 인간의 연합은 사물이 아닌 말의 수준에서 그 유사성이 인정되며 (프로이트가 생각건대) 이것이 바로 어떻게 분열증이 작동하는가를 설명해 준다. 즉, 그것은 사물을 향한 말의 혼돈과도 같이 그 자체로 실재의 상실을 표명한다.[17] 그림으로 완성되는 무의식에 대한 경제학적 개념화는 무의식의 작동을 이해하는 세 가지 방식과 가장 먼 결과라 할 수 있다. 무의식에 관하여, 역동적이고 지형학적인 것에서 경제적인 것으로의 이동은 질적인 것에서 양적인 것으로의 이동인 셈이다. 사물에 대한 경제적 관점 위에서, 무의식적 사고는 스스로가 분출하고자 하는 심적 에너지를 양적인 것으로 환원해 버린다. 이것이 바로 프로이트가 말한 리비도집중cathexis이다.

들뢰즈와 가타리는 오이디푸스를 향해 전환을 시도한다. 정신분석은 그 발전도상에서 비교적 후기에 완성된 것으로 그것이 쓰여지게 될 때까지 '오랜 실수'를 겪어 온 셈이다. (정신분석은 『꿈의 해석』에 대한 글쓰기를 이끈 자기 분석의 과정에서 프로이트가 1897년 '발견했지만', 『자아와 이드』가 나온 1923년까지도 모델로 일반화되지 않았다.) 그들은 프로이트의 첫 발견이 "모든 것이 가능하다는 자유로운 종합의 영역, 즉 끝없는 연결, 비배타성, 비특정적 결합, 부분대상과 흐름"(AO, 61/63)인 한에서 실수[정도에 그친 것이]라고 생각한다. 다시 말해, 정신분석은 그 시작과 더불어 분열분석의 형태였지만, 결국 잘못된 전환을 이루었다는 것이다. 이 점에서 (그들이 말하는) 정신분석은 러시아 혁명과도 같다. 그것이 시작되었을 때 나쁜 방향으로 갈지를, 곧 출발점, 잘못이 시작된 지점으로 돌아가는 일이 얼마나 먼가를 누구도 알지 못했다는 것이다. "미국인들에게? 제1인터내셔널에게? 비밀결사대에게? 프로이트에게 최초의 분열

---

17 S. Freud, "The Ego and the Id", pp. 206~207을 볼 것.

은 그와 약속을 깬 배신자로 공표된 것을 뜻하는가? 프로이트 자신이 오이디푸스를 '발견'한 순간부터인가?"(AO, 62/64) 들뢰즈와 가타리가 보기에 프로이트는 실로 욕망하는 생산을 깨닫지 못했다는 것이 핵심이지만, 어떤 이유로 그는 그것에로 되돌아가길 선택했다는 것이다. 이 결정의 결과로 정신분석은 보기와는 대조적으로 보다 은밀한 억압의 도구가 되었고, 이 때문에 [우리는] 실재라고는 없는 신화와 판타지의 언어를 강제당하는 무의식 담론을 해방시켜야 한다. 그러나 상실이 크면 클수록 실수도 커진다는 프로이트 초기의 두 발견 속에는 의심할 만한 것이 존재한다. 즉,

> 욕망하는 생산과 사회적 생산 간의, 징후적이고 집단적인 형태 간의 직접적 직면, 그것들의 주어진 본성과 차별화된 체제, 동시에 사회적 기계가 욕망하는 기계 위에서 수행되고, 사회적 억압과 더불어 심적 억압과의 관계에 미치는 억압. (AO, 61/63[103~104])

문제는 오이디푸스가 한 번 자리를 잡고 나면 자신의 힘으로 욕망하는 생산의 산출을 전유하고 이는 결국 징후, 꿈, 망상 따위의 오이디푸스적인 생산물로서 드러나게 된다(AO, 63/66). 결국 원칙적으로 실수는 욕망의 도달점을 넘어 사회적인 것 위에 두어진다. 이는 마르크스주의와의 구체적인 연계에 부적합한 것임이 드러난다.

자기 자신에 대한 분석에서 프로이트가 오이디푸스를 발견했다는 것의 의미는 무엇인가? 자기 분석이 원래 그렇다는 것인가, 아니면 괴테풍의 고전문화에서 그렇다는 말인가? 그는 자신에 대한 분석 속에서 다음과

같은 것을 발견한다. 자, 이제 오이디푸스처럼 말이지! (AO, 62/64[104])

『꿈의 해석』의 독자들이 깨달은 바와 같이 프로이트가 오이디푸스 이야기에 초점을 맞추는 이유는 오이디푸스의 운명만이 그것이 쓰인 뒤에도 2천 년이나 우리에게 감동을 주기 때문이다. 왜냐하면 그것은 불변의 진리, 곧 의식이 감당하지 못하는 우리 무의식의 어떤 지점을 표현하기 때문이다. 프로이트는 "그의 운명은 우리들을 바꿀 것이다. 왜냐하면 그것이 바로 우리의 것이었기에. 신탁에는 우리가 태어나기 전 그와 마찬가지로 우리에게 내려진 저주가 있다. 아마도 엄마를 향한 최초의 성적 충동과 아빠를 향한 최초의 미움과 살인충동은 우리 모두의 운명일지도 모른다. 우리의 꿈은 이것이 맞다고 설득한다"고 쓴다.[18] 이렇듯 간단한 구절은 셀 수 없이 많은 문학비평을 자극하였고 결과적으로는 같은 방식으로 영화를 비롯한 모든 종류의 미학적 산물에도 영향을 끼쳤다. 즉, 그런 응답들은 한 줌의 개인적 선호나 취향에 불과한 것이 아니라 인간됨에 관한 불변의 진실, 내면, 그리고 앎을 뛰어넘는 원초적 욕망에 대한 가정을 담고 있다. 모든 미학 작품에 대한 우리의 응답이 정신분석을 가정하고 있다는 것은 『오이디푸스 왕』이 **그랬던 것처럼**as if 우리가 읽고, 듣고, 본 바와는 무관하게 단지 소포클레스의 연극에 관계된 것만은 아님을 뜻한다. "거기에는 본질적인 것이 있다. 즉, 욕망의 재생산은 괴짜의 이론인데다 단순한 재현일 뿐이다."(AO, 61/63~64) 정신분석은 확실히 이런 거친 요약보다 복잡하긴 하지만 프로이트가 이를 '발견한' 이래로 구조화

---

18 S. Freud, *The Interpretation of Dreams: Penguin Freud Library Volume 4*, London: Penguin. 1900/1976, p. 364.

된 모델로 변형됨으로써 기초적인 가정이 되었다. 따라서 엄마를 향한 오이디푸스적 욕망은 금지된 것을 향한 구조화된 욕망이 되고, 아빠를 향한 미움과 살해 욕망도 (사장, 장군, 대통령과 같이) 다양하고 특정한 권위적 인물과 연계되어 구조화된 금지요인이 되며, [결국] 사회적으로는 행위를 규제하게 된다. 이 과정에서 오이디푸스는 이중화되거나 사실상 베이트슨Gregroy Bateson의 이중구속double bind이 된다. 왜냐하면 그것은 이제 우리가 확인할 수 있는 어떤 것 혹은 '붕괴'의 원인이거나, 자신의 가장 내밀한 욕망을 부인하는 대가를 치르고서만 삽입될 수 있는 상징적 구조로서 영원한 내적 '갈등'의 원천이 되기 때문이다(AO, 90/98).

그러나 들뢰즈와 가타리는 그것은 그저, 무의식이 어떻게 작동하는가에 관해 문학이 어떤 것이든 말해 줄 수 있다는 반反재현일 뿐이라고 말한다. 들뢰즈와 가타리는 『안티-오이디푸스』를 여는 장에서 문학의 중요성을 강조한다. [여기서] 문학은 늘 분열증과 유사한 것으로 표본화되는 임상적 지칭을 넘어서는 것으로 [이해된다]. 즉, 모든 슈레버Schreber에게는 아르토Antonin Artaud가 존재한다. (아르토 자신이 분열증일지도 모르지만 그럼에도 불구하고 그는 신경증에 관한 기억보다는 문학작품을 썼다). [이는 마치] 베케트Samuel Beckett의 경우 모든 늑대 인간에게 네르발Gérard de Nerval이 존재하고(물론 그는 분열증이었거나 최소한 조울증을 앓았을 것이다), 뷔히너Georg Büchner의 경우도 마찬가지이다. 아르토, 베케트, 뷔히너 그리고 네르발의 작품은 분열증을 재현하지 않는다. 그들은 분열증을 재현하려 들지 않는다. 그것들은 들뢰즈와 가타리의 말로 치자면 '몸소' 분열한다. 다시 말해 그것들은 비록 분열의 사례를 다룬 작품이라고 하더라도, 저자가 [임상적] 분열증에 걸렸다는 것이 아니라 작품 그 자체의 분열성에 대해 말하는 것이다. 그들은 "엥겔스는 주장하길"이라고 쓰면서,

저자는 위대하다, 왜냐하면 그는 자기 작품의 고답적이고 횡포스런 기표를 산산이 부수는 흐름의 궤적으로부터 자신을 막지 못하고 그것들을 순환하도록 하며, 반드시 그 지평에서 혁명 기계를 키우기 때문이다. 그것이 바로 반反통어법적이고, 반문법적인 문체, 아니 문체의 부재이다. 즉, 언어가 더 이상 그것이 말한 바에 의해 정의되지 않게 되는 순간, 사물을 뜻하도록 만든 것이 아니라 그것이 야기한 이동, 흐름, 폭발, 곧 욕망에 의해 정의되기 때문이다. 문학은 분열증과 같은 것이다. 즉, 목적이 아닌 하나의 과정, 표현이 아닌 하나의 생산이다. (AO, 145/158~159[236~237])

그러나 그들의 관점에서 문학은 희귀한 예술이자 자본주의의 파괴적 영향력에 매우 취약한 것이기도 하다. "모든 작가는 매각된다. 내용이 지닌 형식의 시장 가치뿐 아니라, 초자아와 폭발적인 표현형식이 야기하는 날조된 흐름을 만드는 포장물이 바로 문학이다."(AO, 146/160) 들뢰즈와 가타리의 한 가지 협동작품이 바로 카프카에 관한 문학서였다는 점은 우연이 아닌데, 이는 자신의 삶에서는 아무것도 아니었다가 [후에] 출판되고 나서 유명해진 작가에 관한 이야기이다.[19] 들뢰즈와 가타리가 존경해 마지않는 피츠제럴드F. Scott Fitzgerald와 같이 성공한 작가가 출판한 작품에서는 이해관계의 끈적한 얽힘과 욕망을 구별하기가 매우 어렵다.

　(억압된 생각과 판타지의 저수지냐 혹은 기계를 불러일으키는 생산적 과정이냐로 나뉜) 무의식에 대한 상이한 두 개의 접근 방식은, 근본적으로

19　나는 이에 관한 논의거리들을 다른 책에서 검토한 바 있다. I. Buchanan, *Deleuzism: A Metacommentary*, Edinburgh: Edinburgh University Press, 2000, pp. 175~176.

슈레버의 망상에 대한 프로이트의 설명과 들뢰즈와 가타리의 그것을 비교해 볼 수 있도록 해 준다. 프로이트가 (영혼의 살인자가 끊임없이 위협하고 위아래로 신들과 지저귀는 새들로 가득한) 슈레버의 복잡한 망상 뒤에 숨은 모든 요소들이 (보통 부모와 같이) 진정한 사람으로 서게 한다고 주장하는 지점에서, 들뢰즈와 가타리는 이것들이 그저 슈레버의 망상이 관통한 여러 '강도들'에 불과하다고 말한다. 정신분석이 오이디푸스 콤플렉스라는 영원한 퍼즐 맞추기를 거슬러 그것을 이해함으로써 탈코드화 가능한 조합의 구성요소로 망상을 보는 반면, 분열은 그 따위 내용이란 없고 그것은 그저 변함없는 흐름의 격자화이자 끊김일 뿐이라고 말한다. 따라서 예를 하나만 들자면 프로이트는 슈레버의 '여성-되기'를 다음과 같이 해석한다.[20] 자연 질서가 그에게 세상을 구원하라고 요구하기 때문에 그가 여성이 되었음에 틀림없다고 느낀 것은 자신의 아버지를 향한 양면적인 감정을 표현하는 것과 마찬가지로, 이는 오이디푸스 모델에 따르면 원한과 탄원의 복합으로 이해된다. 정신분석은 아들이 자신의 아버지를 어머니의 애정을 놓고 벌이는 라이벌로 취급한다. 그러나 그 아들 역시 아버지가 이기기에는 너무 강한 라이벌이며, 그렇기에 그는 아버지를 향한 수동적 태도를 취함으로써 자신을 위로하고자 하는데, 이는 아들 내면의 원한을 촉발하는 명백한 이유가 된다는 것이다.[21] 프로이트는 오이디푸스적 생각을 활용하여 재빠르게 슈레버의 글에서 확인되는 주제들을 간파한다. ── 신은 슈레버의 정신분석의인 플레시히Paul Flechsig 박사를

---

20 한국어판을 참조할 것. "세상을 구원하는 사명에서 가장 중요한 부분은 먼저 그가 여자로 변형되어야 하는 것이었다. 그러나 그가 여자로 변형되기를 바란다고 추측하면 안 된다. 이것은 '만사의 법칙'에 따라 '그래야만' 되는 일에 속하는 것이었다."(지그문트 프로이트, 「편집증 환자 슈레버」, 『늑대인간』, 김명희 옮김, 열린책들, 2003, 116쪽) ── 옮긴이

재현해 냈다. 또 슈레버의 아버지를 대신하기도 한다. 그러나 그는 모든 것을 오이디푸스적 은유로 환원시킴에 따라 슈레버의 망상이 지닌 정치적이고 역사적인 성격을 무시한다(AO, 64/66; 98/107). 비록 프로이트는 슈레버의 아버지가 덕 있고 활달한 아들의 변호인으로서 독일 전체에 걸쳐 영향력 있었던 의사임을 알았다고 하더라도, 그가 자세교정을 위한 특이한 정형의술을 갖춘 좋은 의사였음을 무시했다(AO, 327/353). 결국 들뢰즈와 가타리는 프로이트에 반反하여 아버지가 갖는 의미의 무게를 덜고 대신 정치적이고 역사적인 부분을 강조한다.

> 정신분석가들은 우리에게 아버지란 슈레버가 그에 관해 말하지 않았다는 이유로 똑같이 중요한 의미를 갖는다고 말한다. 무엇보다 우리는 인종, 인종주의, 정치에 관한 분열증적 망상에 빠진 적이라곤 없다고 대답할 것이다. 정신분석은 역사도, 문화도, 대륙도, 왕조 따위 무엇도 시작하거나 말한 적이 없다. 우리는 망상의 문제가 가족과 연계된 것이 아니며 오로지 부차적인 방식으로만 아버지와 어머니에 연관된다고 말한다. (CY, 80)

아마도 정신분석과 분열분석 간에 가장 중요한 차이는 다음일 것이다. 즉, 프로이트는 슈레버의 병에서 메타심리학적 원인을 찾는 반면(다시 말해 플레시히 박사를 향한 동성애적 느낌) 들뢰즈와 가타리는 그 원인이 유기체[수준에 불과한 것]임을 주장한다. "그런 의미에서 우리는 (약의

---

21 S. Freud, "Psychoanalytic Notes on an Autobiographical Account of a Case of Paranoia(Dementia Paranoides)", ed. A. Richards, *Case Histories II: Penguin Freud Library Volume 9*, trans. J. Strachey, London: Penguin, 1911/1979, pp. 186~189.

생리학과 결합한) 분열증의 생리학을 믿으며, 이는 이 병의 본성을 보다 진보적으로 규정해 줄 것이다."(AO, 93/100) 들뢰즈와 가타리는 망상을 가진 분열증자를 존중하면서 그들이 세계를 그렇게that way 본다고 규정하지도decide, 그렇게 볼 수 있다고 규정하지도 않는다. "분열증이란 하나의 인격, 곧 어떤 이유든지 간에 사회적 질서를 위협하는 욕망하는 흐름을 촉발시키는 것이다."(CY, 222) 분열증 안에서의 어떤 '깜빡임'과 그들의 심리적 기제가 과잉구동되어, 이전에 알려지고 경험된 어떤 것보다 훨씬 더 강한 생각, 이미지, 사유와 감정을 발생시킨다. 이 기어의 이런 이동의 결과 그들의 **생산 과정**, 곧 데이터와 자극을 종합하는 (내면적이고 외화된) 방식은 조작 양상을 대체해 나간다.[22] 분열증은 마음의 체제 변화를 강제한다. 들뢰즈와 가타리가 분열증의 유기적 인과성을 서술한다고 생각되는 부분은 세 군데에서 발견된다. 첫째, 그들은 프로이트에 반反하여 분열증 증상이 해석에 의해 관통되지 않는다는 관점을 개진한다. 둘째, 정신의학에 반하여 분열증 과정은 비정상이 아니라 전적으로 정상의 과정임을 주장한다(이는 분열병증이 분열증적 과정이라는 뜻이 아니고 환자들 자신이 발견하는 환경에 대해 그렇다는 것을 말한다). 셋째, 내가 앞서 말한 바와 같이 들뢰즈와 가타리는 약물 치료를 선호한다(CY, 86; ATP 313/347). 이 마지막 주장은 설령 우리가 어린 시절부터 어딘가 아팠었다고 하더라

---

22 이것이 바로 베텔하임이, 분열증의 원인에 대한 오이디푸스적 혹은 전(前)오이디푸스적 해석과는 명백히 대조되는 들뢰즈와 가타리의 중요성을 강조하는, 그리고 결과적으로 부모를 비난하는 이유이다. 베텔하임은 자식을 돌보지 않은 부모를 경계하는 경고의 의미로서 오이디푸스 신화를 재해석한다(B. Bettelheim, *The Empty Fortress: Infantile Autism and the birth of the Self*, New York: Free Press, 1967, p. 316). 만일 그들이 자식들의 삶에 눈감아 버린다면, 결국 그들은 오이디푸스를 면치 못한다는 것이다. 그의 프로이트에 대한 선호에도 불구하고, 베텔하임은 분열증이 권리상 자동 생산적 힘이라는 생각을 수용하며, 이는 완전히 부모의 행동에 빚진 것이 없음을 뜻한다(AO, 40/45).

도 그것이 단순히 그 시절에 대한 반동으로 야기된 것으로 보는 관점에서
라면 정신분열증을 향정신성 약물로 치료하려는 것은 무의미할 것이라
는 맥락에서 그러하다.

프로이트는 슈레버의 망상이 '실재의 상실'loss of reality이 축적된 것
이며, 분열증의 주된 징후 중 하나라고 말한다. 그는 슈레버의 망상적 세
계가 '진짜 세계'와 끊기는 과정에서 발생하여 자신만의 어두운 세계에
빠져들게 된 것이라고 진단한다.[23] 슈레버가 그의 엉덩이에서 광선이 나
온다고 주장하는 한, 우리는 프로이트의 결론을 어째서, 왜 거부해야 하
는지 이해하기 어렵다. 실재에 대한 슈레버의 이해력이 심히 줄고 있음
은 명백해 보이기 때문이다. 하지만 들뢰즈와 가타리는 분열증자가 '실
재의 상실'로 고통받는 것이 아니라, '너무 많은 실재'로 고통받고 있다
고 말한다. 요점은 '고통받는' 상태에 있다. 분열증자는 종종 경험이 고
통스럽고 괴롭다는 의미에서 '너무 많은 실재'로부터 '고통받는다'(CY,
86). 이 느낌은 정신의학적이거나 정신분석적인 담론에서는 '정신병'으
로 환원되어 버리고 마는 반면, 하나의 연속적 실재로서 불가능성과 가
능성을 융합시킨 들뢰즈와 가타리의 총체적 기획 속에서는 진단적 기준
이 된다(DI, 234/326). 『안티-오이디푸스』에서 그들은 관념적인 것의 침
투임에도 불구하고 비이성으로부터 이성을 분리해 내는 실재적 벽인 '돌
파구'breakthrough로서 정신병으로 이행하는 살아 있는 체험에 대해 이야
기한다. 그러나 그것은 항구적 '와해'breakdown를 동반하는 것이라고 덧
붙이는데 거기에는 두 가지 형태가 있다. 즉, 말문이 막힌 긴장 상태의 체

---

23 S. Freud, "Psychoanalytic Notes on an Autobiographical Account of a Case of
   Paranoia(Dementia Paranoides)", pp. 141~223을 볼 것.

감 혹은 쉬지 않고 무의미하게 지껄이는 일이다. 즉, "나는 신이다, 나는 신이 아니다, 나는 신의 광대다…"(AO, 86/92). 그들은 분열증 과정의 난입에 의해 야기된 이성과 비이성 간의 벽에 난 틈을 통해 우리의 본질을 이해하는 일은 가장 원초적이고 기능적인 수준에서 무의식의 조작에 따른 것이라고, 곧 이를 '욕망하는 생산'desiring-production이라고 부른다. 다음 장에서 보게 될 바와 같이 이는 '욕망하는 기계'(욕망기계)the desiring-machines가 생성되고 이들이 작동하는 어디에나 존재한다.

3장

텍스트 읽기

우리는 결코 광인의 책을 쓰려고 한 것이 아닙니다. 정확히 누가 이야기하는지, 의사인지 환자인지 현재, 과거, 혹은 미래의 광인인지 아무도 모르는, 그리고 알아야 할 이유도 없는 책을 쓰려 했던 것입니다. 바로 그렇기에 많은 작가와 시인을 인용한 것입니다. 환자로서 이야기하는 것인지, 의사로서 이야기하는 것인지 ─ 결국 문명적 관점에서의 이야기지만 ─ 잘 알 수 없는 사람들이죠.
　　　　　　　　　　　─ 질 들뢰즈 · 펠릭스 가타리, 『들뢰즈와 가타리가 해명한다』

로런스, 밀러, 케루악, 버로스, 아르토, 그리고 베케트가 분열증에 대해 정신과 의사나 정신분석가보다 더 많이 알고 있다는 것이 우리의 잘못인가요?
　　　　　　　　　　　　　　　　　　　　─ 질 들뢰즈, 『대담』*Pourparlers*

욕망기계

『안티-오이디푸스』 출간 이후 여러 인터뷰에서 들뢰즈는 그들의 출발점이 가타리 덕분에 발명된 욕망기계 개념이었다고 말한다. 가타리가 그 아이디어를 어떻게 내놓았는지는 기록이 남아 있지 않지만, 그가 최근에 펴낸 비망록 『안티-오이디푸스 초고』를 근거로 삼으면 라 보르드에서의 임상경험이 큰 역할을 한 것 같다. 들뢰즈가 말하듯, 가타리는 욕망기계 개념을 기반으로 구축된 생산적 무의식에 관한 생각을 가지고 그에게 왔다. 하지만 처음에는 그들 둘 다 이것은 너무 구조주의적이어서 그들만의 방식으로 강구하고 있었던 문제, 즉 욕망이 어떻게 기능하는지를 이해하는 데 근본적인 돌파구가 될 수 없다고 판단했다. 들뢰즈에 따르면, 그 당시 그는 "오직 개념들로만" — 자기 딴에는 "그마저 전전긍긍하면서" — 작업을 하고 있었는데, 가타리의 생각이 그의 사유가 다다른 곳을 넘어서는 한 걸음이라는 것을 알 수 있었다(N, 13/24). 놀랄 것도 없이 사건에 대한 가타리의 해석은 들뢰즈와 일치하는 것이었지만, 가타리는 들뢰즈의 사유야말로 가장 멀리까지 나아간 것이라 생각했다. 가타리는 스스로 들뢰즈와 함께 작업하기를 바란다고 표현한다. 이를 통해 라캉적 체계와 더욱 철저하게 결별함과 동시에 자신의 사유에 더욱 뛰어난 체계와 질서를 부여하려 했던 것이다. 그러나 주지하다시피 그들의 공동연구는 항상 단순한 사유의 교환 이상이었고, 서로 부족한 점을 채워 주는 것이었다. 그들이 공통적으로 구하는 담론은 정치적이면서 정신의학적인, 그러면서도 하나의 차원dimension을 다른 것으로 변화시키지 않는 것이었다. 그들 중 누구도 자신의 힘으로 그것을 발견할 수 있으리라 생각하지 않았던 것 같다(N, 13/24). 다시 말해 들뢰즈와 가타리는 아빠-엄마-나의 삼각화 렌즈를 통해 모든 것을 여과하려는 분석의 양식mode으로는 68혁명이 왜 혹은 어떻게 일어났는지, 왜 그런 방식으로 진행되었는지 그 어떤 것도 해명할 수 없다는 관점에 있었다고 할 수 있을 것이다. 학생들은 바리케이드 앞에서 국가의 '부성적' 권위에 저항하고 있었는지도 모르지만, 분명한 것은 바로 국가라는 개념에 저항하고 있었다는 것이며, 전자가 후자를 설명해 주지는 않는다.

『안티-오이디푸스』의 주된 목적은 정신분석과 마르크스주의 간의 이론적 화해를 이루고, 이를 통해 저자들이 도발적으로 "유물론적 정신의학" 또는 "분열분석"(이 용어들은 같은 뜻으로 쓰인다)이라 부르는 비판적 분석(그들은 환각을 일으켰기 때문에 시대의 풍조에 더 잘 들어맞는다)의 새로운 방법을 창출하는 것이었다. 이 목적을 달성하기 위해서는 다음

두 가지를 수행해야 한다.

1. 사회적 생산과 재생산을 이해하는 데 이용되는 개념적 메커니즘에 욕망을 도입하여 일상을 이루는 기반의 일부로 만든다.

2. 욕망의 개념에 생산이라는 관념을 도입하여 역사의 실재와 욕망의 기계작용machination을 분리하는 인위적 경계를 제거한다.

이 두 가지 목표가 첫 번째 절의 최우선 사항들을 결정한다.

분열증 환자의 산책

『안티-오이디푸스』의 첫머리는 의심할 여지 없이 책 전체에서 가장 애매한 부분이다. 하지만 애매하게 보인다고 해서 그들에게 아무런 목적이나 설계가 없었다고 생각해서는 안 될 것이다. 『안티-오이디푸스』를 슈레버Schreber, 렌츠Lenz, 말론Malone의 사례연구로서 다소 악명 높게 시작하는 데는 다음 세 가지 목적이 있다.

1. 과정으로서의 분열증과 질병으로서의 분열증을 구별한다.
2. 분열증적 과정에 작용하는 요소들을 식별한다.
3. 분열증적 과정이 무의식의 근본적 기반이라는 것을 입증한다.

들뢰즈와 가타리가 말하듯 분열증은 "분열증 환자를 물질에, 물질의 살아 있는 강렬한 중심에 가장 근접시켜 주는 가슴이 찢어질 듯 너무나 감동적인 체험이다"(AO, 21/26). 그렇지만 그들의 관점에 따르면, 통속적인 상상 속에 출몰하는 긴장증적 좀비와 고함치는 편집증자의 진짜 원인은 질병 과정이 아니라 바로 치료에 있는 것이다. 질병 자체는, (폐쇄병동 격리를 통해) 그 과정이 갑자기 중단되거나 (망상 내용의 끝없는 분석을 통해) 헛돌지만 않는다면 굉장한 상상의 날갯짓을 불러일으킬 수 있고, 역사를 통틀어 가장 위대한 몇몇 예술작품들의 의심할 바 없는 원동력이 되어 왔다. 따라서 분열증적 과정은, 들뢰즈와 가타리도 비참하고 쇠약하게 만드는 질환이라고 기꺼이 인정하는 질병으로서의 분열증과는 다르다. 본질적으로 들뢰즈와 가타리가 입증하려는 것은 바로 분열증 환자가 착란delirium의 완전한 탈주flight 속에서 종합적 과정으로서의 욕망의 참모습을 보여 준다는 것이다. 그때 분열증적 과정은 욕망의 작동에 관한 모델이 된다. "자폐상태로 인해 인위화되고 인칭화된 분열증 환자의 증상이기에 앞서, 분열증은 욕망과 욕망기계의 생산 과정인 것이다."(AO, 26/31~32). 들뢰즈와 가타리는 모든 사람이 의식하지 못할 뿐 실제 분열증적이라고 말하는 것이 아니다. 페리 앤더슨이 비판적으로 생각하는 것처럼[1] 모든 척도나 질서 너머로 주체를 분해하려는 것도, 남들이 비난해 온 것처럼 분열증을 낭만적으로 묘사하는 것도 아니다(N, 23/37). 오히려 그들이 말하는 것은, 분열증적 착란은 무의식의 실체적material 과정을 드러내기 때문에 그로부터 많은 것을 얻어 낼 수 있다는 것이다. 뒤에서 더 상세히 살펴보겠지만, 만일 무의식이 그들의 용어법으로 기계적machinic 이지 않다면 분열증적 착란은 제대로 된 형태를 취할 수 없을 것이다. 과정으로서의 분열증과 질병으로서의 분열증을 구별하는 것은 다음 두 항목, 즉 분열증적 과정을 작동시키는 요소들을 식별하고 그 요소들을 무의식의 작용과 관련하여 위치시키는 데 필요한 전제조건이다.

　　두 번째 항목——분열증적 과정을 작동시키는 요소들을 식별하기——

---

1 Perry Anderson, *In the Tracks of Historical Materialism*, London: Verso, 1983, p. 55를 볼 것.

에 관해 들뢰즈와 가타리가 처음에 제시한 세 가지 사례연구에서 끌어내는 주요한 결론은 다음과 같다. 분열증 환자는 **자연적 인간**Homo natura이면서 **역사적 인간**Homo historia이다. 이는 무슨 뜻일까? 그들 스스로 지적하듯, 분열증 환자가 기질적으로 자연에 관심을 보이는 성향이 있다고 하는 것도, 자연에 대한 관심이 이 질병의 징후sign와 증상으로서 이용될 수 있다고 하는 것도 아니다. "우리는 분열증의 자연주의적인 극을 결정하려는 것이 아니다. 분열증 환자가 한 개인으로서 그리고 인간이라는 종의 일원으로서 살아가는 것은 결코 자연의 어느 특정한 극이 아니라 **생산의 과정**으로서의 자연인 것이다."(AO, 3/9; 인용자 강조) 예컨대 바위, 금속, 물 그리고 식물에 대한 렌츠의 관심 **자체**가 근저에 있는 분열증의 존재를 암시하는 것은 아니다. 들뢰즈와 가타리의 관점에 따르면, 그가 이 요소들을 대하는 방식이 더 많은 것을 이야기해 준다. 무엇을 보느냐가 아니라 어떻게 보느냐가 중요한 것이다.

뷔히너Georg Büchner의 주인공 렌츠Lenz는 분명 장대한 자연환경에서 영감을 받거나 그에 대해 열정적이었던 첫 번째 예술가는 아니다. 하지만 마찬가지로 자연을 주제로 선택해 온 다른 낭만파 예술가들과 달리, 렌츠는 자연적 요소에서 단지 기묘하고 가공할 아름다움이 아닌 심원한 생生의 현존을 본다. 이 점에서 들뢰즈와 가타리는 분열증적 세계에 "존재의 절망, 공포, 권태를 완화시켜 줄 '건강과 정당성'을 갖춘 자기라는 모순된 개념은 전혀 존재하지 않는다"고 (마침 베케트의 등장인물에 대해 언급하며) 쓴 R. D. 랭Laing과는 반대의 견해를 갖는다.[2] 렌츠가 본 것처럼 대지, 바람, 물과 같은 것들에는 그 자체의 생이 주입되어 있지만(이 역시 중요하지만), 더 광대하고 더 포괄적이고 더 고양시키는 것, 또한 코스모스Cosmos와 같은 것이 존재하며, 그는 바로 이러한 것의 일부가 되기를 간절히 바라는 것이다. 렌츠는 "폭풍을 자신에게 끌어들이고 모든 것을 자신의 존재 내에 받아들여야 한다고 생각했고, 지구 전체에 뻗어 누웠으며, 모든 것을 향해 굴을 파며 나아갔다. 황홀경은 그를 아프게 했다. 아니면 멈추고는 머리를 이끼에 대고 눈을 반쯤 감았는데, 그러자 모든 것이 까마득히 멀어졌고, 그를 받치던 대지는 오그라들었다".[3] 다시 말해 그가 달의 야간 주기에 따라 호흡하는 꽃을 본다는 사실은 렌츠의 여러 변화된 심경 가운데 하나의 징후다. 그는 기계에 정신이 팔려 있다.

> 모든 것은 기계를 이루고 있다. 천체의 기계, 별 또는 무지개, 산악의 기계. 이것들이 렌츠의 신체의 기계들과 연결되어 있다. 기계들의 끊임없는 웅성거림. "모든 형태의 생명과 깊이 접촉하기, 돌, 금속, 물, 식물을 위하는 영혼을 소유하기, 달이 차고 기우는 데 따라 대기를 호흡하는 꽃처럼 꿈꾸듯 자연의 모든 요소를 자신 안에 맞아들이기. 이러한 것은 틀림없이 한없는 지복이라고 [렌츠는] 생각했다." 엽록소-기계 혹은 광합성-기계 되기, 적어도 이런 기계 속에 자신의 신체를 하나의 부품으로서 밀어 넣기. (AO, 2/8[24])

기계에 대한 집착은 질환이 있다는 가장 확실한 징후다. 이 기계들, 가능한 존재의 상태들 하나하나는 렌츠가 가로지르는 강도의 영역이다. 렌츠는 자신이 자연의 생산과 일치한다고 느끼기 때문에 **자연적 인간**

---

2 R. D. Laing, *The Divided Self: An Existential Study in Sanity and Madness*, London: Penguin, 1990, p. 41.

3 G. Büchner, "Lenz", *Büchner: Complite Plays, Lenz and Other Writings*, trans. J. Reddik, London: Penguin, 1835/1993, p. 142.

Homo natura이지만, 그 자연의 생산을 마치 자신이 아닌 다른 이가 목격한 것처럼 표명하는 한 역사적 인간Homo historia이다. 그의 자아는 주체의식 한가운데의 위치에서 물러나 있다. 들뢰즈와 가타리를 의역하면, 갑자기 미쳐서 존재의 갖가지 이상한 상태(바위, 금속, 식물 등과의 더없이 행복한 접촉)와 동일시하는 듯한 극작가 렌츠-자기Lenz-the-self는 존재하지 않는다고 할 수 있다. 오히려 상태들의 계열을 가로지르고, 이 상태들을 역사에 등장하는 이름들만큼 많은 자연의 요소들과 동일시하는 렌츠적 주체가 존재하는 것이다(이런 점에서 "나는 바위다"와 "나는 훈족 아틸라다"라고 말하는 것 사이에는 거의 차이가 없다).

니체의 발광에 대한 피에르 클로소프스키의 견해에 따라, 들뢰즈와 가타리는 분열증 환자의 주체가 욕망기계와 나란히 있는 잔여물이나 예비 부품으로서 생산되며 ─ 혹은 스스로를 생산하며 ─ 질병 과정 덕분에 주된 위치를 점하게 된다고 주장한다. 주체가 그 중심을 재배치하려 가로지르는 강도의 상태들 ─ 예컨대 바위의 '영혼'에 대한 감정 등 ─ 은 욕망기계의 둘레에 동심원을 그린다. 마치 여러 권역으로 이루어진 지옥에서처럼, 주체는 한 원환의 특정한 강도 대역을 가로질러 다음 원환으로 이동한다. 먼저 바위와 일치하고 다음에는 물, 그 다음에는 식물, 이런 식이다. 클로소프스키는 다음과 같이 언급한다.

원심력이란, 영원히 중심을 벗어나는 것이 아니라, 다시 중심에서 멀어지기 위해 새로이 중심에 근접하는 힘이다. 한 개인이 자신의 중심만을 구하여 자신이 그 일부로서 속해 있는 원환 전체를 보지 않는 한, 원심력의 격렬한 진동은 그를 압도하게 된다. 이 진동이 그를 압도하는 것은, 그가 발견할 수 없는 중심의 관점에서 각각의 진동이, 그가 자신이라고 믿는 개인이 아닌 다른 개인에 대응하기 때문이다. 그에 따라 자기동일성은 본질적으로 우연적이며, 이러저러한 자기동일성의 우연성이 개체성을 전부 필연적이게 만들기 위해서는 각각의 자기동일성이 일련의 개체성을 가로질러야 한다. (AO, 22/27~28[51~52]에서 재인용)

이 때문에 렌츠는 모든 것을 향해 파고들기를, 사방으로 퍼진 원환들의 시발점, 그가 고요할 것이라 생각하는 곳, 바로 강도의 영도強度를 찾아내기를 욕망하는 것이다.

여기서 강조되어야 할 점은, 만일 렌츠가 분열증 환자가 아니었다면, 만일 분열증 삽화에 시달리지 않았다면, 그가 산속을 걷는 것은 전혀 다른 성격을 띠었으리라는 것이다. 뷔히너가 작가의 괴로운 정신생활을 아름답게 환기시킬 때 드러나는 감정의 강도는 틀림없이 결여됐을 것이다. 꽃은 꽃일 뿐이요, 대지는 그저 발밑의 흙에 불과할 것이다. 그래서 들뢰즈와 가타리는 분열증에 내재하는 창조성, 그 생산성을 강조하는 것이다.[4] 렌츠는 분열증 환자이기 때문에, 그에게 모든 것은 기계다. 그가 주변에서 인지하거나 왠지 느끼게 되는 천체의 기계, 산악의 기계, 엽록소-기계 그리고 광합성-기계는 그의 내부에서 작동하며, 전부 질병 과정의 징후다. 마찬가지로 이상한, 슈레버와 말론을 비롯하여 『안티-오이디푸스』

---

4 참고로 분열증의 인상은 프레드릭 제임슨의 (포스트모더니즘의 필수적인 전신으로서의) 모더니즘 개념과 같은 종류라는 것을 언급할 수 있겠다. 그것은 랭보에게서 인용한 "당신을 되돌아보는" 마술의 꽃에 관한 경탄할 만한 구절로 요약되어 있다(F. Jameson, *Postmodernism, or, The Cultural Logic of Late Capitalism*, London: Verso, 1991, p. 10). 이 점에 관해 제임슨의 분열증 개념은 포스트모더니티와 관련되며, 들뢰즈·가타리가 아닌 라캉에서 유래했음을 덧붙이는 것이 좋겠다. I. Buchanan, *Deleuzism: A Metacommentary*, Edinburgh: Edinburgh University Press, 2000, pp. 159~164를 볼 것.

를 관통하는 수많은 등장인물에 대해서도 동일하게 말해야 할 것이다. 들뢰즈와 가타리는 분열증이 도처에 있다고 하지 않는다. 오히려 욕망하는 생산이 도처에 있지만, 분열증적 착란 속에서 가공되지 않은 상태로만 우리에게 보인다는 것이다. 욕망하는 생산이란, 욕망 개념에 생산을 불어넣은 그들의 신조어로서, 두 가지 전략적 목표 가운데 첫 번째다.

이후 들뢰즈와 가타리는 1장의 시야를 넓히는 데 기여할 매우 중요한 방식으로 욕망하는 생산의 정의를 부여하게 된다. 욕망하는 생산은 그들이 사회적 생산과 재생산, 혹은 더 간단히 사회체socius라 부르는 것에 흡수될 수 없는 무의식이 작동하는 양상이다(AO, 189/204). 곧 살펴보겠지만 욕망하는 생산은 반-생산의 중개인 역할을 하는 탈기관체가 포함할 수도 없고 그 매끄러운 표면 위로 몰아넣어 억압할 수도 없는 욕망의 양상이다(사실 들뢰즈와 가타리는 탈기관체를 근원적 억압의 장소로서 정의한다. AO, 10/15). 〈디스트릭티드〉Destricted라는 제목의 공동 프로젝트에 동참한 래리 클라크Larry Clark의 단편 '찔리다'Impaled는 여기서 의미하는 바의 매우 사실적이기는 하지만 훌륭한 실례를 제공한다. 영화는 포르노 영화 작업에 관심이 있지만 아직 종사 경험이 없는 사람을 구한다는 광고에 응한 젊은이들과의 인터뷰로 시작된다. 남자 최종 후보자 명단에서 한 명이 선택되면, 그는 전문 포르노 배우인 여자들과 인터뷰를 한 뒤그 가운데 가장 섹스를 하고 싶은 상대를 골라 정식으로 함께 '신'scene을 찍는다. 이 영화가 우리의 목적에 흥미로운 것은 테이크take 사이에, 심지어는 지저분한 애널 섹스의 시도 후에 정리할 필요가 있을 때조차 카메라의 흐름이 끊기지 않는다는 것이다. 보통은 포르노 영화에 포함되지 않을 이러한 장면들에서 우리가 불현듯 깨닫게 되는 것은, 일반적인 인식과 달리 포르노그래피는 (지젝이 말하듯이)[5] "모든 것을 보여 주지" 않으며, '성적인' 영역에 속하는 것으로서 코드화될 수 있는 것만을 드러낼 뿐이라는 것이다. 적어도 포르노그래피에 관련되는 한, 이 영역은 촬영상의 필요 — 예컨대 카메라를 이동하고, 조명을 바꾸고, 남자 배우의 수그러든 성기를 다시 세울 필요 등 — 에 따라 성행위 연기를 필연적으로 중단하는 것까지 포함하지는 않는다. 이런 의미에서 에로티시즘과 포르노그래피는 겉으로만 달라 보일 뿐 어느 것도 "모든 것을 보여 주지" 않기 때문에 실제로는 구별되지 않는다. 두 방식 모두 근저에서는 보여 줄 수 있는 것과 없는 것을 고르는 반-생산의 요소, 탈기관체를 가지고 있는 것이다. 모든 것을 보여 준다는 것은 정말이지 (브레히트적 의미에서의) 관능적erotic 초코드화를 교묘히 피하거나 멀리하는 것까지 보여 준다는 것이며, 바로 이것이 래리 클라크의 영화가 보여 주는 것이다.

바로 이런 의미에서 들뢰즈와 가타리는 분열증 환자를 사회체의 극한으로서, 모든 사회조직을 위협하는 순수한 비사회성asociality의 예로서 정의하는 것이다. 분열증 환자는 사회적으로 동화하기 어려운 존재, 혹은 하트와 네그리가 "새로운 야만인"(복종이나 굴복이 불가능한 신체)이라 부르는 것의 살아 있는 예다.[6] 욕망하는 생산은 만일 사회적 생산 및 재생산의 일부가 된다면 무질서와 혁명의 씨를 뿌리게 될 욕망의 측면이며, 그 작은 조각이 어떻게든 교묘히 피할 때마다 코드화하는 사회는 그것을 포함하기 위해 억누른다. 그래서 병리적 사례에서는 순수상태의 욕

5 S. Žižek, *Looking Awry: An Introduction to Jacques Lacan Through Popular Culture*, Cambridge, Mass.: MIT Press, 1991, pp. 109~111.

6 M. Hardt and A. Negri, *Empire*, Cambridge, Mass.: Harvard University Press, 2000, pp. 214~218.

망하는 생산만이 보이고, 그 전모는 사회적 기계장치가 기능을 중단했을 때에만 드러나는 것이다. 이제야 우리는 이 때문에 산책하러 나간 분열증 환자가 정신과 치료를 받는 신경증자보다 더 좋은 모델이라고 말할 수 있다 — 이는 분열증적 과정을 보여 주며, 그럼으로써 무의식이 작용하는 방식에 대해 무엇이 필수적인지를 알려 주는 것이다. 하지만 이처럼 **자연적 인간과 역사적 인간**으로서 그려지는 분열증 환자는 들뢰즈와 가타리가 완전히 해명한 분열증적 과정 분석과는 거리가 멀다.

전통적인 욕망의 논리는 전부 틀렸다

알려져 있는 분열증의 사례에서 작동하는 분열증적 과정의 해명과 여기서 논의하는 사례분석의 세 번째 목적 사이에는 아직 이뤄야 할 단계가, 즉 이 과정은 무의식의 필수적인 기반이라는 주장이 남아 있다. 앞서 언급했듯이 들뢰즈와 가타리의 관점에 따르면, 만일 욕망하는 생산, 즉 모든 착란의 배후에서 작동하는 원동력이 그들이 말하는 방식으로 작용하지 않는다면, 그들이 논의하는 분열증적 착란은 제대로 된 형태를 취할 수 없을 것이다. 다시 말해 연역의 과정을 거쳐 욕망하는 생산의 이해에 이르게 되는 것이다. 그들은 마치 한 쌍의 탐정처럼 묻는다. "어느 효과가 주어진다면 어떤 기계가 그것을 생산할 수 있을까? 그리고 어느 기계가 주어진다면 어떤 쓸모가 있을까?"(AO, 3/8)

예컨대 식탁용 나이프를 두는 곳의 사용법을 그 기하학적 설명서만을 읽고 추측해 보라. 또 다른 예로서 어떤 완벽한 기계 앞에 있다고 하자. 이 기계는 내 코트의 오른쪽 주머니(돌멩이를 공급) 속 6개의 돌멩이, 내 바지의 왼쪽 주머니(돌멩이를 전달) 속 5개의 돌멩이로 이루어져 있으며, 코트의 다른 주머니는 이미 다음 주머니로 옮겨지는 데 사용된 돌멩이를 수취한다고 하고, 입 또한 돌멩이를 안에 넣고 빼는 기계의 역할을 한다고 할 때, 이러한 배송회로의 효과는 어떤 것일까? 이 회로의 어디서 쾌감이 생겨나는 것일까? (AO, 3/8[25])

가장 유효한 것은 쾌감이 어디서 생겨나는지를 묻는 마지막 질문이다. 그것이 가리키는 것은 정신분석과 분열분석 사이에 각 전제의 수준에서 비롯되는 본질적 차이이기 때문이다. 정신분석은 명백히 성적이지는 않지만 분명 평범하거나 일상적이지도 않은 (즉 성적이지 않은) 모든 행동이 어떻게든 성의 대체, 다시 말해 도착倒錯이라고 가정한다. 이 점에서 들뢰즈와 가타리는 프로이트와 갈라선다.

우리는 정신분석이 욕망 개념의 기초를 어떠한 원리 위에 두고 있는지 잘 알지 못한다. 정신분석이 전제로 하는 것은, 리비도는 사회적 투자investment에 이르기 위해 탈성애화desexualised되거나 승화되기조차 해야 하고, 역으로 사회적 투자는 병리적 퇴행의 과정에서만 재성애화한다는 것이다. (AO, 322/348[489])

이때 문제는 이중적이다. 정신분석은 "수공업자가 무언가를 전기 소켓에 연결할 때 느끼는 만족감"(AO, 8/13)을, 이것이 배제하는 성적인 면을 제외하고는 해명할 수 없다. 또한 관료들이 서류와 보고서, 스프레드시트와 데이터베이스의 질서 정연한 우주를 창조하면서 느끼는 기이한 쾌락에 드러나는, 도착으로서가 아니라 자신을 위해 창조하는 성애sexuality를 볼 수도 없다. 그 밖에도 우리가 겪는 수많은 진부하고 일상적인 활동에 대해서도 동일하게 말할 수 있지 않을까? 더운 날 해변에 앉아 있는 쾌락이란 무엇인가? 발가락 사이의 뜨거운 모래, 눈을 찌르는 땀, 등 위로 작열하는 태양, 혹은 그 신비한 내부를 탐험하라고 손짓하는 시원한 대양인가? 무엇이 해마다, 날마다 계속해서 해변으로 돌아가도록 만드는 가? 거의 벗은 사람들 ── 검고 붉게 그을린 사람들, 마치 키메라처럼 오 일과 모래로 번들거리며 모래사장에 누워 있는 몸들 ── 과 눈길을 주고 받을 수 있는, 관음증과 노출증이 결합된 스릴 때문이 아닐까? 만일 그렇 다면 집에서 에어컨 틀어 놓고 포르노나 「SOS 해상 구조대」*Baywatch* 재 방송을 보는 게 낫지 않을까? 우리를 그토록 강력하게 잡아끄는 해변이 란 정확히 무엇인가? 마찬가지로 왜 모든 사람이 똑같이 느끼지 않는 것 일까? 어떻게 내가 사랑하는 것을 혐오하는 사람이 있을 수 있는가? 해변 의 쾌락은 실로 일탈과 금기위반이라는 측면에서 묘사되어 왔다 ── 하 지만 그러한 분석들이 일으킬 수 있는 공명에도 불구하고 결국 근본문제 에 대한 해답을 찾지 못한다. 왜 해변인가? 일탈의 분석은 틀림없이 어떤 면에서는 맞겠지만, 그것이 의존하는 상징적 초코드화는 무의식과 전의 식 내의 이러한 의식적 스릴 밑에서 '요구하는' 더 소박한 쾌락, 예컨대 모 래, 태양, 물의 감촉에 대해 아무것도 말해 주지 않는다. 이 욕망의 '요구' 는 궁극적으로 들뢰즈와 가타리가 욕망기계의 개념으로써 해명하려 하 는 것이다. 물론 또 다른 예나 문제를 무수히 늘릴 수 있을 것이다.

실제로 성애는 도처에 존재한다. 관료가 서류를 어루만지는 태도에, 재 판관이 판결을 내리는 태도에, 실업가가 돈을 굴리는 태도에, 부르주아 가 프롤레타리아에게 남색을 하는 태도에. 은유에 호소할 필요도, 리비 도가 변모할 필요도 없다. 히틀러는 파시스트들을 성적으로 흥분시켰

다. 국기, 국가, 군대, 은행은 많은 사람들을 흥분시켰다. (AO, 322/348 [489])

여기서 뚜렷한 관점의 전환은 보기보다 더 큰 영향을 미친다. 그것은 욕망이 개념화되는 방식에서 철저한 변화를 필요로 하는데, 비단 정신분석뿐만 아니라, 사실상 서구의 철학적 전통 전체에 대해서도 그러하다. 들뢰즈와 가타리는 욕망의 표준적 개념, 즉 결여lack 혹은 욕구로서의 부정적 개념은 차치하고, 생산의 긍정적 개념을 둘러싸고 그것을 재분극화한다. 들뢰즈와 가타리의 관점에서 욕망은 욕구나 결핍과 같은 외부의 작용에 의해 자극될 필요가 없다. 그 자체로 하나의 자극인 것이다. 이로부터 본 장에서 제시하는 중요한 명제에 이르게 된다. 『안티-오이디푸스』 4장에 대한 논의에서 더 자세히 살펴보겠지만, 바로 분열분석의 네 가지 명제 가운데 하나다. 들뢰즈와 가타리는 다음과 같이 제안한다. **모든 욕망의 투자는 사회적이다.**

사회적 영역은 직접 욕망에 의해 횡단되는데, 그것은 역사적으로 규정된 욕망의 산물이며, 리비도는 생산력과 생산관계를 투여하기 위해 어떠한 매개나 승화, 심리적 조작이나 변형도 필요로 하지 않는다고 우리는 주장한다. 오로지 욕망과 사회적인 것만이 존재하는 것이다. (AO, 31/36[64]. 원문 강조)

이는 두 가지 방식으로 이해될 수 있다. 첫째, 정신분석의 통설과는 달리, 욕망은 사회적 영역을 직접 횡단하며 환상의 매개는 필요 없다는 것이다(권력은 아버지를 상기시키기 때문에 우리를 흥분시키는 것이 아니라, 무의식 자체의 생산성으로 가득하기 때문이다). 둘째, 마르크스주의의 통설과는 달리, 욕망은 사회적인 것을 횡단하기 위해 이데올로기의 속임수를 필요로 하지 않는다는 것이다. 이 점들에 관해서는 2장에 대한 논의에서 더 자세히 다루겠지만, 우선 들뢰즈와 가타리의 욕망 이론은 주체에 훨씬 더 큰 영향을 행사하는 무의식의 모델을 시사하며, 또한 정신분석이나 마르크스주의가 감안하는 것보다 훨씬 더 심리적인 독립성을 가진다고 해 두자. 그렇다고 그들이 심리적 억압이나 사회적 억압의 현실성이나 가능성을 고려하지 않는다는 것은 아니다. 실제로 그들의 작업에서 억압은 해방적인 레토릭이 허용하듯 보이는 것보다 훨씬 더 큰 역할을 하고 있기 때문이다.

> 어떤 면에서 욕망의 논리는 시작부터 그 대상을 파악하는 데 실패하고 있다. 플라톤적 구분의 시작은 우리에게 **생산**과 **획득** 사이에서의 나눔이다. 욕망을 획득 쪽에 위치시키자마자 우리는 욕망에 관해 관념론적(변증법적, 니힐리즘적)인 개념을 형성해 버리는데, 무엇보다 이는 욕망을 결핍, 대상의 결핍, 실재적 대상의 결핍으로서 규정하는 것이다. (AO, 26/32[58])

다른 경로, '생산'의 경로는 욕망을 과정으로 규정한다. 욕망을 결여로 규정함으로써 우리는 욕망을 다른 과정 즉 욕구에 효과적으로 종속시키고, 그것을 지지하도록 만드는데, 만일 결여된 것만을 욕망한다면 어떻게 그것을 결여하게 되었는지 여전히 설명해야 하기 때문이다. 그럼 분명 욕망**으로서의**qua 욕망의 과정이 희생되고 이차적 개념으로 바뀔 것이다. 그에 반해 들뢰즈와 가타리는 욕망은 "욕구에 지지되는 것이 아니라 반대로 욕구가 욕망에서 유래하는 것이다. 욕구는 욕망이 생산하는 실재 속의 역생산물"이라고 주장한다(AO, 28/34). 철학이 '생산'의 경로를 철저히 무시해 온 것은 아니다. 그들은 칸트가 『판단력 비판』에서 "욕망의 이론에 대한 비판적 혁명"을 열었다고 믿는다(AO, 26~27/32). 하지만 칸트가 욕망의 정의를 공상, 환각, 망상을 끌어들여 설명하는 것은 우연이 아니라고 덧붙인다. 다시 말해서 칸트에게 자신의 대상을 생산해 내는 정신의 힘은 다음과 같은 것을 의미한다.

대상의 현실은 욕망에 의해 생산되는 한, **심리적 현실**이다. 그래서 칸트의 비판적 혁명은 본질적으로 아무것도 변화시키지 않는다고 할 수 있다. 생산성을 이처럼 파악하는 방식은 욕망을 결핍으로 보는 고전적 개념의 타당성을 묻는 것이 아니라, 오히려 이 개념을 지지대로서 사용하고 심화시키고만 있을 뿐이다. (AO, 27/32 [59])[7]

들뢰즈와 가타리는 같은 논리에 따라, 환상의 생산으로서 파악된 욕망은 현실적 대상의 보상 및 대체물로 상상된다는 것이 "정신분석에 의해 완벽히 설명되어 왔다"고 말한다(AO, 27/33). 하지만 그들은 정신분석이 욕망의 현실적 기능을 완전히 오해하고 있었음을 암시한다. 그것은 결코 이차적 조작에 불과한 환상의 생산이 아니라 생산 자체의 생산인 것이다.

---

7 "심리적 현실은 프로이트가 자주 사용한 용어로 주체의 심리에서 물리적 현실의 일관성과 비교될 수 있는 일관성과 저항을 보여 주는 것을 가리킨다."(라플랑슈 외, 『정신분석 사전』, 임진수 옮김, 열린책들, 2005, 231쪽) ― 옮긴이

한쪽에는 현실의 사회적 생산, 다른 한쪽에는 환상의 욕망하는 생산이 있는 것이 아니다. 이 두 가지 생산이 있다면 그 사이에는 주입과 투사와 같은 이차적 관계만이 확립될 것이다. 이는 마치 사회적 실천이 내면화 된 정신적 실천에 투영되거나, 혹은 정신적 실천이 사회적 체계에 투사 되는 것과 같으며, 이것들은 서로에게 어떤 효과도 미치지 않는다. (AO, 30/36[63~64])

이제 욕망하는 생산의 문제로 돌아가자. 뒤에서 충분히 논의하겠지 만, 욕망하는 생산은 새로운 욕망기계를 생산하는 동시에 오래된 욕망기 계를 파괴하지 않고서는 작동할 수 없다. 그러나 한밤에 검은 소 찾기라 는 속담처럼 욕망하는 생산과 욕망기계가 서로 구별되지 않는다는 의미 는 아니다. 그것들은 모두 들뢰즈와 가타리가 욕망의 과정이라 부르는 것의 본질적인 부분이지만, 상당히 다른 역할을 한다. 언급해 왔듯이 『안 티-오이디푸스』는 폭주하는 욕망기계에 대한 세 개의 특이한 스냅숏들 로 시작되는데, 이것들은 우위를 부여받았지만 개념적 질서에 사로잡혀 있기 때문에 일차적 사항이 되는 것은 사실상 욕망하는 생산이다. 이 점 이 강조되어야 하는 이유는, 들뢰즈와 가타리가 권두에서 분열증적 방식 으로 욕망기계에 대해 착란적인 소개를 한 것이 판단을 흐리게 할 수 있 기 때문이다. 첫째, 그것은 마치 욕망기계가 형성될 수 있는 **유일한** 방식 인 것처럼 보이게 하지만, 실제로는 그렇지 않다(편집증적이거나 도착적 인 유형의 욕망기계도 존재한다는 것을 들뢰즈와 가타리 스스로도 인정한 다). 둘째 역시 마찬가지로 문제적인데, 그것은 이러한 유형의 욕망기계 가 그 자체로 바람직한 것처럼 보이게 하지만, 이 또한 실제 그렇지 않 다(폭주하는 분열증 환자는 모든 사회적 유대감이 결여되어 있으므로 혁명가의 모델이 아니라는 것을 들뢰즈와 가타리는 인정한다). 셋째, 어쩌면 가장 음흉하게도 그것은 욕망하는 생산과 욕망기계 간의 관계를 가려 버리지만, 이는 결코 처음에 드러나는 것만큼 간단하지 않다(앞으로 살펴보겠지만 욕망하는 생산에는 여러 양상이 있다). 그렇다면 욕망하는 생산이란 무엇인가? 정신분석학적 용어로 말하면 그것은 실재계 그 자체의 생산이거나, 아니면 도달 불가능한 한계보다는 과정으로 파악된 실재계다 —— 표상될 수 없다unrepresentable(라캉의 논지)기보다는 비표상적non-representational이다(AO, 59/61). 분열분석적 용어로 말하면 실재계는 "욕망에서 유래하며, 무의식의 자기생산으로서의 욕망이 수동적으로 종합된 결과이다"(AO, 28/34).

욕망의 수동적 종합

> 정신분석의 위대한 발견은 욕망하는 생산의 발견, 무의식의 생산들의 발견이다.
>
> (AO, 25/31)

생산적 무의식 —— 즉 욕망 혹은 욕망하는 생산 —— 은 종합하는 기계, 공장이지만, 그것이 행하는 종합은 모두 동일한 유형에도 동일한 질서에도 속하지 않는다. 게다가 그것은 이중적 특징을 지닌다. 즉 **본성**과 **체제**를 동시에 갖는 것이다. 본성이란 가능한 것, 할 수 있는 것, 말하자면 능력이고, 체제란 가능한 것을 하고 있을 때 행하는 것, 다시 말해 동작이다. 그때 욕망과 욕망하는 생산으로 변장한 생산적 무의식은, 들뢰즈와 가타리가 교체하며 사용하는 용어로 말하면, "부분적 대상, 흐름, 신체를 구성하고 생산의 단위로서 기능하는 **수동적 종합**의 총체다"(예컨대 욕망기계와 그 대상)(AO, 28/34). 뒤에서 더 자세히 설명하겠지만, 수동적 종합의 개념과 분열분석적 장치의 전체적인 개념은 들뢰즈가 『차이와 반복』에 세운 철학적 토대, 특히 시간의 세 가지 종합의 훌륭한 개념화, 즉 습관, 기억 그리고 죽음에 기초한다.[8]

　수동적 종합은 서로 구별되는 세 가지 종류의 조작을 결합하는데, 이것들은 종합해 보면 기계로서 이해되는 욕망의 세 가지 양태, 즉 (1) 연접connexion의 종합, (2) 이접disjunction의 종합, 그리고 (3) 통접conjunction의 종합으로 이루어진다. 2장과 관련하여 더 자세히 논의하겠지만, 종합의 세 가지 유형 각각은 어떤 유형의 체제가 지배적이냐에 따라 두 가지 방식 중 하나를 따른다. 종합의 양상이라 불릴 만한 것의 이러한 변동은 들뢰즈와 가타리가 동시대의 사회적, 정치적인 행동과 태도를 설명하려고 구축한 분석적 메커니즘의 원리다. 바로 이 메커니즘이 욕망하는 생산과 욕망기계의 개념을 분석적 목적으로 사용할 수 있게 하는 것이다. 나는 수동적 종합이 『안티-오이디푸스』의 분석적 중추를 형성한다고 본다 — 그것은 정신분석과 마르크스주의, 특히 개별적 욕망과 사회적 제어를 효과적으로 연결하는 방법뿐만 아니라 욕망기계의 기본개념까지도 만들어 내는 것이다. 이 메커니즘은 『안티-오이디푸스』 2장의 주된 주제가 된다. 이제 들뢰즈가 가타리와의 만남에 앞서 전개한 수동적 종합 개념의 기원과 유래를 간략히 살펴볼 것이다.

　전반적인 그림 — 수동적 종합 자체의 개념 — 부터 그려 본 다음에 개별적 부분들이 어떻게 기능하는지 세부적으로 들어가겠다. 본질적으로 제일 먼저 입증하고 싶은 것은 들뢰즈와 가타리는 위에 인용한 언급을 제외하고는 "수동적 종합"이라는 용어를 거의 사용하지 않는데도(극히

---

8 시간의 세 가지 종합의 필수요소들에 대한 예비적 입안은 들뢰즈의 초기 저작, 특히 『베르그송주의』(3장과 4장)와 『프루스트와 기호들』(5장)에서 발견할 수 있다. 『시네마 1』과 『시네마 2』는 이 종합들을 논리적 한계에까지 확장한 것이다.

일부의 해설자만이 이를 파악하고 있는 것은 아마도 이 때문일 것이다) 그것 없이는 욕망이 무엇인지 설명하지 못한 채, 단지 욕망이 무엇을 하는지만 말할 수 있고 그것도 순전히 묘사에만 국한된다는 것이다.[9] 욕망은 오로지 수동적 종합의 개념이 있어야만 분석적 개념, 명확한 사회정치적 비판을 제기할 수 있는 개념이 된다. 들뢰즈의 작품에서 수동적 종합의 역할에 거의 주목하지 않고 후기의 '구성주의'만을 트집 잡은 피터 홀워드Peter Hallward와 달리, 수동적 종합은 현실화된 물질과 경향에 의거해 누적적 변형cumulative transformation 내지 새로움을 완벽하게 설명할 수 있다.[10] 정말로 나는 오로지 수동적 종합의 개념으로서 홀워드가 들뢰즈에게 혐의를 씌운 바로 그 관념론idealism에 빠지지 않고 이 과업을 달성할 수 있다고 극언할 수 있다. 수동적 종합은 진정한 내재성의 철학을 구축하면서도 동시에 '실재의 세계'를 놓치지 않는 문제를 푸는 들뢰즈의 방법이다.

내재성의 철학이 직면하는 근본문제는 이것이다. 정신은 먼저 그 자체의 관념을 갖지 않고 어떻게 스스로 이루어질 수 있을까?[11] 그 대답은, 칸트와 헤겔적 전통에서의 "정신"과 같이 그것을 포함할 수 있는, 선험적

---

9 찰스 스티베일(Charles Stivale)이 편집한 *Gilles Deleuze: Key Concepts*(Chesham: Acumen Publishing, 2005)나, Mark Bonta와 John Protevi의 *Deleuze and Geophilosophy: A Guide and Glossary*(Edinburgh: Edinburgh University Press, 2004)에 첨부된 용어사전에는 수동적 종합에 관한 표제어가 보이지 않는다. 대신에 키스 포크너(Keith Faulkner)의 『들뢰즈와 시간의 세 가지 종합』(*Deleuze and the Three Syntheses of Time*[한정헌 옮김, 그린비, 2008]), 제이 램버트(Jay Lampert)의 『들뢰즈와 가타리의 역사 철학』(*Deleuze and Guattari's Philosophy of History*), 그리고 제임스 윌리엄스(James Williams)의 『들뢰즈의 차이와 반복』(*Gilles Deleuze's Difference and Repetition*[신지영 옮김, 라움, 2010])에 수록된 시간의 세 가지 종합에 관한 설명을 참조할 것.

10 P. Hallward, *Out of this World: Deleuze and the Phiosophy of Creation*, London: Routlesge, 2006, p. 162.

11 여기서는 다룰 수 없는 복잡한 쟁점이다. 이 문제에 대한 상세한 논의는 I. Buchanan, *Deleuzism: A Metacommentary*, pp. 73~89를 볼 것.

이고 필연적으로 상위에 있는 범주를 먼저 상정하지 않고서는 불가능하다는 것이다. 칸트나 헤겔과는 반대로 가는 들뢰즈의 해법은 능동적이지 않으면서 구성적인 수동적 종합을 정초적 수준에서 상정하는 것이다. 이 종합은 자신이 하는 일에 대한 자기 포함을 갖지 않으며, 결과나 목적에 대해서는 더욱 그렇다 — 단지 기계처럼 생각 없이 행동할 뿐이다.[12] 여기에는 필연적인 순환성이 있다. 종합은 모든 것을, 자기 자신조차 생산하는 것이다. 들뢰즈가 무無로서 정의하는 카오스는 공허를 향하고, 끊임없이 작동하지만 아무것도 생산하지 않는 수동적 종합이다.

『차이와 반복』에서 들뢰즈는 수동적 종합을 다음과 같이 정의한다. "정신에 의해 수행되는 것이 아니라, 모든 기억과 모든 성찰에 앞서 관조하는 정신 속에서 만들어지는 것이다."(DR, 71/97) 이것은 설익은 분열증적 과정이다. 이것은 설익은 욕망하는 생산이다. 들뢰즈와 가타리가 그것을 체계화함에 따라 "욕망은 어떻게 작동하는가?"라는 물음은 사실상 "무의식은 어떻게 성립하는가?"와 동일한 물음이 된다. 두 물음은 본질적으로 동일한 문제, 즉 실재계의 자기생산에 달려 있다. 들뢰즈는 다음과 같이 쓴다. "콩디야크에 따라 우리는 습관을 다른 모든 심리적 현상을 파생시키는 토대라 간주해야 한다."(DR, 78/107) 습관의 수동적 종합은 "삶의 습관을, 즉 '그것'이 계속될 것이라는 우리의 기대를 구성한다"(DR,

---

12 곧이어 분명해지겠지만, 브라이언 마수미(Brian Massumi)가 능동적 종합과 수동적 종합을 '평가'로서 정의한 것은 부정확한데, 그의 말처럼 "근사적 항"이 아니라 상호 전제로 묶여 있는 실재적이고 판명한 과정이다. 그는 어떤 것 — 그는 바람을 예로 들었다 — 은 어떤 맥락에서는 수동적이고 다른 맥락에서는 능동적일 수 있다고 정확히 확인하지만, 모든 것은 먼저 그 자체와 관련하여 수동적이고 그 다음에 외부세계와 관련하여 능동적이라는 더 중요한 사실은 간과한다(B. Massumi, *A User's Guide to Capitalism and Schizophrenia: Deviations from Deleuze and Guattari*, Cambridge, Mass.: MIT Press, 1992, p. 56).

74/101). 습관은 상상력이 시간의 흐름에서 포착해 내는, 영원히 일시적인 '현재'(순수하게 살아진 시간의 순간)다. 그때 수동적 종합은 감각작용을 받아들일 능력capacity일 뿐만 아니라, 칸트가 생각했던 것처럼 감각을 가진 유기체를 구성하는 종합적 능력까지도 나타내는 것이다.

습관의 두 가지 수준, 혹은 들뢰즈가 "구성하는 수동성"이라고도 부르는 것이 있다. 바로 유기적 종합과 지각적 종합이다. 하지만 두 경우 모두 습관은 전-주체적 의미에서 사용된다. 그것은 흡연을 하거나 침대에서 일요 신문을 읽는 것과 같이 좋든 나쁘든 완성된 주체의 습관을 나타내는 것이 아니다. 그것은 '내가' 하는 것이 아니다. 오히려 가장 기본적으로는 유기체 자체의 형성 질서에 속하는 것이다. 이런 점에서 습관을 수축할[붙일] 능력은 유기체의 가장 근본적인 전제조건이 된다. 습관은 수축의 양태다. 들뢰즈에게 수축이란 모든 생명체의 종합적 토대이며, 그야말로 생명체가 어떻게 생성되는지 설명해 주는 것이다. 유기적 종합의 수준에서 "우리는 식별 혹은 표상되기 전뿐만 아니라 감각조차 되기 전에 수축된 물, 땅, 빛 그리고 공기로 이루어진다. 모든 유기체는 수용적이고 지각적인 요소들 속에서, 또한 내장들 속에서 수축, 과거파지 그리고 기대의 총합이 된다"(DR, 73/100). 수축은 관조이거나, 혹은 누군가가 관조할 때 행하는 무엇이다 ─ 그러나 여기서 '누군가'가 의식적인 인간 주체를 나타낸다고 생각해서는 안 되는데, 밀조차 땅, 공기 그리고 토양의 수축이라 여길 수 있기 때문이다. "영혼은 심장, 근육, 신경 그리고 세포에 돌려져야 하는데, 이 영혼은 관조적이고, 오로지 습관을 수축하는[붙이는] 역할을 한다."(DR, 74/101) 수축은 무엇이 좋고 환경에 필요한 것인지 선택하고, 그 나머지를 불필요하거나 유해한 것으로서 제외하는 이중 과정이다. 지각적 종합은 완전히 같은 방식으로 작동하고, 늘 유기적 종합과 협력한다. 이는 폰 윅스퀼Jakob Johann von Uexküll의 유명한 진드기 분석에서 보는 바와 같은데, 그에 따르면 진드기는 세 가지 감응태, 즉 빛에 대한 감수성, 후각, 관통하는 입을 갖는다(ATP, 283/314).

들뢰즈가 스스로 인정하듯이 많은 사람들은 앞서 말한 것을 습관의 질서에 속한다고 인정하지 않을 것이다. 수축에 관련된 과정에서는 어떤 행동이나 활동도 없는 것 같기 때문이다. 그에 따르면 이는 심리학적 착각과 행동에 대한 집착에 기인한다. 관조는 자아self의 행동이 아니라 우리가 자아라고 혼동하는 것의 수동적 종합이라는 것을 파악하지 못하기 때문에 학습 그 자체의 과정을 오해하게 되는 것이다. 들뢰즈는 자아가 통합된 전체라는 **선험적인**a priori 추정을 거부한다(그의 관점에서 균열된 주체의 정신분석이론은 이 추정에 대한 복잡한 변종이다). 오히려 그는 자아의 허울 이면에 대해 다음과 같은 관점을 취한다.

행위를 하는 자아 아래에는 관조하는, 또 행동 및 능동적 주체를 가능하게 하는 미세한 자아가 존재한다. 우리가 '자아'를 말하는 것은 우리 안에서 관조하고 있는 수많은 목격자를 통해서만 가능하고, '나'를 입 밖에 내는 것은 늘 제삼자인 것이다. (DR, 75/103)

들뢰즈가 이 수많은 미세한 목격자를 부분적 대상이라 부르기는 하지만, 그것은 무너진 단일성의 잃어버린 파편도, 아직 맞춰지지 않은 퍼즐의 잃어버린 조각도 아니다.

자아는 애벌레 주체다. 수동적 종합의 세계는 결정되어야 할 조건 아래서 자아의 체계를 구성하지만, 그것은 용해된 자아의 체계다. 은밀한 관조가 성립되는 어디서든, 혹은 반복에서 차이를 뽑아 낼 수 있는 수축기계가 어디선가 작동할 때마다 자아는 존재하는 것이다.(DR, 78~79/107)

여기서 들뢰즈가 말하는 수축기계는 적절한 때에 "욕망하는 생산", 그리고 그것이 낳는 애벌레 자아는 "욕망기계"라 불릴 것이다. 요컨대 사실상 『안티-오이디푸스』와 차후의 저작을 떠받치는 모든 이론적 장치는 여기서 상세히 밝혀지는 것이다.

세 가지 종합

세 가지 수동적 종합은 다음과 같다.

1. 연접적 종합Connective Synthesis —— 채취 에너지énergie de prélèvement로서 리비도Libido를 동원한다.
2. 이접적 종합Disjunctive Synthesis —— 분리 에너지énergie de détachement로서 누멘Numen을 동원한다.
3. 통접적 종합Conjunctive Synthesis —— 잔류 에너지énergie de résiduelle로서 볼룹타스Voluptas를 동원한다.

마르크스의 자본의 일반 공식(MCM′)은 이 종합들을 뒷받침하는 모델(혹은 가타리의 용어로는 '메타모델')을 각각 따로, 또 서로에 관해 제공한다(AO, 4/9~10). 이 모델은 무의식의 근본적인 작동을 들뢰즈와 가타리가 보는 바대로 설명한다.

조반니 아리기Giovanni Arrighi는 유익하게도 마르크스의 유명한 공식을 다음과 같이 긁어 낸다. "화폐(M)는 유동성, 유연성, 선택의 자유를 의미한다. 상품(C)은 이익을 고려하여 어느 특정한 투입-산출 조합에 투자된 자본을 의미하며, 따라서 구체성, 경직성, 그리고 옵션의 좁힘과 닫힘을 뜻한다. M′은 **확장된** 유동성, 유연성, 그리고 선택의 자유를 의미한다."[13] 여기서 중대한 역사적 포인트는, 자본가는 목적 그 자체로서의 '특정한 투입-산출 조합'에 투자하는 것이 아니라, 훨씬 큰 투자 유연성을 얻을 목적으로 하는 것이며, 위기 상황에서는 늘 유연성의 입장으로 후퇴하려 할 것이라는 점이다. 더 일반적으로 이것이 의미하는 바는, 자본가는 생산 공장 그 자체를 위한 투자처럼 상대적으로 위험하고 경직된 투자를 하는 것이 아니라, 자본의 기반을 강화하여 총체적인 유동성과 생겨날 유연성을 증가시킬 목적으로 하는 것이다.[14]

따라서 마르크스의 자본의 일반 공식(MCM′)은 개개 자본가의 투자논리뿐만 아니라, 세계 체제로서의 역사적 자본주의가 되풀이하는 패턴까지 표현한다고 해석될 수 있다. 이 패턴의 중요한 측면은 물질적 팽창 시대(자본축적의 MC 단계)가 금융적 재생과 확장의 단계(CM′)로 교체되는 것이다.[15]

첫 번째 단계에서 화폐는 광범위한 활동을 '작동'시키지만, 주로 원

---

13 G. Arrighi, *The Long Twentieth Century: Money, Power, and the Origins of Our Times*, London: Verso, 1994, p. 5.
14 이 때문에 최근 수십 년간 대부분의 선진국에서는 자본이 제조업에서 완전히 철수하고 일각에서 "지식경제" 혹은 "정보경제"라 부르는 것을 받아들이거나 아니면 사업을 제3세계로 이전함으로써 제1세계의 비교적 경직된 노동과 규제환경으로 인한 수익성 방해로부터 스스로 벗어났다.
15 G. Arrighi, *The Long Twentieth Century*, p. 6.

자재를 상품으로 변환하는 데 집중하고, 생산된 물건의 판매를 통해 성장의 추동력을 끌어낸다. 하지만 두 번째 단계에서 임계량에 이른 화폐는 근본적으로 물체에 대한 의존으로부터 '스스로 해방'시키고, 은행업, 보험업, 파생 상품, 채권 거래, 그리고 최근에는 지적 재산의 착취 등의 금융 거래를 통해서만 확장된다.

욕망의 세 가지 종합은 마르크스의 자본의 일반 공식 즉 MCM′의 세 가지 단계와 일치한다. 연접적 종합은 모든 것을 작동시키는 '자유 노동' 혹은 '원시적 축적'의 단계다. 이접적 종합은 산업 투자(투입-산출 조합)의 중간 단계와 일치한다. 그리고 통접적 종합은 화폐가 다시 해방되는 세 번째 단계다. 그러나 이 모델로 정상상태steady-state 시스템을 설명하기에는 큰 무리가 있다. 시장이 포화점에 이르고 자본 자체가 더 이상 동일한 비율로 확장될 수 없을 만큼 비대한 크기에 달하면, 이윤율 하락 법칙의 적용을 받는다. 소프트웨어 시장에서 거의 독점적일 뿐만 아니라 사실상의 포화상태에 이르러(전 세계 모든 컴퓨터의 약 98퍼센트가 마이크로소프트 운영체제를 사용한다) 새로운 고객에게 소프트웨어를 팔기만 해서는 더 이상 성장할 수 없는 마이크로소프트와 같은 기업의 상태가 이러하다. 인터넷과 같은 새로운 분야로 다양화하여 정복자 구글과 경쟁하거나, 기존 시스템과 호환되지 않는 새로운 운영체제를 발매하여 자신의 고객층을 떼어 내야 한다. 그러나 이는 정말로 아리기가 자본축적의 MC 단계라 부르는 것을 나타낸다. 두 번째인 CM′ 단계는 마이크로소프트에 국한하지 말고 소프트웨어 산업 전체를 바라봄으로써만 드러난다. 축적의 위기에서 벗어날 마이크로소프트의 능력에 대해 투자자들의 불안감이 고조되고 있다고 언론에 보도되었다는 사실은 자본이 이 기업에서 달아나 다시 사물을 작동시키기 위해 새로운 길을 모색할 태세를 갖추고 있음을 시사한다(분명 그래서 야후와의 합병 논의가 나왔을 것이다). 마이크로소프트는 자신의 내재적 한계, 그 이상으로 성장할 수 없는 시점에 직면할 수도 있다.

소프트웨어 산업 전체의 관점에서 보면, 명백히 자본은 마르크스의 공식을 그대로 따르고 있다. 모험자본――원시적 축적에 기인하는 자유롭게 흐르는 자금――은 '특정한 투입-산출 조합'을 닷컴 신규업체의 형식으로 찾아내고, 신속히 모험자본으로 재변환시켜 그 과정이 또 다른 곳에서 재개될 수 있도록 한다. 마르크스 자신이 강조하고 들뢰즈와 가타리가 되풀이했듯이 이 과정에는 이중운동이 포함된다――한편으로는 관습과 단절하고 1990년대 초의 인터넷과 같은 새 영역에 들어감으로써 새로운 투자 기회를 창출하지만(탈영토화), 다른 한편으로는 이 기회가 흐지부지되고 줄어듦에 따라 모멘텀을 유지하기 위해 전통으로 되돌아가고 과거의 이미지를 부활시킨다(재영토화). 지금 인터넷이 처한 상황이 바로 이렇다. 최신 시장 동향은 닷컴 사업이 최근 MC 단계를 벗어나 최종 CM′ 단계에 접어들었음을 시사한다. 새로운 인터넷 사업의 응용분야가 늘 생겨나고 시장은 아직 그에 대한 신뢰를 유지하고 있지만, 이러한 사업의 일반적 추세가 이익 창출의 낡고 확립된 패턴을 따를 것이라는 확연한 사실을 회피하기는 어렵다. 그러한 기술적 마법이 감출 수 없는 사고에는 분명 진부함이 묻어난다. 이베이eBay는 그저 대규모 벼룩시장, 아마존Amazon은 대규모 상점가인데, 결국 예로부터 전해 오는 사업 모델에 불과한 것이다.

기술의 새로운 응용이 잉여가치 생성의 새로운 방법과 일치하는 것은 아니다. "실재화의 모델"(금융언론이 "사업 모델"이라 부르는 것의 들뢰즈·가타리식 용어)로서 검색 엔진을 구축하는 혁신에도 불구하고 결국 19

세기 신문이 개척한 유료 광고의 발상에 의존하는 것이다. 더욱 놀랍게도 최근의 인터넷 신동인 마이스페이스Myspace와 유튜브Youtube는 실제 영업활동에서 아직 수익을 올리지 못하고 있다 —— 그들이 제공하는 서비스에서는 우리의 관심을 이용하여 '문화적' 가치를 남용하는데, 적자라는 실상을 거슬러 스스로를 다른 기업들에 가치 있[어 보이]도록 만들기 위해서다. 이런 방식으로 약삭빠른 투자자들은 이 신규업체들을 더 큰 미디어 회사(각각 구글과 폭스)에 매각함으로써 수익성 없는 벤처에서 상당한 이윤을 낼 수 있었고, 이로부터 세 번째인 M′ 단계에서는 상품 생산을 통하지 않고서도 돈이 돈을 번다는 일반적 요지를 확인할 수 있다. 다시 말해서 마이크로소프트가 직면하는 한계는 전체로서의 자본이 직면하는 것과는 다르다 —— 후자는 항상 옮겨 다닐 수 있다. 다른 수익성 좋은 기회를 위해 수익성 없는 투자를 포기함으로써, 자본 자체는 개개의 회사 —— 마이크로소프트와 같은 거대기업조차 —— 가 어려울 때에도 번창하는 것이다.[16]

들뢰즈와 가타리가 생각하는 무의식도 생산에서의 이러한 법칙, 과정, 주기적 회전을 동일하게 적용받는다. 먼저 "생산의 생산"이라고도 알려진 연접적 종합이 있다. 이는 리비도의 연속적 흐름과, 그 흐름을 가로막고 그로부터 영양sustenance을 뽑아내는 부분적 대상을 결합시킴으로써 모든 것을 작동시킨다. "욕망은 흐르게 하고, 스스로 흐르고, 흐름을 차단한다."(AO, 6/11) 젖을 생산하는 유방과 젖 먹는 입의 배치는 이 과정에 대한 들뢰즈와 가타리의 표준적인 이미지이지만, 이는 연접적 종합이 그

---

16 그래서 들뢰즈와 가타리는 자본의 한계가 내재적이라고 주장한다. 자본은 끊임없이 그 한계를 들이받고 가끔 위기에 봉착하기도 하지만, 어떻게 해서든 한계를 재설정하여 견뎌 낸다.

야말로 어디서든 발견될 수 있는 추상적 과정이라는 사실을 혼란스럽게 하기 때문에 기만적인 이미지가 된다. 들뢰즈와 가타리가 신체의 기능과 체액 —— 대변을 보거나 성교하는 등 —— 을 강조하는데도 우리는 종합의 개념이 근본적으로 잠재적이라는 것을 인식하지 않고서는 그것을 이해하지 못할 것이다. 욕망기계에 대해서도 똑같이 말할 수 있다 —— 유방과 입은 특정한 욕망기계의 구성부품일지도 모르지만, 기계적인 것은 그들 사이의 관계이지 각각의 신체부위가 아닌 것이다.

연접적 종합은 실재적 흐름과 실재적 대상, 현실적 유방과 현실적 입 사이의 현실적 연결을 나타내고 있는데도, 그 자체는 현실적이지 않다. 완전히 실재적인데도, 그 존재의 양식은 전적으로 잠재적이다. 우리의 목적에 따라 (이접적 종합과 통접적 종합과 함께) 연접적 종합이 실질적으로 어떻게 작동하는지를 가장 잘 보여 주는 것은 기업가 자본주의다. 위에서 언급했듯이 연접적 종합은 마르크스가 "원시적 축적"이라 부른 것, 즉 화폐와 상품이 자본으로 변형되는 과정과 부합한다. 이는 오로지 특별한 조건, 즉 서로 매우 다른 두 가지 유형의 상품 소유자들 —— 생산 수단의 소유자와 노동의 소유자 즉 (노예처럼) 생산 수단의 일부도 (소자작농처럼) 생산 수단의 소유자도 아닌 이른바 '자유로운' 노동자 —— 이 만나 생산적 관계를 수립하는 시점에서만 일어날 수 있다고 마르크스는 말한다. "그러므로 이른바 원시적 축적은 생산자['자유로운' 노동]와 생산 수단을 분리하는 역사적 과정과 다름없다. 그것이 '원시적'인 것은 자본의 전사前史, 자본에 상응하는 생산 양식의 전사를 형성하기 때문이다."[17] 마르크스는

---

17 K. Marx, *Capital: A Critique of Political Economy Volume 1*, trans. B. Fowkes, London: Penguin, 1976, pp. 874~875.

이 역사가 "피와 불의 문자로 인류의 연대기에 기록된다"고 덧붙인다.[18]

§ 연접의 종합

연접의 종합은 욕망이 자신의 목적을 위해 신체를 착취하는 과정이다. 이 시나리오에서 욕망은 자본과 동등한데, 생산 수단을 소유하지만, 그 능력을 실현하는 데 필요한 노동자를 결여하기 때문이다. 광산, 공장, 농장 등에 필요한 노동력을 얻기 위해, 자본은 무엇보다 토양과 길드로 맺어진 다양한 사회적 유대로부터 노동을 '해방'시키고, 소작농과 직공을 임금 노동자로 탈바꿈시켜야 했다. 마르크스가 언급하듯이 부르주아 역사가에게 이 과정은 해방처럼 보이겠지만, 이는 노동자들이 그와 동시에 "그들의 모든 생산 수단을 강탈당하고 모든 실존의 보장을 오래된 봉건적 협정에 의해 부여받는" 것이 목격되지 않는다는 한에서만 참이다.[19]

　　라캉에 따라, 하지만 분명히 마르크스에 공감하며 들뢰즈와 가타리는 이러한 욕망의 과정을 조달 단계procurement phase라 부른다. 욕망은 원시적 축적과 동일한 경로를 따르는데, 먼저 신체를 구성 기관들로 해체하고(즉 노동을 지역이나 길드와 묶고 있는 봉건적 협정을 부수고), 그 부분들을 그 자체의 권력으로부터 벗어나게 한다(즉 노동을 떼어 놓는다)(AO, 44/49). 마르크스가 말한 바와 같이 자본은 개개 노동자들의 노동력에 대해서는 값을 치르지만, 그들의 결합 노동력에 대해서는 그렇지 않다.[20] 기관을 장악하면 다시 필요에 따라 재조직하는 것이다 —— 그러므로 노동자의 근력은 기계에 이용되고, 노동자의 움직임은 기계의 리듬에 종속된다.

18　Ibid., p. 875.
19　Ibid., p. 875.
20　Ibid., p. 451.

이런 의미에서 들뢰즈와 가타리는 욕망기계가 우리를 유기체로 만들려 한다고 말하는 것이다 ─ 연접적 종합은 스스로 만들고 디자인한 새로운 배열에 따라 우리의 기관들을 일제히 낚아챈다. 이러한 관점에서 기관은 무의식의 관점에서 보았을 때 노동할 수 있고, 다시 말해 스스로 흐름을 생산할 수 있고, 또한 리비도의 끊임없는 흐름을 감응태로 바꿀 수 있는(프로이트의 용어로는 "리비도집중"cathexis), 즉 욕망의 중단 및 전환이 가능한 신체 부위다. 이러한 부위 즉 기관은 그 생산성이 앞으로 다른 단체 즉 자본 자체에 복무하는 한, 자유노동의 등가물이 된다. 마르크스적 의미에서 이 노동은 잉여 가치를 생산함으로써 자본 자체의 목표를 향상시키기 때문에 생산적이다. 그렇기 때문에 들뢰즈와 가타리는 생산 작용이 항상 생산물 즉 기관에 "접목된다"고 하는 것이다(AO, 6/12). 여기서 요점은 원시적 축적은 그 자신보다 더 큰 무언가, 즉 자본뿐만 아니라 그 후 지구의 새로운 지배자가 되는 자본가계급 자체까지도 낳는다는 것이다.

이것은 마르크스가 언급하는 신체다. 그것은 노동의 생산물이 아니며, 오히려 자연적인 혹은 신격화된 전제로서 나타난다는 것이다. 실제 그것은 단지 생산력 그 자체에 대립하는 데 그치지 않는다. 그것은 모든 생산 위에 포개어져il se rabat sur 생산력과 생산요소가 분배되는 표면을 구성하며, 이에 따라 잉여생산을 자신의 것으로 만들고 그 과정의 전체와 각 부분을 남용하는데, 이 전체와 각 부분은 이제 그 신체로부터 준원인 quasi-cause으로서 유출되는 것처럼 보인다. 생산력과 요소는 기적적인 형태로 그것의 힘이 되고, 그것에 의해 기적이 일어난miraculés 것처럼 보이는 것이다. (AO, 11/16[36])

이는 두 번째 종합, 즉 이접의 종합 혹은 분리 단계로 이어진다.

§이접의 종합

이접의 종합은 들뢰즈와 가타리가 탈기관체라 부르는, 원시적 축적에 의해 창조된 플랫폼에서 작동한다. 가장 기본적인 것은 이항적 구별의 모델이다──부유함과 가난함, 용감함과 비겁함, 이성애와 동성애 등등. 들뢰즈와 가타리가 신성하다고 정의한 그 에너지는 탈기관체와의 연결에서 비롯되는데, 그 연결은 유용하게도 변증법적 보완이라 간주될 수 있을 것이다.

> 탈기관체는 하나의 전체로서 생산되지만, 그 자신의 장소에서, 생산의 과정 속에서, 이 전체에 의해 통일되지도 전체화되지도 않는 여러 부분들 옆에서 생산되는 것이다. 그리고 그것이 이 부분들에 작용하고 이것들 위에 포개어질*se rabat sur elles* 때, 그 표면 위로 횡단적 소통, 초한적 총합화나, 다음성적polyvocal이고 횡단적transcursive인 등기를 가져오는데, 이 표면 위에서는 부분대상들의 기능적 절단이 기표적 연쇄의 절단과 그로부터 이끌어지는 주체의 절단에 의해 끊임없이 다시 절단되어 가는 것이다. 전체는 단지 부분들과 공존하는 데 그치지 않는다. 부분들에 인접하고, 그 자신은 부분들과 떨어져 생산되면서 동시에 부분들에 적용되는 것이다. (AO, 47/51~52[85~86])

이를 다시 경제학 이론으로 옮기면, 사실상 들뢰즈와 가타리가 말하는 것은, 원시적 축적의 과정은 그 자신보다 큰 것뿐만 아니라, 궁극적으로는 그 생산력을 모두 가로채면서 그것을 뛰어넘는 것을 부산물로서 생산한다는 것이다. 마르크스가 주장했듯이 자본은 노동자들의 생산력을 흡수하고, 다시 그 자신의 힘으로서 그들에게 나타낸다. '노동 과정에 들어서면서' 이른바 자유로운 노동자들(즉 연접적 종합)은

자본[즉, 탈기관체]에 편입된다. 협력자로서, 일하는 유기체의 일원으로서 그들은 그저 자본의 특정한 존재 양식을 형성할 뿐이다. 따라서 노동자들이 사회적으로 확충한 생산력은 자본의 생산력인 것이다. 노동의 사회적 생산력은 노동자들이 특정 조건 아래 놓여 있을 때마다 자본에의 공짜 선물로서 발전하며, 노동자들을 그러한 조건 아래 두는 것은 바로 자본이다. 이 힘은 자본에 아무런 대가도 요구하지 않고, 다른 한편 노동 자체가 자본에 속하기 전에는 발달되지 않기 때문에, 자본이 원래부터 소유하는 힘 — 자본에 내재된 생산력 — 인 것처럼 보인다.[21]

'탈기관체'라는 용어는 앙토냉 아르토에게서 빌려온 것이지만, 들뢰즈와 가타리가 염두에 둔 것이 무엇인지 그의 작품에 설명을 기대하는 것은 허사다. 마르크스가 훨씬 나은 길잡이다. 이접적 종합은 자본(탈기관체)이 '투입-산출 조합'(욕망기계)에 직접 투자하는 C 단계와 부합한다. 앞서 아리기가 지적했듯이 이 단계에는 긴장이 드러난다. 자본의 목적은 자신의 유동성을 증가시키는 것이고 이를 위해 고정된 상황에 투자하는 위험을 무릅쓰지만, 이러한 투자가 기대에 반해 이루어진다면 곧바로 선호하는 유동적 형태로 물러난다. 들뢰즈와 가타리의 저작에서 이 이원론은 탈기관체(유동적 상태의 자본)와 욕망기계(투자받고 얽매인 상태의 자

---

21 Marx, *Capital: A Critique of Political Economy Volume 1*, p. 451.

본) 사이의 인력/척력 관계로 다시 쓰어진다. 실제로 이접적 종합은 욕망의 계보학, 혹은 차라리 "욕망의 계보학이 취하는 형태"다(AO, 15/20).

이접의 종합은 '주체'가 순수한 물질에서, 자신이 의거해 있는 탈기관체의 매끄러운 표면에서 스스로 분화하는 수단이다. 주체는 '양자택일'의 형태를 취한다. 나는 부모인가 아이인가? 살아 있는가 죽었는가? 남자인가 여자인가? (라캉에 따르면 이는 신경증자의 세 가지 질문이다.) 이와 달리 지금까지 따라왔던 경제학적 모델과 더욱 어울리게 표현할 수도 있을 것이다. 자본가의 필수적인 질문은 늘 "이윤을 낼 것인가?"이다. 다시 말해 이는 단순히 부모인지 아이인지, 살아 있는지 죽었는지, 혹은 심지어 남자인지 여자인지를 결정하는 문제가 아니라, 올바로 결정하기 위해 내게 축적될 잉여 가치를 측정하는 문제인 것이다. 이런 의미에서 그것은 이데올로기의 자리를 대신하는 탈기관체와 함께, 알튀세르의 개념인 '호명'interpellation과 기능적으로 동등하다. 왜 이데올로기적 국가장치(즉 사회적-기계)는 우리에게 **생산의 관계들을 재생산하도록** 요구하기만 하는가?[22]

> 따라서 등록recording의 이접적 종합은 생산의 연접적 종합을 뒤덮게 된다. 생산 과정으로서의 과정은 등기 방법으로서의 방법에까지 이어진다. 아니면 차라리 욕망하는 생산의 연접적 '노동'을 리비도라 부른다면 이 에너지의 일부는 이접적 등기의 에너지(누멘)로 변환된다고 해야 한다. (AO, 14/19[40])

---

22 L. Althusser, *Lenin and Philosophy*, trans. B. Brewster, New York: Monthly Review Press, 1971, p. 133.

이런 사태를 가장 잘 설명해 주는 것은 분명 알튀세르이다.

성 바울이 훌륭하게 표현하듯이 바로 '로고스'Logos 즉 이데올로기[즉, 탈기관체] 안에서 우리는 "살고 움직이고 실재한다". 그리하여 당신과 나에게 주체의 범주는 일차적으로 '명백하게' 된다(명백함은 항상 일차적이다). 당신과 내가 주체라는(자유롭다는, 윤리적이라는 등등) 것은 분명한 것이다. 모든 명백함처럼, 예컨대 말로 하여금 '사물에 이름을 붙이게' 하거나 '의미를 갖게' 하는(따라서 언어의 '투명함'에 대한) 명백함처럼, 당신과 내가 주체라는 ── 그리고 그것이 아무런 문제도 일으키지 않는다는 ── '명백함'은 이데올로기적 효과, 기본적인 이데올로기적 효과다. 명백함을 명백함이도록 ('명백함'이기 때문에 드러내지는 않고) 강요하는 것은 실로 이데올로기의 특성이다. 우리는 명백함을 인식하지 않을수 없고, 그 앞에서 (소리 내어 혹은 '의식의 고요하고 작은 목소리'로) 비명을 지르는 불가피하고 자연스러운 반응을 하게 된다. "이것은 명백하다! 옳다! 참이다!"[23]

들뢰즈와 가타리는 어느 효과가 주어졌을 때 어떤 기계가 그것을 생산할 수 있을지 물어야 한다고 언급했는데, 그때 염두에 둔 것이 바로 이 **효과다**(AO, 3/8).

자본의 진정한 이데올로기적 힘은 현대사회의 실제 동력으로서 자신의 역할을 할 수 있다는 것이지 애초에 자본을 탄생시킨 노동의 땀이 아니다. 이처럼 전도된 사물의 질서가 "낙수효과"라는 터무니없는 신자

---

23 Ibid., pp. 171~172.

유주의적 발상에서보다 더 완벽히 표현된 것은 어디에도 없다. 넉넉한 감세나 면세 기간의 혜택을 주어 '대기업'을 육성시키면 부자 쪽의 소비 지출이 늘어나 그 번영이 당연히 아래로 분배되므로 사회 전체에 좋다고 우기는 것이다. 노벨상 후보자인 에르난도 데 소토Hernando de Soto의 경제발전 부트스트랩 모델(적절한 제목의 책『자본의 미스터리』*The Mystery of Capital*에 자세히 설명되어 있다)에도 똑같은 논리가 적용된다. 이 모델은 제3세계가 빈민가 거주민에게 두 가지, 즉 토지 소유권과 무담보 소액대출micro credit의 기회를 부여함으로써 자본의 경이로운 특성을 가로막는 장벽을 낮추기만 하면 가난에서 벗어나 자립할 수 있다고 제안한다. 문제는, 데 소토의 정책 아이디어는 모두의 공익이 아니라 "홉스주의적 지옥에 단지 기름칠만 한다"는 마이크 데이비스의 기억할 만한 구절에 잘 들어맞는다는 것이다.[24]

실제로 빈민가의 토지 소유권 부여가 탄생시킨 빈민주택 **금리생활자** 계층은 무료로 얻은 소유권을 이용하여 끊임없이 유입되는 새 거주자들에게서 집세를 갈취한다. 그들은 너무 늦게 와서 국가의 후한 혜택을 받을 수 없는 역사적 우연 때문에 시장이 제공하는 것으로 견뎌야 하는 것이다. 다시 말해 토지 소유권 부여는 "빈민가에서 사회적 분화를 가속화하고, 많은 도시에서 빈민의 실제적 다수를 차지하는 세입자를 위해서는 아무것도 하지 않는다".[25] 결국 새로이 탄생한 토지소유 계층은 임차 계층에게 은행가 노릇을 하고 이미 절망적인 상황을 악화시킨다. 사회적으로 그 부당한 영향이 용인된다는 사실을 제외하면 자본에 불가사의한 구석

---

24 M. Davis, *Planet of Slums*, London: Verso, 2006, p. 185.
25 Ibid., p. 80.

은 하나도 없다는 것이 핵심이다. 그렇다면 탈기관체는 단순히 자본인 것이 아니라 그것을 헤겔적 권리right의 모델로서 수용하는 것이다. 자본의 존재를 전제로 하는 사회적 분화는 작동 중인 이접적 종합의 완벽한 예가 된다. 들뢰즈와 가타리가 등록의 종합이라고도 부르는 이 종합은 연접적 종합과 동일한 방식으로 작동하지 않는다. 조합이나 생산보다는 분배나 등기의 법칙을 나타내는 것이다. 그 법칙은 지젝이 유용하게도 "강요된 선택"이라 부르는 것의 법칙이다.[26] 예컨대 데 소토는 가난한 빈민들에게 자본주의는 그들 문제의 원인이 아니라 해결책이라고 말한다. 그의 메시지는 분명하다. 자본주의를 선택하라. 그러면 구원받을 것이다. 경제 모델 가운데 가능한 최선의 선택이라서가 아니라 달리 대안이 없기 때문이다. 이러한 관점에 따르면, 빈민가가 존재하는 이유는 사유재산과 신용화폐라는 자본의 주요 메커니즘이 국가 쪽에서의 근시안적인 정책 입안에 따라 방해받았기 때문이다. 하지만 그것은 손쉽고 값싼 임시변통이다 — 국가는 자신의 권력을 통해 소유권을 법률로 성립시켜 빈민가 거주자들에게 재산을 효과적으로 지급하고 가만히 앉아 나머지를 시장에 맡길 수 있다. 자본이 유일하게 참된 경제 모델이라는 것을 인정하든지 아니면 스스로 영구적인 가난 상태를 운명짓든지 둘 중 하나다. 이 교착상태를 타개하는 유일한 방법은 들뢰즈와 가타리가 주장하듯 문제와 해결책을 모두 버리는 것이다.

---

26 지젝이 지적하듯이 신이 인류에게 준 선물인 자유는 '강요된 선택'의 역설에 대한 탁월한 예다. "인간은 자유를 부여받았다 — 창조주로부터 벗어나기 위해 자유를 (잘못) 사용하지 않을 것이라는, 즉 진정 자유로워지지 않을 것이라는 기대와 함께."(S. Žižek, *The Parallax View*, Cambridge, Mass.: MIT Press, 2006, p. 96)

권리의 형태로 자본주의에 응한다면 보상을 받을 수 있다. 빈민가에서조차 매우 가난한 이들 가운데 변변찮게나마 자본으로부터 이익을 얻는 자들이 있다.

생산 에너지로서의 리비도 일부가 등록 에너지(누멘)로 변형된 것처럼 이 등록 에너지 일부는 소비 에너지(볼룹타스)로 변형된다. 바로 이 잔류 에너지가 무의식의 세 번째 종합, "그래서 이것은 …(이)다"라는 통접적 종합 즉 소비의 생산을 작동시키는 것이다. (AO, 18/23[46])

통접의 종합은 앞선 두 종합의 보호 아래 일어난다. 그것은 (선택이 포함되었다는 것을 잊은 가운데) 욕망기계에 의한 호명에 찬성하여 '우리'에게 떨어지는 보상이다. 그 모델은 분명 "오인"misrecognition의 모델이며, 알튀세르는 이를 "모든 이데올로기 연구에서의 특별한 관심사"라고 한다.[27] 하지만 알튀세르가 오인과 이데올로기를 효과적으로 융합하는 반면, 들뢰즈와 가타리는 그것을 탈기관체와 욕망기계 간 상호작용의 생산물로서 취급한다. 주체는 연접적 종합과 이접적 종합이 생산한 욕망의 두 상태 — 자유 및 고정 — 간의 긴장에 시달리며, 총칭 "독신기계"celibate machine가 잠정적으로 나타내는 것일지도 모르는 또 다른 종류의 기계를 생산함으로써 무의식적으로 이 긴장을 화해시키려 한다.

---

27 L. Althusser, *Lenin and Philosophy*, trans. B. Brewster, New York: Monthly Review Press, 1971, p. 219.

주체가 욕망기계 옆에 잔여물로서 생산된다고 하든, 아니면 주체 그 자신은 이 세 번째 생산적 기계와, 이 기계가 발생시키는 잔여물로서의 화해와 일체가 된다고 하든 결국 같은 것이다. 즉 "그래서 이것은 그것이 었다"는 놀라운 형태를 띤 소비의 통접적 종합을 말하는 것이다. (AO, 19/24[47])

이 긴장은, 프로이트라면 증상 형성이라 명명했을 것을 들뢰즈와 가타리가 설명하는 데 기초가 된다.

정신분석과 가족주의 : 성가족(聖家族)

무의식의 종합들이 주어졌을 때, 실제 문제는 종합들의 사용에 대한 정당성의 문제, 그리고 각 종합의 사용을 정당한 혹은 부당한 것으로서 정의하는 조건들의 문제다.
— 질 들뢰즈 · 펠릭스 가타리, 『안티-오이디푸스』

만일 『안티-오이디푸스』 2장을 그림으로 나타낸다면, 어떻게 보는지에 따라 오리 또는 토끼, 와인글라스 또는 키스하는 두 사람이 보이는 타입의 눈속임 그림trompe l'oeil에 호소해야 했을 것이다. 사실상 두 개의 장이 하나로 합성된morphed 것이기 때문이다. 한편으로는 정신분석의 오류추리paralogism에 대해 장황하게 비판을 하고, 다른 한편으로는 내가 1장에 관해 분열분석의 **분석적 메커니즘**이라 묘사한 것을 한층 더 정교화하기 때문이다. 대부분의 『안티-오이디푸스』 독해는 전자를 강조하는데, 대체로 후자를 훼손시키기까지 한다. 나는 더 공평하게 접근하겠지만, 『안티-오이디푸스』를 제대로 읽으려면 전개되는 분석적 메커니즘에 중점을 두어야 한다는 것이 시종 나의 주장이다.

사실 들뢰즈와 가타리는 정신분석을 거부하지 않는다. 이것은 그들 스스로에게 큰 책임이 있는 흔한 오해다. 널리 알려진 신화와 반대로, 그들은 정신분석과의 "'받아들이든지 말든지'라는 게임을 거부한다"고 명시하고, "'치료' 과정에 대해 이의를 제기할 수 있는 것은 그 치료로부터 얻어 낸 요소에서 출발했을 때뿐이다"라는 칙령을 받아들인다(AO, 128/140).[28] 실제로 그들은 (일차 및 이차 억압, 자아, 욕동뿐만 아니라, 전의식과 의식까지 포함하는 시스템 내에서 따로 구별되는 시스템으로서의 무의식 자체의 개념과 같은) 얼마간의 정신분석 개념을 유지하고 변경retooling을 최소화하여 사용한다. 그들이 명시한 목적은 정신분석에서 그들이 "내부적 전환"이라 부르는 것을 일으키고, 그 "분석기계를 혁명적 기계장치의 필수적인 한 부분으로" 변형시키는 것이다(AO, 90/97). 이 목적이 놀랄 만큼 마오주의적으로 함의하는 바는, 사회변혁은 '문화적 혁명', 즉 사람들이 무력의 혁명 대신에 생각하는 방식의 혁명을 통해서만 이루어질 수 있다는 것이다. 다시 말해 정신분석 비판은 분열분석의 근거를 제시하지만, 2장이나 책 전체의 주요 목적과는 관련이 없는 것이다.

정신분석의 다섯 가지 오류추리

들뢰즈와 가타리의 정신분석 비판을 읽을 때 가장 염두에 두어야 할 질문은 정신분석을 혁명적 프로그램의 불가결한 요소로 변형시킬 "내부적 전

---

28 그리고 다음과 같이 덧붙인다. "마치 모든 위대한 학설이 하나의 조합된 형성체가 아니라는 것처럼 말이다. 조합된 형성체는 잡다한 부품과 단편, 다양하게 뒤섞인 코드와 흐름, 부분요소와 파생물로 이루어지며, 이것들이 학설의 생명 자체 혹은 생성을 구성한다. 또한 마치 자신이 발견하는 대상과 조작하는 힘과 이론적 · 실천적으로 애매한 관계를 가짐으로써 정신분석이 성립한다는 것을 먼저 언급하지 않고, 정신분석과 애매한 관계를 갖는 자를 비난할 수 있다는 것처럼 말이다."(AO, 128/140)

환"을 그들이 어떻게 실행하려 하는가이다. **그저**tout court 정신분석을 논박하려는 욕망보다는 오히려 이 목표가 프로이트와 후계자들의 작업에 접근하는 것을 좌우한다. 들뢰즈와 가타리는 정신분석의 **실천**에서 다섯 가지의 오류추리(다시 말해 무심결에 혹은 부지불식간에 무효하거나 잘못된 다섯 가지의 논지)를 가려낸다. 이는 다음과 같다.

1. 외삽의 오류추리.
2. 이중구속의 오류추리.
3. 적용의 오류추리.
4. 허구적 욕망의 오류추리.
5. 욕망하는 생산의 오류추리.

처음 세 가지 오류추리는 세 가지 수동적 종합을 설명하는 중에 열거되며, 그런 의미에서 각 종합의 귀결이 된다. 다섯 가지 중 가장 중요하다고 할 수 있는 네 번째 오류추리는 오이디푸스화가 어떻게 무의식을 포착하는지 부분적이거나 임시적인 설명을 제공한다. 다섯 번째 오류추리는 우리의 시작점, 즉 긍정적 과정으로서의 욕망하는 생산은 결여가 아니라 무의식의 작동을 규정한다는 생각으로 되돌아가게 한다. "내부적 전환"의 약속된 메커니즘은 무엇인가? 간단히 대답하면 가족이다. 개개의 오류추리에 대한 논의에서 보게 되겠지만, 들뢰즈와 가타리는 가족에 대한 정신분석적 견해를 거부하고 네 가지 반대명제를 제안한다.

1. 가족은 욕망의 일차적 대상이 아니다.
2. 가족은 심리적 억압의 행위자agent이지 원인이 아니다.

3. 가족은 형성자organizer가 아니라 유도자inductor이다.

4. 가족은 국가가 우리를 지배하는 힘의 원천이다.

가족은 주체의 선별이나 삼각화triangulation로서 기능한다. 누가 정당하게 속해 있는지 그렇지 않은지 가려내는 것이다(AO, 114/124). 가족은 우리를 '완전한' 사람들로 만드는 역할들을 배분한다 — 엄마, 아빠, 너, 남자 형제, 여자 형제 등. 또 가족 내에서 무엇을 해야 옳고 적절한지 결정 짓는다 — 부모의 권한에 대한 생각, 형제 간에 공유하고 공평해야 할 필요성 등을 불어넣는다.[29] 일단 그 선별이 이루어지면, 일단 역할이 부과되고 좋은 대상과 나쁜 대상이 결정되면, 가족은 욕망을 이러한 사회적 생산의 '기성품들'에 연결함으로써 그것들이 서로 공명하도록 만든다. 궁극적으로 들뢰즈와 가타리가 정신분석의 "내부적으로 전환된" 형태로서 제안하는 것은 중심적 조직 범주로서의 가족을 박탈당한 정신분석이다. 들뢰즈와 가타리가 생각하듯이, 가족은 일상의 드라마가 작게 그리고 더 큰 드라마를 쓸모없게 만드는 방식으로 펼쳐지는 세계 내의 소우주적 세계가 아니다. 가족은 불안 자체에 그 첫 번째와 말하자면 마지막 형태를 부여함으로써 이후의 삶에 대한 모든 불안을 예상하지는 않으며, 우리의 무의식을 짓밟아 모든 사건이 사소한 분노들의 소리로 반향하지 않을 수 없도록 만들지도 않는다. 가족의 여러 요소들은 모든 면에서 오이디푸스

---

29 "가족의 일차적 기능은 보유다. 문제는 가족이 욕망하는 생산의 어떤 요소를 거부하고 또 무엇을 보유하려는지, 자신의 미분화상태(독기)로 이르는 막다른 길에서 무엇을 연결하고 역으로 증식과 재생산이 가능한 차이화의 길로 무엇을 이끌려는지 아는 것이다. 왜냐하면 가족은 외견상으로만 구별되는 불명예와 명예를, 신경증의 미분화와 이상(理想)의 차이화를 동시에 창조하기 때문이다."(AO, 136/148)

의 영역을 뛰어넘는 "역사적이고 정치적인 상황[자체]의 요소들"과 끊임없이 접촉하고 연결되어 있다(AO, 107/115). 이러한 점들을 결합하여 들뢰즈와 가타리는 규칙을 체계화한다.

> 어머니와 아버지는 단편으로서만 존재할 뿐, 형상이나 구조로는 결코 조직되지 않는다. 따라서 무의식을 표상할 수도, 무의식 내 집단의 다양한 행위자를 표상할 수도 없다. 오히려 그들은 항상 조각으로 깨어져 이 행위자들과 접촉하거나 부딪치거나 맞서거나 백병전에서처럼 양립한다. (AO, 106~107/115[176~177])

다섯 가지 오류추리를 열거하는 가운데 어떻게 이러한 입장에 이르게 되었는지 살펴볼 것이다.

정신분석의 첫 번째 오류추리인 외삽의 오류추리는 다음과 같다. 정신분석은 분리 가능한 부분대상 ── 예컨대 페니스 ── 을 분리된 완전대상complete object, 즉 팔루스로 변환시키며, 그때 팔루스의 속성, 즉 결여에 의해 모든 주체가 유래한다는 것이다.[30] 팔루스는 여성과 남성이 공통으로 갖는다. 비록 다른 방식이기는 하지만 그들 모두 팔루스의 결여를 겪기 때문이다 ── 여성에게는 출발지(무엇보다 결여하기 때문에 욕망하거나 부러워하는 것)인 반면 남성에게는 도착지(정의상 팔루스로서의 팔루스는 불가능하고 신화적인 대상이기 때문에 어떤 의미에서는 결코 가진 적이 없는데도 잃을까 두려워하는 것)이다(AO, 67/70). "바로 이 변환이 성애

---

30 다음 절에서는 세 가지 종합의 정당한 사용과 부당한 사용의 실천적 함의에 대해 더 자세히 고찰할 것이다.

전체를 오이디푸스적 틀 속에 빠뜨린다. 모든 단절-흐름이 동일한 신화적 장소로 투사되고, 모든 비-기표적 기호가 동일한 지배적 기표로 투사되는 것이다."(AO, 81~82/87)

들뢰즈와 가타리의 체계에서 페니스는 여럿 가운데 하나의 욕망기계, 하나의 부분대상에 불과한데, 이것을 분리하고 (바디우가 들뢰즈의 존재론에 잘못 사용하는 용어인[31]) 일자-전체, 즉 그 후원을 받으며 전체를 포괄하는 일자의 단계로 격상하면, 팔루스는 그 시선에 갇힌 모든 사람을 거세하면서 그 '독성과 효험'을 잃고 대신 판단력의 고요한 질서가 된다. 그때 정신분석적 '치료'는 소녀들에게는 페니스에 대한 선망적 욕망을 단념하라고 가르치고, 소년들에게는 '불만'protest을, 다른 [성인] 남자들에 대한 '수동적' 태도가 페니스의 상실에 이를 것이라는 불안을 단념하라고 가르치는 것으로 이루어진다.[32] 이런 의미에서 거세하는 것은 바로 정신분석 자체이며, '치료'는 즉 거세다(AO, 68/71). 들뢰즈와 가타리는 다음과 같이 쓴다.

여기에는 분리 가능한 부분대상에서 분리된 것으로서의 완전대상(팔루스)의 단계로 이행하는, 정신분석 고유의 오류추리가 있다. 그 이행에 동반되는 주체는 한쪽 성에 고정된 자아로서 규정되고, 하나의 결여로

---

31 A. Badiou, *Deleuze: The Clamour of Being*, trans. L. Burchill, Minneapolis: University of Minesota Press, 2000, pp. 11~12. 들뢰즈와 가타리 자신들이 팔루스를 "부정신학에서의 일자"와 같은 것으로 묘사했다는 것을 덧붙여야겠다(AO, 67/70).

32 아이러니하게도, '페니스 선망'과 같은 것이 존재한다고 인정한다면, 가장 극심하게 고통을 받는 쪽은 여자가 아니라 남자일 것이다. 왜냐하면 남자는 이미 페니스를 '갖고' 있고 여자는 그렇지 않지만, 그렇다고 해서 다른 남자들에게 수동적 태도를 취해야 할 필요로부터 결코 충분히 벗어날 수 없기 때문이다. 팔루스의 거세효과는 이런 의미에서 배가된다. 남자는 그 상실을 두려워할 뿐만 아니라 이미 잃었다고(소용없는 '과잉'이라고) 느끼기까지 한다.

서 자신이 압제적인 완전대상에 종속되어 있음을 필연적으로 체험한다. (AO, 68/71[114~115])

그 오류추리는 상징적 대상, 즉 팔루스에 최고의 지위를 부여하고, 실제 페니스와 모든 성기를 전-오이디푸스적 영역에 넣는데, 이는 욕망이 충만이 아닌 결여에 의해 자극받는다는 것을 암시한다.

이는 두 번째 오류추리, 즉 '이중구속'의 오류추리로 이어진다. 그레고리 베이트슨은 『마음의 생태학』*Steps to an Ecology of Mind*(공교롭게도 들뢰즈와 가타리가 "고원" 개념의 영감을 받은 책)에서 가족은 욕망에 얹는 불가능한 상호 배타적 요구로 인해 ── 부모를 사랑하되 너무 사랑하지는 말라 ── 분열증화한다고 주장하는 데 반해, 들뢰즈와 가타리는 가족은 오이디푸스화한다고 주장한다. 특히 그들은 질병이 아니라 오히려 치료야말로 **이중구속**이라고 주장한다(AO, 88/94). 만일 누군가가 거세를 운명이라고 체념하지 않고 자신이 속한 성sex의 명령을 받아들인다면, 그 유명한 미분화의 어두운 밤, 이른바 아동기 에로티시즘의 "다형 도착"polymorphic perversity(프로이트의 표현)이라는 운명에 처해 주체도 대상도 알 수 없게 된다. 따라서 오이디푸스는 똑같이 달갑지 않은 두 결과 간의 역설적 선택 ── 다른 말로 이중구속 ── 이다. 자신의 운명을 받아들이고 이 선택이 수반하는 끈질긴 불안감과 타협할 방도를 찾아야 하며, 이렇게 해서 자신의 오이디푸스 콤플렉스를 **해결**하거나, ('허구'인) 오이디푸스적 욕망에 굴복하여 신경증과 사회적 매장의 블랙홀에 **빠져야** 한다. "그리고 정신분석이 오이디푸스를 해결**한다**는 것이 무엇을 의미하는지 모두 알고 있다. 오이디푸스를 외부의 사회적 권위 내에서 더 잘 재발견하도록 내면화하고, 증식시키고, 아이들에게 넘기는 것이다."(AO,

87/94) 오이디푸스적 '위기'에서 벗어나려면 그 안으로 더욱 충분히 들어가 그 조건에 응하고 오이디푸스화되어야 한다. 이런 의미에서, 들뢰즈와 가타리가 지적하듯이, 오이디푸스는 문제이자 해이며, 우리는 그 노예가 되어 오이디푸스화하는 단일 경향의 양극 사이를 끊임없이 진동할 운명에 처해 있다. 오이디푸스와 동일시하고 위기로서 겪거나, 아니면 구조로서 받아들이고 내적 갈등으로서 내면화하는 것이다. 다시 말해 오이디푸스적 위기를 모든 사유의 바깥으로 영원히 치워 놓을 생각이라면, 그것을 해결할 수는 없다는 것이다. 그것은 우리와 동거하며 표면 아래로 점점 더 파고들고, 생산적 무의식을 봉쇄하여 언제든 갑자기 중단시킨다.

그럼 왜 오이디푸스의 덫에서 벗어날 수 없을까? 이는 세 번째 오류추리인 적용의 오류추리로 이어진다. 이전의 오류추리를 통해 보았듯이 정신분석은 처음부터 게임을 조작한다. 즉 사회적 장을 출발점으로, 가족을 도착점으로서 고정시키는 것이다. 정신분석은 주체의 세계 내 위치와 세계에 대한 관점, 그리고 세계와 관계되는 방식이 가족 환경 내에서 결정되고 판단되고 구체화된다고 간주하며, 주체를 마치 '어린 시절부터 끊임없이 앓는' 것처럼 여긴다. 하지만 정신분석은 훨씬 강력하게, 어린 시절에는 가족만이 유일하게 문제가 되며, 사실상 엄마와 아빠만을 바라본다고 간주한다. 이는 마치 모든 게임, 꿈, 환상이 오로지 엄마-아빠-나의 폐쇄된 삼위일체 중심으로 돌아가는 것과 같다. 하지만 그들이 지적하듯이 아이들은 "아빠에게는 아빠의 아빠가 아닌 사장이 있고, 아빠 자신이 사장일지라도 아빠가 아니라는" 사실을 분명 알지 못한다(AO, 106/115).

정신분석은 우리의 무의식 속에서 모든 사회적 관계는 어린 시절이라는 렌즈를 통해서만 보인다고 여긴다. 성인이 되어서도 우리는 계속해서 사장과 다른 모든 권위 있는 자들을 아버지와 같다고 여기게 되고 그 때문에 고통을 받는 것이다. 따라서 우리가 '어린 시절부터 앓는 것'은 이 중적 의미에서다. 어린 시절과 완화되지 않은 다양한 신경증이 성인으로서 행하는 모든 것에 대해 변함없는 평가 기준의 역할을 하기도 하지만, 수많은 구덩이와 같은 새로운 어린 시절로 끊임없이 빠지고 있기도 하다. 이 구덩이는 우리가 늘 똑같은 근심들의 신선한 사례들을 만들어 내는 지옥에 산재해 있는 것이다. 이로부터 네 번째 오류추리인 허구적 욕망의 오류추리에 이르게 된다. "법은 말한다. 어머니와 결혼하지 말고, 아버지를 죽이지 말지어다. 그리고 우리, 유순한 신하는 속으로 말한다. 그러니까 **그게 내가 바란 바라고!**"(AO, 125/136) 어떤 것이 금지되어 있다면 분명 우리는 그것을 몰래 욕망한다고 간주할 때, 정신분석은 욕망과 법이 작용하는 방식을 잘못 이해하고 있는 것이다. 이것이 오로지 근친상간에만 적용된다고 생각해서는 안 된다 —— 이러한 생각을 모든 금지로까지 확장해야 하는 것이다. 들뢰즈와 가타리는 금지 자체로부터 금지된 것의 본성을 추론하는 것이 가능하다고 여기는 것은 논리적 오류라고 주장한다. 그것은 먼저, 금지된 것은 사실 실제의 욕망, 즉 정말로 바라고 법으로 제한되어 있지만 않다면 주저 없이 행했을 어떤 것이라고 여긴다. 마찬가지로 금지는 오로지 사회가 '부적절하다'고 간주하는 행위를 방지하거나 적어도 억제하기 위해서만 실시된다고 여긴다. 하지만 실제로 욕망은 **그렇게 '죄가 되지'** 않고, 법은 **그렇게 '결백하지'** 않다.

왜냐하면 법은 욕망 혹은 '본능'에 따른 완전히 허구적인 어떤 것을 금지함으로써 자신의 신하들에게 그 허구에 대응하는 의도를 갖고 있었다고 믿게 하기 때문이다. 이는 법이 의도를 통제하고 무의식을 죄가 되도록 만드는 유일한 방식인 것이다. (AO, 125/136[205~206])

오이디푸스──즉 어머니에 대한 근친상간의 욕망과 그와 관련하여 아버지를 살해하려는 욕망──는 억압이 **실제** 욕망을 낚아채기 위해 사용하는 미끼다.

욕망이 어머니에 대한, 그리고 아버지의 죽음에 대한 욕망이기 때문에 억압되어 있는 것이 아니라, 반대로 욕망이 억압되어 있기 때문에 그렇게 될 뿐이다. 욕망이 그러한 가면을 쓰는 것은 오로지 억압이 가면을 만들어 씌우기 때문이다. (AO, 126/138[207])

들뢰즈와 가타리는 이 점에서 제기될 수 있는, 근친상간은 사회 수립의 장애물이라는 현실주의적/실재론적 반론을 의심스럽다고 일축한다. 진짜 문제는 다른 데 있다고 그들은 말한다. 요컨대 그들이 혁명적이라고 주장하는 욕망 자체의 본성에 있다는 것이다. "어떤 사회든 자신의 착취, 예속, 계층의 구조들을 위태롭게 만들지 않고서는 실제 욕망의 지위를 용인할 수 없다."(AO, 126~127/138)

그렇다면 오이디푸스의 덫은 어떻게 작동하는가? 들뢰즈와 가타리는 그것을 두 개의 집게발로 주체를 꼼짝달싹 못하게 하는 기괴한 장치로 묘사한다.

욕망 앞에 근친상간이라는 왜곡된 거울이 놓임으로써(바로 네가 바라던 것이지, 안 그래?) 욕망은 부끄럽고 얼빠진 것이 되고, 출구 없는 상황에 처하며, 문명이라는 더 중요한 이익의 이름 아래 '자기 자신'을 버리도록 쉽게 설득당하는 것이다(만일 모두가 똑같이 했다면, 만일 모두가 자신의 어머니와 결혼하거나 누이를 차지했다면? 더 이상 어떠한 구별도 교환도

가능하지 않을 것이다). (AO, 130/142[213])

　여기서는 두 가지 형태의 억압이 작용하는데, 들뢰즈와 가타리는 각
각 "심리적 억압"과 "사회적 억압"이라 부른다. 전자는 무의식적 작용이
며, 마음 혹은 심리적 장치가 내적으로 그러나 자신도 모르게 본능에 적
용하는 억압인 반면, 후자는 의식적 작용이며, 마음 혹은 심리적 장치가
자신에게 있다고 생각되는 욕망에 고의로 적용하는 억압이다. 정신분석
에서는 마치 이른바 '근친상간의 금기'가 자발적으로 이루어지는 선천적
자기검열 행위라도 되는 것처럼 전자를 중요하게 여기고, 후자는 단순한
부수현상으로 취급한다. 프로이트는 문화, 역사보다 오이디푸스를 중시
한다. 모든 아이는 문화, 종교, 민족성, 인종, 계급, 교육, 육아의 차이에도
불구하고 성별이나 출생일, 출생지에 관계없이 (성별에 따라) 엄마나 아
빠에 대해 그 반대 성을 가진 부모를 대신하려는 자신의 욕망을 해소해야
한다는 것이다. 정신분석학에 따르면, 이를 달성하는 것이 심리적 억압의
주요 목적이자 기능이다. 프로이트적 관점에서 사회적 억압은 심리적 억
압으로 인한 갖가지 "억압된 것의 회귀"를 억누르기 위해 나중에 이차적
으로 나타나게 된다.

　들뢰즈와 가타리는 심리적 억압이 으레 이러한 오이디푸스적 형태
를 취해야 한다는 것을 받아들이지 않으며, 욕망과 억압에 관해 자연적
질서가 존재한다는 생각을 거부한다. 심리적 억압은 사회적 억압의 수단
에 불과하다는 것이다. 그 두 가지 억압은 동일한 것, 바로 욕망하는 생산
과 관계가 있다. 그렇다면 다음과 같은 의문이 생길 것이다. 만일 심리적
억압이 사회적 억압의 수단이라면, 왜 한 가지 형태의 억압만으로 끝내
지 않고 두 가지 억압을 다루는가? 아주 간단히 말해서, 심리적 억압의 역

할은 우리에게 사회적 억압을 욕망하도록 가르치는 것이다. 우리 사회에서 "억압을 위임받은 대리인", 혹은 차라리 "억압으로 위임된 대리인"은 바로 가족이며, "근친상간의 욕동은 억압된 것의 왜곡된 이미지다"(AO, 130/142). 가족은 오이디푸스화의 대리인이지 원인이 아니다. 그것은 오이디푸스화의 필요조건을 만들어 내고 그 영속을 보증한다. 가족은 하나의 자극이지만 "큰 가치는 없는 자극이며, 형성체organiser도 탈형성체disorganiser도 아닌 유도체inductor다"(AO, 108/117). 가족이 주체의 오이디푸스화, 그리고 오이디푸스의 일반적 영속에 분명히 일조하는데도, 들뢰즈와 가타리는 사회적 억압의 복무에 주어진 역할이나 그 역할을 수행하는 방식을 두고 가족을 눈에 띄게 비난하지는 않는다. 요컨대 가족은 모든 구성원을 자신에게 구속시켜 허용하지 않은 연계를 철저히 막을 만큼 강력한 기계는 아니라는 것이다. 오이디푸스화, 삼각화, 거세와 같은 것들은 "정신분석, 가족, 이데올로기보다, 심지어는 이것들을 모두 합친 것보다도 더 강력하고 더 기저적인 힘"을 필요로 한다(AO, 132/145).

이는 다섯 번째이자 마지막인 오류추리로 이어진다. 즉 오이디푸스 콤플렉스가 아니라 욕망하는 생산이야말로 현실적 혹은 능동적 요인이라는 것을 인식하지 못한다는 오류추리다.

욕망의 미시정치학

들뢰즈와 가타리가 가끔 "욕망의 미시정치학"이라 부르는 것이 실제 효력을 발휘하는 것은 수동적 종합의 차원에서다. 왜냐하면 "수동적 종합"은 실재계 자체와 동의어이기 때문이다. 들뢰즈와 가타리에게 정치란 욕망하는 생산 자체의 메커니즘, 즉 모든 호환과 배열 속에 있는 수동적 종합에 초점을 맞추어야만 (급진적 변화 어젠다, 심지어 들뢰즈와 가타리가 제안하는 제약 없는 어젠다까지 추진한다는 의미에서) 진전할 수 있는 것이다. 그들은 이데올로기 개념에 의거한 애매한 정치 방식을 거부하고, 대신에 사회·정치적 태도를 위치짓는 더 효과적인 수단으로서 연접, 이접, 통접의 세 가지 종합을 제의한다.

욕망하는 생산은 두 가지 양상을 보인다. 즉 **부당한** 순응적(즉, 신경증적 혹은 정주적) 양태 혹은 **정당한** 이단적(즉, 분열증적 혹은 유목적) 양태를 띤다. 전자는 포괄적이고 특수적인 연접적 종합, 배타적이고 제한적인 이접적 종합, 분리적이고 일대일 대응적인 소비의 [통접적] 종합으로 이루어지는 반면, 후자는 부분적이고 비특수적인 연접적 종합, 포함적 inclusive 혹은 무제한적인 이접적 종합, 유목적 혹은 다의적인 소비의 [통접적] 종합으로 이루어진다. 역사에서 마주치는 어느 특정한 욕망하는 생산의 체제에서 이 두 양상 가운데 어떤 것이 우세한지를 밝히는 것이 들뢰즈와 가타리의 정치적 분석의 핵심을 이룬다. 물론 이 두 극 사이에도 정당한 종합과 부당한 종합이 혼합된 단계가 존재하는데, 예컨대 대부분의 정체성 정치학에서는 유목적 '차이'에 대해 오로지 '배타적 혹은 제한적' 방식으로 감시하기 위해서만 그 확산을 허용하려는 자아의 '포괄적 혹은 특수적' 개념으로부터 해방되어야 한다고 주장한다. 서로 다른 체제들의 내부적 복잡성을 자세히 살펴보는 것이, 전통적 마르크스주의 담론에 등장하는 이데올로기 비판Ideologiekritik의 들뢰즈·가타리식 방법이다. 모든 그러한 분석들의 궁극적 목적은, 어떻게 수동적 종합의 부당한 사용이 반전되고 정당한 사용으로 전환되는지 이해하는 것이다(AO, 76/80).[33]

---

33 그들이 이를 위한 방법에 대해 논의하지는 않지만, "오직 아빠·엄마만을 원하고 이해하는 오이디푸스 분석가의 호의적인 허위 중립성을 악의적인, 대놓고 악의적인 활동으로 대체할 것"을 강조한다. "젠장, 네 오이디푸스는 넌덜머리가 나. 어디 계속해 봐. 분석을 끝장내거나

들뢰즈와 가타리에게 정당함과 부당함이란 무엇을 뜻하는가?

칸트는 자신이 비판적 혁명이라 부른 것에서, 의식의 종합에 대한 정당한 사용과 부당한 사용의 구별을 위해 오성understanding에 내재하는 규준들을 발견하려고 했다. 그래서 그는 형이상학에 나타나는 종합의 초월적 사용을 선험철학(규준의 내재성)이라는 이름 아래 비난한 것이다. (AO, 83/89 [138])

그들의 정신분석 비판은 동일한 경로를 따라, 즉 "규준의 내재성에 의해 정의되는 선험적 무의식을 재발견하기 위해 오이디푸스적 정신분석에 나타나는 무의식의 종합에 대한 부당한 사용을 비난함으로써" 진행된다(AO, 83/89). 우리는 규준의 내재성에 의해 정의되는 이 선험적 무의식이 욕망하는 생산과 같다는 것을 이미 알고 있다. 들뢰즈와 가타리에게 무의식의 형이상학에, 다시 말해 내재적 규준이 아닌 초월적 규준(즉 발견된 것이 아닌 강요된 규준)에 의해 정의되는 무의식의 개념에 이르는 경로는, 명백히 무해하게 들리는 다음과 같은 질문이다. "어떤 의미인가?" 무의식이 어떻게 작동하는지 이해하려면 무엇보다 의미의 측면에서 그 생산에 대해 생각하는 것을 그만둬야 한다. 앞서 렌츠에 관해 논의했지만, 그의 착란에는 흔히 말하는 의미는 없고, 효과만이 있다. 자신이 엄청나게 큰 기계 속 하나의 톱니에 불과하다고 느끼는 감정은 그저 감정일 뿐 의미를 가지지 않는다. 우리가 끈질기게 이 감정을 외부의 무언가와 관련시키려는 한, 무의식을 잘못 이해하고 형이상학에 빠지게 되기 때문

전기충격으로 조질 테니까."(AO, 123/134)

이다.

　분열분석적 "치료"라 불리는 것은 모두 생산적 무의식, 욕망의 종합들로 이어지는 선을 그으면서 시작되는데, 오로지 그곳에서만 부당한 종합이 뒤집히고, 정당한 종합이 되돌아올 수 있기 때문이다(AO, 123/134). 그런 만큼 욕망의 종합에 대한 부당한 사용은 정당한 사용으로 돌아가는 길을 삼각화하는 데 이용될 수 있다. 이 과정의 가장 중요한 원리는, 라캉적 의미에서의 무의식의 내력history(즉 피분석자가 분석가에게 이야기하는 내력)에서 오이디푸스는 항상 늦게 나타난다는 것이다. 마치 외부 침략자가 마음속 원주민을 진압하고 문명화하는 데 열중하고 있었던 것처럼. 오이디푸스는 잠재된 구조로서든 미래의 위기로서든 처음부터 거기에 있는 것이 아니라, 무의식을 밖에서 포위하고 결국에는 포획하여, 자신의 목적에 따라 그 모든 메커니즘을 전용하면서 종합들을 부당한 방향으로 비트는 것이다. 세 가지 종합이 따로따로, 그러나 동시에 작동한다는 사실은 세 가지 중 하나만 포획해도 모든 작동을 뒤트는 데 충분하다는 뜻이다. 탈취는 동시에, 단숨에 일어날 필요는 없다. 점진적이고 퇴행적이고 느리고 교활하고 심지어는 유쾌할 수도 있는 것이다. 오이디푸스화는 꼭 억압적으로 겪는 것은 아니다. 실제로는 마침내 우리 자신을 이해하게 되는 기쁨까지 선사하기도 한다. "내가 그래서 한 거라고!" 수동적 종합의 정당한 사용이 정반대로 꾸준히 변질되면서 서구적 주체는 알려진 대로 편집증적인 자기 중심주의자로 생산되었다. 이어서 더 자세히 살펴보겠지만, 그렇기 때문에 부당한 종합은 현대문화의 이해와 관련해서 적어도 우선적으로 분열분석의 초점이 되어야 한다.

부당한 종합들

§ 연접의 부당한 종합

종합의 부당한 사용 중 첫 번째는, 들뢰즈와 가타리 또한 정신분석의 다섯 가지 오류추리 가운데 첫 번째로 지명하는 것인데, 바로 결여의 라캉적 개념과 관련된다.

> 부분대상은 조숙한 전체성의 직관에 포획되고, 마찬가지로 자아는 그 실현에 앞서는 통일성의 직관에 포획된다고 말해진다. (멜라니 클라인에게조차 분열증적 부분대상은 우울단계에서 완전대상의 출현을 준비하는 하나의 전체와 관계된다.) 분명 그러한 통일성-전체성은 부분대상과 욕망의 주체에 '결여된' 것으로서, 오직 부재의 특정 양상에 관해서만 상정되는 것이다. (AO, 81/86[135])

왜 이것이 **연접적 종합**의 부당한 사용을 만들어 내는가? 구체적인 예로 〈죠스〉Jaws(스필버그, 1975)의 식인상어를 들어 보자. 프레드릭 제임슨 Fredric Jameson과 (뒤를 이어) 슬라보예 지젝Slavoj Žižek이 주장했듯이, 만일 처음부터 상어가 특별히 무언가의 알레고리라 가정한다면, 상어의 기능을 근본적으로 오해하고 있는 것이다.[34] 상어가 미국 제국주의(피델 카스트로의 제안)나 (이데올로기적 분할의 반대편을 보증하기 위한) 코뮤니즘 자체를, 포위된 애머티 섬이 미국의 진부한 모습 자체 —— 활기 넘치는

---

34 이 예의 더 상세한 논의로는 I. Buchanan, "Practical Deleuzism and Postmodern Space", eds. M. Fuglsang and B. M. Sørensen, *Deleuze and The Social*, Edinburgh University Press, 2006, pp. 60~63를 볼 것.

십대, 인색한 소규모 자영업자, 부패한 정치인, 자기 부인을 사랑하는 갈등하는 경찰 등 ─ 를 의미할 수 있다는 것이 명백할지라도, 바로 그 다양한 가능성들을 통해 상어의 진짜 사명은 "어떤 단일 메시지나 의미라기보다는 서로 뚜렷이 구분되는 모든 불안들을 일제히 빨아들이고 정리하는 능력에 있다"고 생각할 수 있다.[35] 제임슨의 뒤를 이어서 지젝은 상어가 팔루스라고 주장하는데, 바로 그 자체로는 의미를 갖지 않지만 그 존재로 인해 텍스트 전체가 어떤 의미를 갖는다는 착각을 일으킨다는 이유에서다. 지젝이 말한 바와 같이 상어는 "라캉이 '누비땀'point de caption이라 부르는 것"의 완벽한 예다. "상징으로서의 상어의 출현은 어떤 새로운 의미도 추가하지 않는다. 단지 이미 거기 있었던 의미들을 동일한 기표로 결합함으로써 재조직할 뿐이다."[36] 이 결합에 저항하는 것은, 무시무시한 상어의 존재에 대한 매료와 즐거움이다. 이로부터 지젝은 하나의 상징에서 의미와 즐거움을 동시에 얻을 수 없으며, 전자가 후자를 상쇄한다는 들뢰즈적인 결론을 끌어낸다(AO, 177/190).

상어의 존재는 애머티 섬이라는 집합 내의 모든 원소들이 서로 관련되는 방식을 바꾼다. 그것은 모든 계급적·세대적 적개심을 끌어내어 드라마를 종반으로 몰아가는데, 그 결말은 상어를 무찌르는 것이 아니라, 모두가 공통으로 갖고 있고 똑같이 결여하는 어떤 것을 ─ 그것이 '공동체 의식'이든 '시민 감정'이든 무엇이든 간에 ─ 받아들이는 것이다. 위기가 한창일 때 사람들은 이해관계에 따라 서로 관계를 맺고, 사회적 지위에 따라서도 마찬가지인데, 들뢰즈·가타리식 용어로 말하면 이것이

---

35 F. Jameson, *Signatures of the Visible*, London: Routledge, 1992, p. 35.

36 S. Žižek, *Enjoy Your Symptom! Jacques Lacan in Hollywood and Out*, London: Routledge, 2001, p. 134.

그들을 '포괄적'이고 '특수적'이게 만든다. 이 점에 대해서는 지적적 실험을 수행하고 상어 없는 〈죠스〉를 상상해 보면 더 분명해질 것이다.[37] 상어를 제외하면, '봄방학'을 맞이해 해변에서 파티를 즐기는 대학생들과 점잖은 척하는 애머티 장기 거주자들 사이에 세대 간 갈등은 여전히 있을 것이고, 경찰도 여전히 피곤에 찌들어 인간애라는 것을 믿어야 할 이유를 찾을 것이며, 정치가도 역시나 부패했을 것이다. 상어가 없어도 이러한 이질적이고 분자적인 욕망들(파티에 대한 욕망, 준법에 대한 욕망 등)은 계속해서 나란히, 조화는 이루지 못해도 충돌 없이 작동할 것이고, 그 내생적 상태는 흔들리지 않을 것이다. 각 욕망은 다른 욕망들에 크게 구애받지 않고 고유한 내부동력에 따라 작동할 것이다. 하지만 상어의 등장은 명백히 모든 것을 바꿔 버린다. 그때까지 내생적이었던 관계들은 돌연 외생적 힘 즉 상어의 세력권으로 끌려 들어가고, 이질적인 욕망들은 '이기적'인 것, 말하자면 '공동체 의식'이 '결여된' 것으로 보이게 된다. 상어는 거세하는 **동시에** 팔루스적이다. 우선 애머티 섬에서 일상적인 리비도집중의 요소들을 빼앗는다. 수영, 요트, 수상스키 등의 쾌락이 금지되고, 이 때문에 초과이윤을 내는 자본가의 쾌락이 금지되며, 이로부터 생긴 갈등이 아무 일 없기만을 바라며 평온한 일상을 보내던 경찰을 괴롭힌다. 하지만 훨씬 더 중요한 것은, 이 이질적인 쾌락들은 서로 갈리지 않는 독립된 부분들로 보였던 반면, 이제는 부재하는 전체의 단절된 부분들로 보인다는 것이다. 바로 이러한 관점의 용인이 팔루스적인 것이다. 그것은 욕망의 기능과 분배를 재조직하기 때문이다.[38]

---

37 히치콕(Alfred Hitchcock)의 〈새〉(*The Birds*)에 새가 없다고 상상하는 지젝(Ibid., p. 104)의 실험을 언급해 둔다.

상어가 없는 가상적 애머티의 시나리오가, 상어의 극적인 등장이 묘사하는 것처럼 변형되기에 딱 알맞게 보이며, 그렇지 않으면 지루할 뿐이라는 사실은, 어쩌면 우리가 이미 얼마나 오이디푸스화되었는지를 가늠하는 척도가 될 수 있을지도 모른다. 관객으로서 우리가 기대하는 것은 바로 이 모든 길들여지지 않은 욕망하는 생산의 적절한 오이디푸스화이기 때문이다. 이야기가 그리는 원호는 목가idyll에서 출발하여 트라우마를 거쳐 다시 목가로 되돌아가는 것도, 풀리지 않은 갈등과 불안에서 출발하여 카타르시스적 트라우마를 거쳐 목가에 이르는 것도 아니다(정신분석은 전통적 서사학과 마찬가지로 우리에게 이 두 가지 선택권을 제공한다). 그와 반대로, 분자적 욕망의 명백히 분열증적인 상황에서 출발하여 트라우마를 거쳐 욕망의 적절한 포기와 법 앞의 지친 체념에 다다르는 것이다. 이 영화에서 대망의 이데올로기적 청산, 즉 마을이 하찮아 보이는 차이들을 무시하고 함께 일하기로 합의하여 겉으로는 공동의 목적 하에 결속된 것처럼 보이는(사실 그 동기가 생존을 위한 것이기 때문에 그들의 목적은 순수하게 개별적이다[39]) 판에 박힌 장면은, 바로 거세가 팔루스를 낳는다는 들뢰즈·가타리의 명제에 들어맞는 완벽한 예다. 상어 없는 애머티는 쉽게 상상할 수 있는데, 사소한 경쟁으로 가득 차 있고 표면

---

38 이런 식으로 "우리는 분리 가능한 부분대상에서 분리된 완전대상으로 이행하고, 그로부터 결여의 지정에 의해 포괄적 인물이 유래하는 것이다"(AO, 81/87).

39 함께 혹은 개별 생존을 위해 행동하는 것은 단체행동이 아니며, 공익을 위한 행동과 혼동되어서는 안 된다. 알랭 바디우의 윤리학에서 이런 유형의 생존주의자적 단체행동은 '시뮬라크라'의 폐단 혹은 그가 "테러"라 부르는 것에 해당된다. 왜냐하면 그것은 진짜 공익 단체행동을 흉내 내고 공동의 대의라는 명분하에 떠들지만, 그 목적은 다른 데 있기 때문이다. 공동의 대의를 가장해서 실제로 실현되는 것은 공동의 적에 대한 욕망이다. A. Badiou, *Ethics: An Essay on the Understanding of Evil*, trans. P. Hallward, London: Verso, 2001, pp. 72~77.

상 마을을 통합할 사람 혹은 무언가를 필요로 하는 작은 마을의 시나리오는 흔하기도 하고 또 당연한 귀결이기 때문이다. 〈죠스〉는 근본적으로 서부극이며, 진부한 필수요소들을 모두 갖추고 있다. 번영을 자연환경에 의존하는 고립된 작은 마을(이 경우는 관광명소로서의 바다), 마을 사람들 간의 이해 상충, 불만스럽지만 노련한 보안관, 그리고 위협적인 외부인. 스토리는 틀림없이 서부극에 기대되는 대로 펼쳐지고 절정에 이른다. 딱 실제 서부극에서 악마로 묘사되는 아메리카 원주민만큼, 상어가 그 자체로 의미 있는 것은 아니라는 것이 나의 논점이다. 그것은 연접적 종합을 가져올 목적을 갖는 메커니즘인 것이다. 하지만 그 최종형태가 어떠해야 하는지 사전에 결정하고, 최종형태라는 명목으로 그 앞에 나타나는 모든 이들에 대해 판단을 내리기 때문에 부당한 종합이다. 재난이 전개되는 실제 원인으로 '공동체 의식'의 결여와 공익을 위한 단체행동의 불이행을 들먹이는 한, 그 이야기는 위에서 언급한 '조숙한 전체성' 의식을 강요하여 그 흐름에 휩쓸린 개인들로 하여금 불완전함을 느끼게 하는 불쾌한 효과를 낳는다.[40]

의미가 아니라 기능의 관점에서 보면, 이 이야기의 비유적 용법에서 주된 욕망은 (사르트르의 개념을 쓰면) "융화집단"의 멤버십에 대한 욕망이다. 드라마의 핵심을 이루는 것은 이 "융화집단" 혹은 '조숙한 전체성'이지 상어가 아니다. 그렇다고 상어가 중요하지 않다는 것은 아니다. 하

---

40 들뢰즈 자신은 영화에 관한 저작에서 이러한 결론을 내지 않는데, 흥미롭게도 전전(戰前) 영화, 특히 필름 누아르의 서사논리에 대한 지도 제작의 동기가 결여였다. 대형식과 소형식, 즉 SAS′과 ASA′의 개념들 또한 모두 결여에서 비롯되는데, 첫 번째 예에서는 무언가를 바로잡기 위한 행동을 요구하는 상황에서 그것이 결여되어 있고, 두 번째 예에서는 어떤 행동에 무언가가 결여되어 있고 이로써 변화된 행동을 요구하는 불만족스런 상황이 만들어진다. C1, 182~188/243~250을 볼 것.

지만 그 중요성은 그것이 의미하는 바보다는 그 목적과, 특히 그 목적이 성도착적 전유appropriation에 있다는 사실에 있다. 들뢰즈와 가타리가 오이디푸스에 관해 주장하는 바대로, 그것이 욕망되지 않았다면 서구사회를 지배하는 힘이 없었을 것이고, 상어에 대해서도 마찬가지다. 그것이 우리에게 자아내는 공포가 욕망되는 것이다. 이 점에서 '공동체 의식'의 결여는 역설적인데, '공동체 의식'이 결여된 이유는 그때까지 존재할 이유가 없었기 때문이다. 이런 의미에서 정말 결여되었다고 느껴지는 것은 상어 그 자체 즉 '공통의 적'이다. 그 위협적인 힘에 의해서만 섬은 개개인의 이익을 포기하지 않고도 하나가 될 수 있기 때문이다. 이 갈망은 물론 〈죠스〉의 경이로운 박스오피스 성공 이후 그 속편과 모방영화에서 실현된다. 그러나 이는 사실상 모든 할리우드 재난영화의 특징이기도 하다. 그것이 유별난 미국식 수사법이라는 것은, 〈인디펜던스 데이〉*Independence Day*(에머리히, 1996)에서 전투기 조종사 출신 미국 대통령을 연기하는 빌 풀먼이 외계 침입자에 대항해서 싸우는 것이 미국적인 방식이며 미국이 곧 세계라는 열띤 연설로 병력을 규합하는, 너무나 전형적인 장면에서도 알 수 있다. 서부극을 제대로 이해하려면, 원주민은 늘 침입자, 멀리서 온 침략자이며, 명백한 운명manifest destiny에 따라 백인 미국인의 손에 쥐어진 그 땅에 살 권리가 없다고 여겨진다는 것을 파악해야 한다. 〈죠스〉의 상어 또한 마찬가지로 그곳에 있을 권리가 없는 외계 침략자로 취급되는 것이다.

§이접의 부당한 종합

이접적 종합의 부당한 사용이 미치는 고유한 영향은 문학과 문화를 통해 도처에서 볼 수 있는데, 앞 장에서 보았듯이 그것이 이데올로기 자체의 궁극적 형태이기 때문이다. 그래서 다음과 같은 질문이 생겨 『안티-오이디푸스』에 큰 활기를 불어넣는다. "어떤 영향이 주어졌을 때, 어떤 기계가 그것을 생산할 수 있는가?" 이 질문을 통해 우리가 다다르는 곳은 다소 놀랍게도 제임슨이 "변증법적 반전"이라 부르는 것, 즉 해결책 혹은 달성된 일로 보였던 것이 알고 보면 단지 변장된 질문에 불과한 역설적 효과다. 그것이 놀라운 이유는, 변증법에 대해 강한 반감을 피력한 유명한 들뢰즈의 선언을 고려했을 때 그러한 효과는 들뢰즈의 혐오 대상일 것이라 생각되기 때문이다. 하지만 『안티-오이디푸스』가 오이디푸스 콤플렉스를 다루는 이상, 그 전체를 하나의 긴 변증법적 반전이라 해석할 수 있다. 그것은 정신분석에 욕망의 기능 방식에 대한 문제의 해를 제공하고, 우리가 어떻게 그리고 어떤 조건하에서 스스로 오이디푸스화되었다고 생각하게 되었는지 물음으로써 또 다른 문제로 변형시킨다. 이 점에 관한 모든 의심은, 변증법적 분석의 좋은 예로서 마르크스의 『유대인 문제에 대하여』*On the Jewish Question*를 지지했다는 사실에 의해 불식된다(AO, 89/96). 이접의 종합은 '주체'라 여겨지는 효과와, 그 주체를 사회적인 것에 위치시키는 "소환"*interpellation*으로 알려진 부름*hailing* 효과를 동시에 생산하는 메커니즘이다. 모든 수동적 종합이 그렇듯이 이접의 종합도 정당한(포함적) 사용과 부당한(배타적) 사용 모두의 대상이 되며, 후자가 더 흔하다.

오이디푸스화된 주체 ─ 즉 자신의 성애가 아빠-엄마-나의 삼각관계에 의해 정의되는 주체 ─ 는 이접의 종합에 대한 부당한 혹은 배타적인 사용 효과의 완벽한 예를 제공한다. 오이디푸스는 동시에 두 방향으로 작용한다. 다시 말해 서로 다른 두 가지 타입의 이접적 종합을 수반하는 것이다. 첫째로 "오이디푸스는 우리에게 다음과 같이 알린다. 만일 네

가 아빠-엄마-나를 구별하지 않고, 그 윤곽을 그리는 배타적 대안에 따르지 않는다면, 너는 미분화의 암야에 빠지고 말 것이다"(AO, 87/93). 오이디푸스는 이 첫 번째 이원론을 강요하고 상상계의 미분화된 영역 대신 상징계의 분화된 영역(즉 상상과 환상이라는 유아의 영역 대신 언어와 표현이라는 성인의 영역)을 선택하도록 강제하고 나서, 타자는 자기와 근본적으로 다르다는 추정과 함께 두 번째 이원론, 즉 자기와 타자의 구별을 내면화하도록 강요한다. 오이디푸스는 "욕망으로 하여금 구별된 부모를 그 대상으로 할 것을 강요하고, 마찬가지로 구별의 요건이라는 미명하에 미분화의 위협을 내세우면서 그와 상관적인 자아로 하여금 그 부모로써 욕망을 채우는 것을 금지하는 것이다"(AO, 87/93). 이는 들뢰즈와 가타리가 식별한 정신분석의 다섯 가지 오류추리 중 두 번째에 해당한다. 문제인 동시에 해로서, 오이디푸스는 그레고리 베이트슨이 "이중구속"이라 부르는 것의 한 예가 된다(AO, 88/94). 이접의 종합에 대한 배타적 사용의 본질적 형식은 "이것이냐 저것이냐"다. 남자 혹은 여자, 젊음 혹은 늙음, 삶 혹은 죽음 등.

우리는 정신분석의 도처에서, 프로이트에게서 배타적 이접에의 애호가 드러나는 것을 보아 왔다. 그렇지만 분명 분열증은 우리에게 오이디푸스 밖의 특이적 교훈을 가르치고, 이접적 종합의 미지의 힘을, 더 이상 배타적이거나 제한적이지 않고 완전히 긍정적이고 비제한적이며 포함적인 내재적 사용을 드러낸 것이다. (AO, 84/90[141])

하나의 항을 부정하기 위해 다른 항을 사용하지 않고도 항들을 분리하는 이접. 이는 들뢰즈와 가타리가 인정하듯이 아마도 우리가 상상할 수 있는 최대의 논리적 역설일 것이다. 그 형식은 "이것이든 저것이든"이며, 들뢰즈와 가타리가 제시하는 실례처럼 베케트, 니진스키, 랭보 등 많은 작가의 작품에서 발견된다.

나는 신이고 신이 아니다. 나는 신이고 인간이다. 파생된 현실의 부정적 이접을 인간-신의 근원적 현실 속에서 넘어서는 것은 종합의 문제가 아니라, 한 항에서 다른 항으로 표류하면서 그리고 그 항들 간의 거리에 따라 그 자체로 종합을 이행하는 포함적 이접의 문제인 것이다. (AO, 86/92[144])

어떻게 이것이 가능한가? 모든 것은 항 그 자체를 어떻게 이해하는 가에 달려 있다. 들뢰즈와 가타리에 따르면, 분열증 환자에게 역사상의 이름들은 살아 있거나 죽은 사람들이 아니라 강도의 상태 즉 '효과'를 가리킨다. 신은 전능, 신성한 분노, 심판 등의 **감정**이고, 나폴레옹은 정복, 박해, 승리, 타파 등의 **감정**인 것이다.

이는 물리학에서 분명히 드러나는데, 예컨대 줄Joule 효과, 제베크Seebeck 효과, 켈빈Kelvin 효과처럼 고유명이 포텐셜 장 내의 어떤 효과들을 일컫는다. 역사도 물리학과 마찬가지다. 잔 다르크 효과, 헬리오가발루스 Heliogabalus 효과, 이것들은 역사상의 모든 **이름**이며 아버지의 이름이 아니다. (AO, 95/103[160])

이 이름들을 언급하면서 분열증 환자는 그들의 힘을 **느낄** 수 있고, 자신의 화신들로부터 "사기성 보험료"fraudulent premium를 징수하는 것이다(AO, 97/105). 그는 이 인물들과 동일시하거나 스스로를 자신이 지명하는 사람들로 여기지 않는다. 그들은 가능한 한 빨리 거쳐 지나갈 수많은 특이점들일 뿐이다.

> 분열증 환자는 죽었거나 혹은 살아 있는 것이며, 죽은 동시에 살아 있는 것이 아니라, 그가 활주하는 양쪽 간 거리의 종착점으로서 죽었거나 살아 있는 것이다. 그는 자식이거나 혹은 부모이며, 자식인 동시에 부모인 것이 아니라, 분해 불가능한 공간 속에 있는 막대기의 양끝처럼 서로 반대편에 있는 한 끝인 것이다. 바로 이것이 베케트가 자신의 작중인물들과 그들에게 닥치는 사건들을 등록하는 이접의 의미다. **즉 모든 것이 나뉘지만, 자기 자신으로 나뉜다.** (AO, 85/90~91 [142])

이런 의미에서 TV 멜로드라마는 바로 분열증적이다. 인기 있는 TV 커플은 "그들이 그렇게 될까 안 될까"라는 질문의 분해 불가능한 공간을 끊임없이 가로지르는데, 그 질문은 "이것이든 저것이든"과 극적으로 유사하다. 물론 이 분해 불가능한 공간은 탈기관체(혹은 알튀세르식으로 "자명면"plane of obviousness이라 부르는 것)이며, 모든 이접의 종합이 늘 거기서 작동하는 것이다. 그리고 모든 TV 프로듀서가 알고 있듯이, 이 분해 불가능한 공간을 창조하고 유지하는 것이 프로그램의 성공에 필수적이다. 이 공간 밖으로 나가는 순간 로맨틱한 커플은 지루해지고 그저 신경증적이게 된다. 이에 대한 아주 좋은 예로 브루스 윌리스Bruce Willis를 일약 스타로 만든 1980년대 TV 시리즈 〈블루문 특급〉*Moonlighting*을 들 수 있다. 그의 배역과 시빌 셰퍼드Cybil Shepherd의 배역 사이에 흐르는 긴장감은 그들이 공식 커플이 되기까지는 놀랄 만큼 극심하지만, 그 이후 극은 에너지를 전부 잃는다. 그들이 서로에 대한 애증을 그만두고 문제를 이성적으로 따져 보자고 동의하자마자 극의 핵심이 빠지는 것이다. 끊임없는 말다툼과 성적 추파가 핵심이었고, 그 분할 불가능한 공간은 극을 재밌게 만들어 주는 것이었다. 그들이 다툰 후 화해하고 시사적인 것으로 이행하기로 했을 때, 그들의 이접적 관계의 본성은 깊은 변화를 겪는다. 즉 포함적이고 비제한적이었던 것이 배타적이고 제한적이게 된다. 갑자기 그들의 감정은 명확히 규정되어야 했고(사랑이냐 증오냐), 행동도 분명히 명시되어야 했으며(섹스냐 아니냐), 그 과정에서 모든 강도는 허물어졌다. 이러한 관점에서 완벽한 조합은, 가령 〈X파일〉의 멀더Mulder와 스컬리Scully, 혹은 〈도슨의 청춘일기〉*Dawson's Creek*의 도슨Dawson과 조이Joey, 〈뱀파이어 해결사〉*Buffy the Vampire Slayer*의 버피Buffy와 엔젤Angel, 〈스몰빌〉*Smallville*의 클라크Clark와 라나Lana, 심지어는 〈스콜피온 퀸〉*Xena: Warrior Princess*의 제나Xena와 가브리엘Gabriele의 경우에서 볼 수 있듯이, 등장인물들이 욕망에 따라 연기하지만 그것을 절대로 인정하지 않을 때 탄생한다. 역설적이게도 욕망을 인정하지 않음으로써, 욕망은 카테고리에 갇혀 있어야 한다는 사회적 요구에 굴복하기를 거부함으로써 주체는 '사랑'이라 불리는 강도의 분해 불가능한 공간에 자유롭게 살 수 있다.

앞서 든 예에 내재된 실제 문제는, 어떻게 이접의 종합에서 탈기관체로 이동하느냐는 것이다. 문제가 복잡한 이유는, 탈기관체가 가진 진짜 힘이, 그것이 제기하는 문제(즉, 이접의 종합)가 오로지 그것이 명시하는 조건에 따라서만 해결될 수 있다는 것을 드러나게 하는 능력이기 때문이다. 따라서 자본주의 이데올로그들은 제3세계의 빈곤 문제를 인과관계의 문제 —— 너무 지나친 자본주의, 그리고 대안적 정치 모델의 부재의 문제 —— 가 아니라 분배의 문제 —— 가령 주민들이 하루 1달러 이하로, 즉 대부분의 서구인들이 기분 좋게 커피 한 잔에 쓰는 돈 이하로 살아가는 라고스Lagos 빈민촌과 같은 특정 지역의 불충분한 자본의 문제 — 로 표현한다. 이런 의미에서 자본은 문제인 동시에 해解다. 그래서 들뢰즈와 가타리는 이 교착상태에서 벗어나는 유일한 길은 문제와 해를 동시에 거부하는 것이라고 주장하는 것이다.[41] 이를 위한 가장 효과적인 방법은, (그에게서 또 다른 구체적 예를 빌리자면) 제임슨이 조지프 콘래드의 『로드 짐』 독해, 특히 '르상티망'의 테마 분석에서 보여 주듯이, 해를 하나의 정당한 문제로 취급하는 것이다. 위의 예는 우연하게 혹은 단지 편의적으로 선택한 것이 아니다. 제임슨이 『정치적 무의식』The Political Unconscious에서 논증하듯이, 텍스트가 무엇을 의미하는지 묻지 말라는, 들뢰즈와 가타리의 유명한 금지령은 "윤리비평"(제임슨의 용어)에 대한 금지로 읽혀질 수 있다. 윤리비평이란, 인간 실존(예컨대 '형이상학')이나 인간 본성(예컨대 '휴머니즘'), 둘 중 하나의 의미를 추궁하는 문학비평 및 문화비평이다.[42] 이 학설들 — 형이상학과 휴머니즘 — 모두 각각 데리다와 알튀세르에 의해 거의 절멸될 정도로 강력한 비판을 받아 왔지만, 그렇다고 일상에서 존재의 의미를 잃었다는 것은 아니다. 검증되지 않은 '의견'으로서 힘겹게 살아남아 있는 것이다.[43] "가장 좁은 의미에서 윤리적 사유는 인간적 '경험'의 변치 않는 특성을 드러내고, 개인생활 및 대인관계에 대한 일종의 '지혜'를 전달하는데, 개인생활이나 대인관계는 실제로는 집단 결속력 혹은

---

41 들뢰즈가 인터뷰의 질의응답 방식을 혐오하고 철학자들이 그 자신의 문제를 제기하도록 허용되어야 한다고 주장한 것은 유명한데, 위 점과 관련해서 그 이유가 설명되는 것이다.

42 F. Jameson. *The Political Unconscious: narrative as a socially symbolic act*, Ithaca: Cornell UP, 1981, p. 58.

43 『철학이란 무엇인가』의 독자는 알겠지만, 들뢰즈·가타리의 최종 기획은 그들이 의견의 폭정이라 간주한 것을 극복하는 데 바쳐졌다.

계급 응집도의 틀에 박힌 유형이 역사적·제도적으로 결정된 것에 불과하다."[44] 다시 말해 문화를 이해하기 위한 그러한 접근들은 욕망하는 생산의 실제 작업을 '효과들'의 연막 뒤로 가려 버리는 것이다.

기대할 수 있듯이, 제임슨의 출발점은 콘래드 소설의 동기가 자명하다고 인정하지 않는 것이다. 아마도 그 이야기의 초점은, 파트나Patna 호의 에피소드(여기서 짐Jim은 침몰하지도 않는 배 밖으로 뛰어내려 바닷사람으로서의 체면이 깎인다)에 따른 짐의 명예상실과, 치욕을 씻는 동시에 자존심을 회복하기 위해 처음에는 대담한 수상 잡화상이 되고 나중에는 (그리고 결정적으로) 파투산Patusan 습격에 맞서 이타적 용기를 보여 주는 굴곡진 노력에 있을 것이다. 콘래드의 작품은 때로 표현주의적이라 묘사되는데, 그에게 스토리는 전형적으로 ─ 들뢰즈가 니체에 관한 저작에서 전개한 개념을 사용하면 ─ 개념(예컨대 명예)의 극화를 뜻하며, 상당히 자의식적이다. 하지만 제임슨이 주장하듯이, 만일 이에 동의한다면 콘래드의 이데올로기적 봉쇄 전략에 동의하는 것이 되고, 그가 부추기는 "자명면"에 자발적으로 현혹되는 것이다. 이 유혹에 맞서기 위해 제임슨은 다음과 같이 자문하기를 제안한다. "자본주의가 전성기를 누리는 시점에 우리는 왜 판이한 생산양식에서 비롯된 사회적 가치 ─ 명예라는 봉건적 이데올로기 ─ 의 문제들에 대한 심미적 재연이 아무런 정당성 없이 우리의 관심을 끌 것이라 가정해야 하는가."[45] 제임슨이 말하려는 것을 들뢰즈·가타리에 기대어 표현하면, 만일 표층 수준에서의 이접의 종합 즉 짐의 명예에 관한 문제와 더 깊게 설정된 수준에서의 탈기관체 간 관계의

---

44 F. Jameson, *The Political Unconscious*, p. 59.
45 Ibid., p. 217.

본성을 고려하지 못한다면, 『로드 짐』에서 정말로 무슨 일이 벌어지는지 오해하리라는 것이다. 그것은 먼저, 우리는 왜 짐의 명예를 문제로 삼아야 하며, 또한 실제로 왜 납득할 만한 다른 쟁점들이 대신 우리의 주목을 끌지 않느냐는 물음이다. 어느 특정한 이접의 종합과 그것이 작동하는 탈기관체 간 관계의 본성을 밝히는 것이, 내가 "변증법적 반전"의 들뢰즈적 등가물이라 부르는 것이다. 제임슨이 설명하듯이, 이것은 우리가 이접적 종합의 개념적 이율배반을 아래서부터, 이를테면 역사적 컨텍스트의 수준에서 하나의 모순으로서 파악하기를 요구한다.[46]

이처럼 낯설게 제시된 들뢰즈의 사유를 설명하기 위해, 들뢰즈와 가타리가 (두 번이나) 탈기관체를 삼단논법의 달인으로 표현했다는 것을 상기시켜야겠다(AO, 14/19; 84/90). 이를 통해 탈기관체는, 윤리적 이항대립 등에서 볼 수 있는 한 쌍의 대립항을 통합하고 해결하는 제3의 항 혹은 초월적인 항으로서 나타난다는 의미다. 더욱 분명한 논의를 위해 또 다른 구체적인 예로 선악의 구별을 들어 보자. 니체가 보여 주었듯이 이 구별은 갑자기 나온 것이 아니다. 그것은 활동과 행위에 가치를 부여할 수 있다는 생각뿐만 아니라 그렇게 행할 권력과 욕망까지도 전제하는 것이다(NP, 119~122/136~140). 선악의 결정은 자명한 것이 아니라, 예외 없이 권력자의 이해관계에 따른다. 오늘날 미국에서는 기독교 근본주의가 선으로 찬미되고 다른 모든 종교의 근본주의, 특히 이슬람 근본주의는 걷잡을 수 없는 악으로 매도된다. 권력자는 선악의 삼단논법을 사용하여 자신의 이익을 숨긴다. 마치 구별의 근거가 분명한 것처럼 행동함으로써(알튀세르적 의미에서 이미 언급했다) 권력은 그 행동이 아무리 지독할

---

46 Ibid., p. 117.

지라도 승인할 수 있다. 단지 보편적으로 인정되는 객관적 구별에 따르는 것이라 주장하면 그만인 것이다.

우리는 미국이 2003년 이라크를 침공하면서 민주주의와 자유를 지키기 위한 예방 차원의 행동이었다고 정당화한 것을 목격했다. 제임슨이 말하듯 "권력과 지배의 구체적인 구조를 이데올로기적으로 매개하고 정당화하는 수단이 바로 윤리학 자체라는 것을 이해할 수 없다면, 우리는 니체의 사유가 가진 돌파력을 잊고, 그에 얽힌 중상적이고 악의에 찬 모든 것을 잃게 된다".[47] 제임슨은 그 돌파력을 니체 자신에게까지 확장하여 문제에 대한 니체의 해, 즉 우리를 "선악의 저편"(의심의 여지 없이 그의 가장 유명한 슬로건)으로 이끌고자 했던 그의 유명한 "모든 가치의 재평가"는, 윤리적 이항대립이 애초에 왜 필요했는지에 대해서는 손을 놓는다고 주장한다.

여기서 제임슨에게 문제인 것은, 선악의 이항대립이 어떻게 세워졌는지 설명할 니체의 르상티망 이론이다. 니체에 따르면, 자선, 인종忍從[묵묵히 참고 따름], 금욕 등의 기독교 사상은 노예근성의 결과이며, 그 목적은 반작용(예컨대, 가난한 자에게 기부하기)을 작용에 대한 유일하고 믿을 만한 형태가 되게 함으로써 강자를 거세하는 것이다. "르상티망은 약자로서는 약자의 승리이며, 노예로서는 노예의 저항과 승리다."(NP, 117/134) 니체는 르상티망을 강자 — 아니면 적어도 강해질 사람 — 로 하여금 반작용이 아니라 작용을 못 하게 하는 정신 혹은 힘이라 생각한다.

니체의 역사관 전체, 그리고 그의 역사적 거대서사는 이 명제를 축으로

---

47 Ibid., p. 114.

조직되어 있고, 여기서 윤리 일반, 특히 유대-기독교의 전통은 주인에 대한 노예의 복수로, 이데올로기적 책략으로 진단된다. 이를 통해 노예는 주인에게 노예근성 ── 자선의 에토스 ── 을 감염시켜 그에게서 타고난 활기와 공격적인, 실은 귀족적인 오만함을 박탈하려는 것이다.[48]

하지만 바로 이 점에서 니체에 대한 제임슨과 들뢰즈의 견해가 엇갈린다. 제임슨에게 니체 사상의 이차적 각색 ── 예컨대 텐H. Taine에게서처럼 ── 은 심층에 있는 정치적 목적을 드러내는 것인데, 그것은 노골적으로 말해서 바로 "반-혁명적"인 것이다. 우파가 개별 고용계약이라는 이른바 고결한 이기주의를 자유의 승리라고 축하하면서, 단체 교섭력을 행사하여 더 나은 근로환경을 얻어 내려는 것은 이기적 행위라고 노동조합을 폄하하는 것을 생각해 보라. 두 경우 모두 약자에 대해서 강자가, 약자로서의 약자의 승리라는 르상티망 이론을 추정상 객관적 가치라는 명목으로 동원하는데, 그 가치의 배후에는 이익이 숨어 있다. 그때 르상티망은 혁명적 충동의 '흐름'을 코드화하여 스스로 불명예스럽게 보이려는 하나의 수단이다.[49]

이것이 『로드 짐』을 이해하는 데 어떤 도움이 될까? 명예의 문제는 필연적으로 르상티망의 테마를 환기시키는데, 특히 소설이 씌어졌을 당시 지식계에서 발군의 위치에 있었기 때문이다. 짐은 실추된 명예를 되찾기 위해 먼저 바다를 정복해야 했고, (앞서 언급했듯이) 거침없이 실행에 옮겼다. 대담한 잡화상이 되어 아무리 궂은 날씨라도 예외 없이 제일 먼

---

48 Ibid., p. 201.
49 바디우는 역사상의 그러한 순간들을 "테르미도르적"(Thermidorean)이라 부르면 유용할 것이라 제안한다. A. Badiou, *Metapolitics*, trans. J. Baker, London: Verso, 2005, p. 136.

저 배가 있는 항구로 나갔다. 하지만 이것만으로는 부족하다. 완벽한 변신을 위해서는 인간 적수가 필요하고, 불길한 '르상티망의 인간'homme de ressentiment인 '신사' 브라운Brown이 상황에 딱 들어맞는다. 그는 맞서려는 아주 미미한 시도조차 긍정적으로 해석될 수 있는 악의 순수한 형태다. 참 교훈적이게도 콘래드는 브라운을 "어두운 권력의 눈먼 공범"이라 부르면서 자신의 서사학적 역할뿐만 아니라 내면까지 드러낸다.[50] 그는 짐에게 마침내 자신보다 타인의 안녕을 더 중시하고 명예를 만회하기 위해 행동하도록 강요할 필요가 있었다. 다시 말해 짐과 신사 브라운은 '명예'라 불리는 탈기관체 위에 영역을 표시하며, 텍스트는 말로Marlow라는 염세적인 대변인을 통해 명예를 배타적이고 제한적인 방식으로 다루도록 끊임없이 촉구하면서 마치 그들이 실제로는 동일한 충동의 산물이 아닌 것처럼 꾸민다. 그 충동이란, 개인의 행위에 관한 안심할 만한 기사도적인 이야기 아래 자본주의의 에이전시를 숨겨놓고 일상의 구조적 변화에 관한 지식을 침수시키려는 욕망이다. 또한 독자인 우리는 르상티망으로 너무 가득 차 있어 짐이 이룬 성취의 진짜 위업을 높이 평가할 수 없다고 전가된다.[51] 그렇다면 분열증적 독해는 내가 언급한 변증법적 반전을 일으켜 짐과 브라운 사이의 간극을 분해 불가능한 공간으로, 그들의 관계를 포함적이고 비제한적으로 다루는 것이다.

§ 통접의 부당한 종합
『로드 짐』이 들뢰즈·가타리적 의미에서 분열증적 텍스트의 한 예가 아

---

50 J. Conrad, *Lord Jim*, London: Penguin, 2000, p. 304.
51 Ibid., p. 209.

니라, 위에서 간단히 묘사한 것처럼 그저 분열증적 독해만이 가능한 이유는, 그 핵심이 통접의 부당하고 분리적·일대일대응적인 사용에 지배되고 있기 때문이다. 그 소설을 통해 ──사실상 그가 짐을 처음으로 보게 된 순간의 서술을 통해 말로가 제3의 길에 대해 내리는 판단이 이야기 전체를 단정짓는다. "그는 제대로 된 부류였다. 우리의 동지였다."[52] (내가 보기에 이것은 통접의 종합의 본질적 형식인 "바로 나라고!"를 삼인칭으로 치환한 것에 불과하다.) 동일한 판단이 더 이른 시기에 나온『암흑의 핵심』*Heart of Darkness*에도 동기를 부여했다. 말로에 대한 안내 역할을 하는 이 소설은 콘래드가『로드 짐』을 돋보이게 하도록 의도한 것이었다. 커츠 Kurtz 또한 사실 로드 짐이다. 차이점이라면 그가 신사 브라운이기도 하다는 것이다. 커츠와 그의 타자 사이에 분해 불가능한 공간이 부재하다는 점이『암흑의 핵심』을 감응적 수준에서 차별된 것으로 만들지만, 그 구조는 똑같다고 강조하고 싶다. 커츠 또한 "우리의 동지"였다. 콘래드의 통찰력은 후자가 전자를 산출한다는 것으로, 들뢰즈와 가타리의 분석과 완벽히 일치한다.

> 오이디푸스(즉, 우리가 '우리'로 끌어들이는 '것')가 이런 종류의 국가주의적, 종교적, 인종주의적 감정에 의존하는 것이지 이 감정이 오이디푸스에 의존하는 것은 아니다. 아버지가 지도자 속에 투영되는 것이 아니라 지도자가 아버지에 해당되는 것이다. 그리하여 "너는 네 아버지를 넘어서지 못할 것이다"라고 말하거나, "너는 네 아버지를 억누르고 우리의 조상을 상기할 것이다"라고 말하는 것이다. (AO, 114/123[187])

---

52 Ibid., p. 100.

이 국가주의적, 종교적, 인종주의적 유형의 분리는 오이디푸스의 귀결이 아니라 그 전제조건이라고 들뢰즈와 가타리는 주장한다. 사회적 장場은 "과장된 의고주의, 인물이나 정령으로 체현되는 인종과 같은 것을 전제함으로써만 가족적 유대로 환원될 수 있다. 그래, 나는 당신들의 동지다"(AO, 114/123). 앞으로 살펴보겠지만 이는 궁극적으로 들뢰즈와 가타리가 "집단 환상"이라 부르는 것의 문제가 된다─통접의 정당한 종합과 부당한 종합은 그 반-혁명적 극과 혁명적 극에 부합된다.

> 집단 환상의 개념이 (장 우리Jean Oury를 중심으로 모인 라 보르드 팀의 작업을 통해) 제도 분석의 관점에서 정교하게 고안되었을 때, 첫 번째 과제는 집단 환상이 개인 환상과 본질적으로 어떻게 다른지 보여 주는 것이었다. 집단 환상이 현실적인 한에서의 사회적 장을 정의하는 '상징적' 분절과 분리될 수 없는 한편, 개인 환상은 사회적 장의 총체를 '상상적' 소여들에 끌어넣는다는 것이 분명해졌다. 이 첫 번째 구별이 연장되면, 개인 환상 그 자체는 현존하는 사회적 장과 연결은 되어 있지만, 그 사회적 장을 상상적 성질이라는 형태로 파악한다는 것을 알 수 있다. 이 상상적 성질이 사회적 장에 일종의 초월성 혹은 불멸성을 부여하고, 개인 즉 자아는 이를 은신처로 삼아 허위 운명을 연기하게 된다. 그래서 장군은, 군대는 불멸하기 때문에 자신은 죽어도 아무 상관 없다고 말한다. (AO, 70/73[118])

짐에게 명예회복이 중요한 이유는, 명예 없이는 그 불멸이라는 위안을 가질 수 없기 때문이다. 들뢰즈와 가타리에 따르면, 우리가 숭배하는 제도의 불멸은 자아 속에 다음과 같은 것을 설치하는 심리적 벡터다.

억압의 모든 투자들, 동일화, '초자아화', 거세와 같은 현상들, 또 모든 욕망-체념(장군 되기, 하층 간부, 중간 간부, 혹은 상층 간부 되기). 그리고 이 사회질서를 위해 죽겠다는 체념도 포함되는 한편, 죽음 욕동 그 자체는 외부로 투사되고, 타자들에게서 등을 돌리게 된다(외국인에게 죽음을, 우리의 동료가 아닌 자들에게 죽음을!). (AO, 70/74[118])

들뢰즈와 가타리가 여기서 묘사하는 것처럼 우리가 가족적 방식으로 제도와 동일화하는 것은, 오이디푸스는 보편적 실재이므로 이 방식으로만 권력과 관계될 수 있다는 사실에 기인하는 것이 아니다. 우리가 군대를 아빠로 생각하게 된다면, 이것이 우리를 순종하게 하는 데 매우 효과적인 방식임을 권력이 학습했기 때문이라는 것이 들뢰즈와 가타리의 논점이다. 그렇기 때문에 오이디푸스는 어디에나 있는 것처럼 보이며, 이 것이 쓸모가 있는 것이다. (다음 절에서 더 자세히 다루겠지만,『안티-오이디푸스』에서 제기되는 가장 중요한 역사적 문제는, 우리가 어떻게 오이디푸스에 약해졌냐는 것이다.)

집단 환상의 혁명적 극이 나타나는 것은 제도 자체를 언젠가는 죽을 것으로서 경험하는 역능 속에서다. 또한 죽음 욕동을 참된 제도적 창조성으로 바꾸면서 욕망과 사회적 장의 분절에 따라 제도를 파괴하거나 변화시키는 역능 속에서다. 왜냐하면 혁명적 제도와, 기성 질서 내에서 법에 의해 제도로 전달되는 거대한 타성을 구별하는 기준 ── 적어도 형식적인 기준 ── 이 바로 여기에 있기 때문이다. 니체가 말하듯이 교회, 군대, 국가 ── 이 개들 가운데 누가 죽고 싶어 하는가. (AO, 70~71/74 [118])

모든 식민지 작가들 ─키플링Rudyard Kipling부터 콘래드, 포스터E.
M. Forster까지─이 이것을 가장 두려워하지 않았었나? 제국 및 그 모든
제도가 언젠가 죽을 뿐만 아니라 불행히도 너무나 인간적이기까지 하다
는 것을? 이것은 불멸의 제국의 실재적 현실까지는 아니더라도 환상 정
도는 끊임없이 받쳐줘야 할 "백인의 책무"가 아닌가? 바로 커츠가 죽기
직전 내뱉은 "끔찍해the horror, 끔찍해"가 아니었던가? 그리고 포스터의
전형적 훈계가, 집단 환상과 제대로 연결되기를 몹시 욕망하는 개인 환상
의 필사적인 애원으로서, 불멸의 감정을 부여하고 자아의 불안을 없애 줄
수 있는 어떤 것과 '그냥 연결하는' 것을 볼 수 없는가? 집단 환상은 우리
의 삶을 배타적이고 제한적인 방식으로 이끌리게 하는 여러 이접의 종합
들에 통합되는데, "인칭적 자기동일성은 잃었지만 특이성들을 잃지 않은
각 주체가 부분대상(연접의 종합)에 고유한 소통으로써 다른 주체와 관
계를 맺는다는 의미에서 그렇다. 각 주체는 탈기관체 위에서 다른 주체의
몸속으로 들어간다"(AO, 71/74).

미개인들, 야만인들, 문명인들

> 이런 이유로 정신분열 분석의 목표는 다음과 같다 : 경제적·정치적 영역에 있어서
> 리비도적인(libidinal) 투자들의 특유의 본성에 대해 분석하는 것. 그리고 그렇게 함
> 으로써 욕망하는 주체에 있어서 어떻게 욕망이 그것 스스로의 억압을 욕망하도록
> 만들어질 수 있는지 보여 주는 것 ─ 그곳에서 죽음의 역할은 욕망을 사회적 영역
> 으로 연결하는 순환[회로] 속에 처하게(drive in) 된다.
> ─질 들뢰즈·펠릭스 가타리, 『안티-오이디푸스』

그렇다면 어떻게 우리는 경제적·정치적 영역에 있어서 리비도적인 투
자들의 특유의 본성에 대해 분석하는 것을 진행해 나갈 수 있을까? 그

것은 우리가 '경제적인, 정치적인, 그리고 종교적인 것들을 그것들 자체를 위해 리비도에 의해 투자된 것들'이지 '엄마-아빠'로부터 나온 파생물들이 아니라는 사실을 파악하는 지점에 도달하는 것을 의미한다(AO, 200/216). 이 지점에 도달하는 것은, 들뢰즈와 가타리에 따르면, 두 단계의 과정operation으로 이루어진다. 첫째로, 우리는 사회 제도들 또는 그들이 '몰적인 축적'molar aggregates이라고 부르는 것을 연구하고 그것들이 무엇을 의미하는지 연구할 필요가 있다. 둘째로, 우리는 '몰적인 합계들'을 구성하고 동기부여 하는 다양한 욕망기계들desiring-machines을 이루는 '분자 요소들'을 찾아봄으로써 이 '몰적인 합계들' 너머로 혹은 아래로 들어갈 필요가 있다.

> 우리는 이 기계들이 작동하는 방식을 찾으며, 어떻게 그것들이 그것들로부터 광범위하게 구성되는 사회 기계들에 투자하고 불충분하게 결정하는지를 찾는다. 우리는 그러고 나서 더 이상 어떤 것도 재현하지 않는 생산적이고, 분자적이며, 미시논리적이고micrological, 미시물리적인 무의식의 영역에 도달한다. (AO, 200/216[316])

이러한 생산적 무의식의 영역에서, 성sexuality은 전체적인 혹은 전 지구적인 개인들 사이의 관계들의 문제이기를 그만두고, 그 대신 세 가지 종합에 힘을 불어넣는 분자적 에너지로 정의된다.

욕망기계들은 정확히 이러하다. 무의식의 미시물리학이며, 미시무의식의 요소들이다. 그러나 그러한 것으로서 그것들은 결코 역사적인 '몰적인 합계들'과도, 그것들이 통계적으로 구성하는 거시적인 사회 구성들과도 독립적으로 존재하지 않는다. 이런 의미에서 보면 오직 욕망과 사회적인 것이 있을 뿐이다. 경제적·정치적·종교적 등등의 구성들에 대한 의식적인 투자들 아래에, 무의식적인 성적인 투자들, 미시 투자들이 있으며, 그 투자들은, 욕망은 사회적 장 안에 현존하며, 그것이 매여 있는 통계적으로 결정된 영역으로서의 이 장을 욕망 자신에게 연결시킨다는 방식을 증명한다. (AO, 200/216[317])

인정하건대, 방법론적인 설명들이 전개되면서, 이것은 우리에게 다룰 수 있는 것에 대해서는 거의 주지 못하지만, 최소한 그들의 사회적 존재론에 관한 단서를 제공하며, 그것은 시작하기에 매우 유용한 지점이다.

사회 기계들에 대한 이러한 역사는 이중의 목적을 가진다. 한편으로 그것은 자본주의에서의 존재가 되는 것에 대한 설명이며 다른 한편으로는 욕망의 현시대적 구조에 대한 계보학이다. 세 가지 체제들 — 원시적·영토적 체제, 전체적 체제, 그리고 근대 자본주의 체제 — 은 라캉의 삼분적 구조의 실재계the Real, 상징계the Symbolic, 그리고 상상계the Imaginary 라는 세 부분들에 부합한다. 아마도 이러한 계보학의 가장 충격적인 측면은 그들이 상징계를 잠복기latency의 영역으로, 그리고 상상계를 욕망의 궤도의 현실화로 재배치한 점일 것이다. 그들의 결론은 정확히 다음과 같은데, 현시대의 사회에서 욕망은 엄마-아빠-나라는 복제적인 우주 속에서 덫에 빠져 있다(AO, 286/315). 들뢰즈와 가타리가 『안티-오이디푸스』는 라캉을 지원할 목적이었다고 말했을 때, 그들이 의미한 것은 이러했다: 그들은 그의 개념들을 역사 속에 근거를 두었다. 따라서 라캉이 그 스스로는 대답하지 않은 채 내버려 두었던 질문, 즉 그의 개념들의 계보학에 대한 질문에 대답하면서(AO, 290/319) 절차에 있어서, 그들이 보여 주려고 했던 것은 자본주의 그 자체가 욕망의 더럽고 작은 비밀로서의 오이디푸스를 낳았다는 것이다. 그 목표는 욕망이 무죄임을 밝히고 그것의 무죄를 주장하는 것에 있지 않으며, 그러나 그것이 본래 본성상 사회적이라는 것을 보여 주는 데 있다.

> 그렇다. 오이디푸스는 그럼에도 불구하고 욕망의 우주이며, 우주적인 역사의 생산물이다. ─그러나 이는 프로이트에는 나타나지 않는 한 가지 조건하에서만 그렇다. 그것은 오이디푸스가 최소한 어느 정도까지는 그것의 자기비판을 수행할 수 있다는 것이다. 우주적인 역사는 신학에 불과하다. 만약 그것이 우연적인 특이한singular 존재, 그것의 아이러니, 그리고 그것 자신의 비판의 조건들을 장악하지 않는다면 말이다. 그렇다면 자기비판이 가능하고 필수적이 되는 이러한 지점, 이러한 조건들은 무엇인가? 친숙한 환원 아래에서 무의식의 사회적 투자들의 본성을 발견하는 지점, 개인적인 공상 아래에서 집단적인 공상들의 본성을 발견하는 지점 말이다. (AO, 294/323[455])

마침내 이 장에서 착수하려는 것은 이것이다 : 그것은 라캉의 삼분법에 의해 대표되는 욕망의 개인화(인격화personalization)가 기원의 문제가 아니라 사회 기계의 효과라는 것을 보여 준다.

사회 기계들의 존재론

사회 기계들은 통계적으로 구성되어 있으며, 다수의 법칙을 따른다(AO, 316/342). 들뢰즈와 가타리는 이를 통해 무엇을 말하고자 하는가? 그것은 다음과 같은 것을 암시하는 코드code 구절인데, 즉 사회적 구조화가 욕망기계들의 축적 또는 집합에 의해 발생되지만, 그러나 이러한 과정의 순수 결과는 직선적인 방식으로 이해될 수 없다는 것이다. 『천의 고원』에서 그들은 인구증가율에 따라 사회 발전을 파악하는 역사에 관한 태생적 관념론을 비판하는 다윈주의적Darwinian 접근을 취한다. 사회 형태란 인구에 선행하거나 이미 존재하는 것이 아니며, 그것은 그저 통계적 결과를 선호할 따름이다.

따라서 체세포배아발생과 계통발생 사이의 관계는 역전된다. 배아는 닫힌 환경 속에서 미리 정해져 있는 절대적인 형식에게 (스스로를) 입증하지 않는다. 오히려 인구의 계통발생이 열린 환경 속에서 미리 정해져 있지 않은 상대적인 형식들로부터 내키는 대로 선택할 수 있다. (ATP, 54/64[101])

마찬가지로, 발달의 정도는 이미 존재하는 견본이나 모델에 반反하여 완벽함의 정도를 측정하는 것이 아니라 최종 결과를 알 수 없는 다소간의 지속적 운동 속에서 펼쳐지는 평형 상태를 말한다. "정도들은 더 이상 증가하는 완벽성 또는 분화differentiation라는 점으로서 측정될 수 없으며, 부분들의 복합성이라는 면에서 증가하지만, 그것들은 선택압(도태압), 촉매 작용, 번식 속도, 성장률, 진화, 변이 등과 같은 미분적 관계들과 미분계수들의 면에서 측정된다."(ATP, 54/64) 들뢰즈와 가타리가 여기서 핵심적으로 주장하는 것은 이러하다. 미세한 개체들의 운동은 조합되면서 거대한 개체들을 생산하며, 거대한 개체들은 이어서 저 똑같은 미세한 개체들에게 적응하고 변할 것을 강요하면서 반응한다. 이것에 대한 간단한 사례로, 우리는 군중이나 무리, 떼라는 개념들을 살펴볼 수 있다. 셋 모두는 x명(마리)의 개체들로 구성되는데, 그 개체들은 스스로 있을 때에는 집단 속에 있을 때와는 상당히 다르게 행동한다. 다른 식으로 말하자면, 이 세 형태들의 개별적 요소들의 제멋대로의 행동은 군중, 무리, 떼의 행동에 대한 신뢰할 만한 요소가 아니다. 잘 알려진 바와 같이, 완벽하게 유순한 남녀는 군중에 휩쓸림과 동시에 기이할 정도로 용기 있게 혹은 똑같이 기이할 만큼 폭력적으로 행동할 수 있다.

그러나 군중들은 그것들이 순간과 함께 살고 죽는 사람들의 단명하는 모임인 한에서는 참된 사회구성체social formations가 아니다. 오히려 그것들은 현존하는 사회제도를 에워싸서 익사시킬 수 있는 가능성을 가진 사회구성체들의 한계점들limit-points, 순간들 혹은 파열에 더 가깝다. 그리고 들뢰즈와 가타리의 저작에 걸쳐서, 특히 정신분열적 섬망schizo delirium에 대한 그들의 설명에서, 군중, 군집 혹은 무리는 전형적으로 반-사회적 형태의 한 종류, 내부적 결합들이 후기자본주의 시대 안에 있는 부르주아 사회의 그것들과는 다르게 구성되는 한 형태의 집단성으로서 기능한다. 참된 사회구성체들은 군중들보다 더 오래 지속하며, 바로 그들이 어떻게 오랫동안 지속하는지에 관한 문제, 혹은 오히려 그들이 즉흥적인 침입과 같은 군중들보다 어떻게 더 오래 지속하도록 만들어졌는지가 『안티-오이디푸스』의 이 챕터에서 중심이 된다. 이와 관련한 들뢰즈와 가타리의 논지는, 세부 사항에 있어서는 복잡하더라도, 그것의 요지에 있어서는 사실 비교적 단순하면서도 낯설다; 사회구성체는 욕망의 코드화coding와 흐름을 생포함으로써 존재하게 되고 지속된다. 그들은 바로 이러한 의미에서 기계들이지만, 정의된 과업을 수행하는 인간의 역량을 확장하는 기술적인 기계들과 달리 사회적 기계들은 인간 그 자신을 그것들의 기제mechanisms 속으로 포함한다(AO, 155/165). 구성체들은 작은 규모의 모임에서 큰 규모의 모임으로, 혹은 심지어 한 개인에서 국가 전체로 단순히 규모를 확장하는 문제가 아니다. 들뢰즈와 가타리가 마누엘 데란 다Manuel DeLanda의 '배치이론'Assemblage Theory에 영감을 주었다고(그러 나 선뜻 그 자체의 독창성을 인정하면서도) 주장되지만, 그 이론이 사실 '규 모 확장'의 이론에 지나지 않음을 여기서 볼 수 있다.[53] — 데란다가 들뢰 즈와 가타리의 이론에서 절취한 것은 두 욕망-생산desiring-production 체 제 사이의 외적 차이difference in kind다. 즉, 그것의 '자유노동' 혹은 정신분 열 단계schizo phase의 욕망-생산과 그것의 '원시적 축적' 단계의 욕망-생 산 말이다. 그는 데이비드 흄에 관한 첫 번째 책에서부터 관계는 그것들 의 조건에 외부적임이 들뢰즈의 교설의 부분이 되어 왔음을 정확하게 강 조한다. 그러나 그는 들뢰즈가 '내재성의 장'field of immanence이라고 언급 하는 것에서(정신분열적 섬망에서 경험할 수 있는 것과 같은) 조건들은 선 험적 분야에서와 같이 기능이 멎는다는 사실을 잊고 있다. '내재성의 장' 에서는 조건들 그 자체가 단순히 욕망이 통과하는 강도인 한에서 모든 관 계는 조건에 내부적이다(TRM, 384~389/359~363). 정신분열적 섬망으 로부터 사회적 장으로 나아가는 '규모의 확장'은 없다. 대신, 변화가 일어 나기 위해서는 욕망-생산 체제 전환을 야기해야만 한다. 다시 말해서, 데 란다가 들뢰즈와 가타리로부터 삭제하는 것은 욕망 그 자체이다.[54]

욕망-생산의 첫 번째 생포, 즉 사회적 기계는 영토적 기계였다. 이 른바 '원시 종족들'에 의해서 발명된 이것은, 오랫동안 죽은 줄 알았지만 어찌해서 우리와 아직도 함께하는 무언가와 같이 오직 망령으로서 이곳

---

53 M. DeLanda, *A New Philosophy of Society: Assemblage Theory and Social Complexity*, London: Continuum, 2006, pp. 10~19.
54 이 점의 중요성에 관해서는 다음 절에서 욕망의 포획을 논하는 곳에서 상세히 다룬다.

저곳에 살아 있을 뿐, 이제 온 지구에서 거의 사라졌다. 자본주의는 그것에 선행한 영토의 기계들과 같은 사회구성체들의 폐허를 기반으로 삼았으며, 그것들[영토의 기계들]의 핵심이 제거된 구조들을 자신[자본주의]의 목적을 위해서 동원하였다. 바로 이러한 의미에서 들뢰즈와 가타리는 "마르크스에 의해 만들어진 규칙들이 정확히 이어진다는 것을 전제하고 자본주의를 고려하여 역사를 이해하는 것"이 적절하다고 주장한다(AO, 153/163). 주로, 이것은 역사가 필연적이지 않고 우발적임을 인식함을 의미한다(그것의 필연성은 언제나 사실 다음이다). 즉, 그것이 한 종류의 사회로부터 다른 것으로, 혹은 결핍된 조건으로부터 풍부로의 논리적인 이행이 아니라 사고, 불행, 모임의 변경들, 그리고 예상치 못한 종합의 긴 연속을 구성함을 말이다. 특히, 그것은 역사가 불연속적이며, 연속과 진보가 아닌, 파열과 한계들, 깨어짐과 변화로 이루어져 있음을 인식함을 의미한다.

> 왜냐하면 위대한 사건들은 필연적이고, 놀라운 맞닥뜨림인데, 그것들은 흐름들이 코드화coding되는 것을 피하고, 또 피함에도 불구하고 자본주의적 소키우스의 규정을 낳는 새로운 기계를 만들어 내기 위해서, 다른 곳에서 발생할 수도, 이전에 발생할 수도, 또는 발생하지 않았을 수도 있었을 것이다. (AO, 154/163[246])

그리고 좀 더 자세히 들여다보겠지만, 이에 뒤따르는 것은 정확히 들뢰즈와 가타리가 자본주의 형성의 역사라고 서술하는 방식이다. 들뢰즈와 가타리의 사회 구조들의 계보학에 대한 전체적인 설명을 구조화하는 그들의 가설은 이러하다. 자본주의는 원시인들의 사회를 파괴할 것이라고 알려져 있었고, 그들의 의례들rituals은 이러한 위협으로부터 그들을 보호하기 위해 고안되었다. "만약 자본주의가 세계적인 진리라고 한다면, 그것은 자본주의가 모든 사회 구조들의 부정the negative이라는 의미에서 그러하다."(AO, 168/180) 따라서 자본주의에 선행하는 두 체제들인 영토적 기계와 전제적 기계는 그 구조들이 자본주의의 자유롭게 유입하는 흐름들의 침입을 억제하도록 설계되었다는 점에서 (헤겔의 개념을 사용하자면) '부정의 부정'으로 이해될 수 있다.

이 가설은 세 구성 요소들을 갖는다. 첫째로, 우리가 인간으로서 집단들 속에서 살기를 원하는 것처럼 보인다는 점에서 그것은 욕망이 본질적으로 본성에 있어서 무리적이라는gregarious 것을 상정한다. 들뢰즈와 가타리는 이 지점에서 고전적으로 변증법적인 방식, 즉 헤겔이 부정의 길을 경유한다고 불렀던 방식via negativa에 도달한다. 만약 욕망이 무리적이지 않다거나 그야말로 사회의 기반 시설의 부분이 아니라고 한다면, 어떻게 사람들이 자신들의 억압을 위해 싸울 수 있는지 우리는 설명할 수 없을 것이라고 그들은 추론한다. 그러나 같은 이유에서, 욕망은 결합은 아닌데, 그것은 집단을 함께 모이게 할 수는 있을지라도 필연적으로 그 집단이 견딜 수 있게 하지는 않을 것이다. 인간은 이런 의미에서 자연적 인간Homo natura이면서 역사적 인간Homo historia이다. 두 번째 상정은 이러하다. 욕망은 지속적인 공동성을 생산해 내기 위해 훈련되어야만 한다(AO, 208/227). 이러한 이유로 자본주의에 선행하는 모든 사회 구조들은 욕망의 흐름을 위험한 것으로 보았고 그들은 이러한 위험을, 들뢰즈와 가타리가 '코드화'라고 부르는 실행practice을 통해 다루었던 것이다. "여성과 아이들의 흐름들, 무리들의 흐름들과 씨앗, 정자의 흐름들, 변shit의 흐름들, 월경의 흐름들 그 어느 것도 코드화를 벗어나서는 안 된다."(AO,

세 번째 상정은 이러하다. 욕망은 코드화codification에 의해 사회화된다. 여성, 아이들, 무리들, 씨앗, 정자, 변, 월경혈 등은 신으로부터 내려진 선물들로 변형되거나 다른 상징적인 가치들을 부여받고, 그렇게 함으로써 그것들에는 이전에는 가지지 않았던 사회적인 기능이 주어진다. 이것이 코드화의 가장 기초적인 내용이다. 들뢰즈와 가타리가 우리가 무언가의 의미에 대해서 물어서는 안 된다고 말할 때, 그들은 오직 무의식의 작동들에 대해서만 가리키는 것이다. 저것 너머로, 우리가 위에서 보았지만, 그들은 정확히 반대의 관점을 취한다. 우리는 반드시 의미에 대해 물어야만 한다. 그러나 기호적이라기보다는 기능적인 의미에서 말이다. 우리가 해독해야만 하는 것은 가장 일상적인 삶과 순전히 생물학적인 것에서부터 복잡하고 형이상학적인 것에 이르기까지의 모든 측면을 코드화하는 것 이면의 사회적인 목적을 해독해 내는 것이다.

인류학자들은 물론 한 세기 또는 그 이상에 걸쳐 이러한 과업에 관여해 왔다. 그러나 대부분은 코드들이 그것들에 의해 구조화된 사람들에게 무엇을 의미하는지를 이해하려고 노력하려는 관점에서였다. 들뢰즈와 가타리는 이러한 경로를 취하지 않는다. 그들은 '지역적인 지식'이라든가 (클리포드 기어츠Clifford Geertz의 관점에서) '원주민들이 무엇을 생각하는가?' 하는 것을 발견해 내는 것에 관심이 없다. 오히려 그들이 식별하고자 노력하는 것은 우주의 질서에 대한 무엇인가이다. 그들이 '우주적'이라는 말을 할 때, 그것은 심리학적이지 않고 참으로 문화적이지 않은 것을 의미한다. 만약 꼬리표가 붙어야만 한다면, 그들의 선택은 '기계적'machinic이라는 말을 고를지도 모른다. 들뢰즈와 가타리에 따르면, 레비-스트로스나 모스M. Mauss까지 언급하지는 않더라도 니체는 소위 원시 사회라 불리는 것의 인류학에 대한 가장 중요한 설명을 제공했다. (니체에 대한 이야기라고 할 정도로) 들뢰즈와 가타리가 수용하고 그들의 언어로 다시 쓰는 니체의 이론은 다음과 같다. 인간은 들뢰즈와 가타리가 '배종胚種적 유입'germinal influx 또는 '생우주적인 기억'biocosmic memory이라고 부르는 그 자신 속에서의 억압을 통해 사회적 존재로 구성된다. 그들은 이 개념으로써 '자유노동' 상태 안에서의 욕망을 의미하며, 이는 '원시적인 축적'에 선행하는 욕망이다.

> 법칙들의 모든 어리석음과 제멋대로임, 입문들의 모든 고통, 억압과 교육의 전체적으로 비뚤어진 장치, 시뻘겋게 달군 쇠들, 그리고 형편없는 절차들은 오직 이러한 의미를 가질 뿐이다. 즉, 인간을 **훈육시키는 것**, 그의 살 속에 그를 나타내는 것, 그가 사람들과 연합을 이룰 수 있게 만드는 것, 그를 채무자-채권자 관계 속에 형성하는 것, 그것들은 양쪽에서 기억의 문제로 판명된다. ── 미래를 향하여 안간힘을 쓰는straining 기억. (AO, 207~208/225)

원시적 의례들은 반드시 생물학적 기억을 억압하고 인간을 위한 말로 쓰인 기억으로 변형시켜야 했다. 만약 라캉이 주장하듯이 무의식이 언어와 같이 구조화되어 있다면, 그것은 (니체 이후로) 들뢰즈와 가타리가 자연적 경향성이 아니라 '학대 체계'라고 부르는 이러한 절차 때문일 것이다. "인간은 생물학적 기관이기를 그만두고 그의 기관들이 달라붙어 있으면서 또한 그가 연합의 요구조건들을 따름으로써 이끌리고, 격퇴되고, 경이로워지는 온전한 신체full body, 곧 지구가 된다"는 것과 같은 방식으로, 학대 체계는 기관들이 연합 속으로 잘려져 들어가게 만든다(AO, 159/169).

원시 사회는 모든 기관들의 집단적 소유의 토대 위에 세워진다. 이와는 대조적으로, 우리가 포스트모던 또는 현대 사회로 생각하는 것은 효과적으로 이 절차를 뒤집으며, 사유화에 의해 기관들은 우리를 그들에게 종속시킨다(AO, 157/167). 집단적으로 소유된 기관들은 지구로서 언급된다.

> 대지는 욕망과 생산의 원시적이고 야생적인 통일체이다. 대지가 노동 대상의 단순한 곱셈과 나눗셈이 아니기 때문에, 그것은 또한 유일하고 분할할 수 없는 존재자이자 온전한 신체로서 생산의 힘들에 기대며, 자연적 또는 신적인 전제 조건으로서 스스로 그것들을 전유한다appropriates. (AO, 154~155/164[247])

대지는 사회적 규모에 있어서 기관들 없는 신체이다. 그것은 사실상 어느 특정 사회에서든 모든 개별적 주체들의 기관들 없는 모든 신체들의 기관들 없는 신체이다. 공동체들은 주체들과 같은 방식으로 형성된다. 종합들의 총합은 '전체'를 낳으며, '전체'는 종합들에 반동적으로retroactively 작용하여 그것의 구성 부분들과는 질적으로 다른 어떤 것entity을 산출한다. 결국 그것은 스스로 향유하거나 소비된다. 들뢰즈와 가타리의 이론은 주체들이 이러한 방식으로 형성되기 때문에 공동체들도 이러한 방식으로 형성될 수 있다는 것이다. 같은 이유에서, 공동체들이 이러한 방식으로 형성되기 때문에 주체들도 이러한 방식으로 형성될 수 있다. 이것이 욕망이 사회 기반 시설의 부분을 형성한다는 그들의 이론이 의미하는 바이다.

사회적 생산, 즉 사회적 규모에서의 욕망은 욕망-생산과 유형에 있어 다르지 않다. 들뢰즈와 가타리는 사회적 생산은 참으로 욕망-생산과 정확히 같으며, 다만 이 장이 명시하고자 시작하는 역사적 조건들에 의해 결정될 뿐이라고 주장한다. 따라서 욕망-생산은 또한 사회적 생산의 한계이다. 그것은 사회적 생산이 만약 그것의 구조들과 기제들이 실패하거나 아니면 분해된다면 되돌아가는 지점이다. 사회적 생산은 욕망-생산과 같은 방식으로 작동한다. 그것은 같은 요소들과 같은 절차들을 가지고 있다. 그것은 오직 양상에 있어서만 다를 뿐이다. (사회적 생산은 몰적molar인 반면 욕망-생산은 분자적이다.) 이것은 기능에 있어서의 차이이지 규모에 있어서의 차이가 아니다. 분자적인 것이 집합 속에 있을 수 있듯이 몰적인 것은 개별 속에 있을 수 있다. 바로 지표면에서, 한데 묶여서 우리가 일상생활이라고 부르는 것을 구성하는 기입과 소비의 모든 수행들이 사실상 일어난다. 그렇다면 지구와 기관들 없는 신체는 억압의 동인들agents로서 이해되어야만 한다.[55]

영토적 기계

들뢰즈와 가타리의 영토적 기계에 관한 개념은 인류학 분야를 거의 그 시작부터 좌우해 온 두 가지의 전형적인 전제조건들을 뒤집는다. 첫째로, 근친상간의 금지incest taboo는 보편적이며 진정한 욕망을 금한다는 것, 둘째로, 주체들 간의 모든 관계는 궁극적으로 교환 관계라는 것이다. 들뢰

---

[55] 아마도 실험이나 자유의 장소로서 이 개념을 바라본 들뢰즈와 가타리의 독자들에게는 낯설지도 모르겠다. 그러나 탈기관체의 탁월한 기능에 관한 이런 통약 불가능해 보이는 관점들은 특정한 지점에 대한 지적과 간과를 동반하는 조건들 속에서 능동적인 선택 끝에 정의된 것이다. 들뢰즈와 가타리가 사회-기계의 형식에 관한 설명에 몰입한 것은 바로 이 억압 때문이다.

즈와 가타리는 이 두 가지 가설 중 어느 것도 철저한 검사 아래에서는 살아남을 수 없다고 주장한다. 그들의 반론은 근친상간이 죄의식을 느끼도록 욕망을 유혹함으로써 그것을 사로잡는 사회화의 도구라는 것, 그리고 사회란 기입적인 것이지 교환되는 것이 아니라는 것이다.

그래서 영토적 기계는 어떻게 작동하는가? 우선 욕망을 사로잡아서 기능을 바꾸도록 강요해야 한다. 들뢰즈와 가타리가 주장하기를, 보편적이고 단일한 억압자는 없으며, 오히려 욕망기계들과 사회적 기계들 사이의 친밀감 혹은 상호-효율성co-efficiency이 있다(AO, 201/217). 이 친밀감 혹은 상호-효율성이 작동하는 매개체는 욕망의 대리자인 '배종적 유입'을 붙잡아 억압하는 재현의 시스템이다. 새싹의 유입은 코드화될 수 없는 흐름과 관련된다——즉, 그것을 상정한다. 들뢰즈와 가타리가 코드화라 함은 어떠한 종류의 '등가물', 본래의 흐름의 자리를 차지하거나 그것을 증대시킨다는 두 가지 의미에서 (본래의 흐름을) 보충할(데리다의 의미에서) 수 있는 무언가를 만들어 낼 수 있음을 의미한다.

> 흐름들이 코드화되기 위해서는, 그것들이 자신의 에너지가 수량화되고 제한되는qualified 것을 스스로에게 허락해야 한다. 흐름들로부터의 선별은 필수적으로 연쇄성의 분리와 관련되어 이루어져야 한다. 어떤 것은 통과시켜야 하면서도 또한 어떤 것은 막혀야 하며 어떤 것은 막히면서도 어떤 것은 통과하도록 해야 한다. (AO, 178/192[284])

통과하는 무언가는 봉쇄되는 무언가를 보상하여 잉여 가치의 코드를 창조하는데, 들뢰즈와 가타리에게 이는 욕망을 이해하는 데 있어서 중심이 된다(AO, 179/192~193). 코드화는, 반드시 그러한 것은 아니지만,

주로 금지와 배제라는 수단을 통해서 이룩된다. 이것 중 가장 잘 알려져 있고 정말로 (누가 생각해도) 확연하게 중요한 예는 근친상간에 대한 금지이다. 그러나 들뢰즈와 가타리가 주장하기를, 근친상간은 불가능함을 엄격하게 말하고 있고 여기에 그들의 정신분석과의 현실적인practical 분쟁이 놓여 있다.

> 근친상간의 가능성은 [무의식의 관점으로부터] 양쪽의 **개인들**과 **이름들**을 필요로 할 것이다 ── 아들, 누나(언니), 엄마, 오빠(형), 아빠. 이제 근친상간의 행위에 있어서 우리에게는 개인들이 있지만, 그들이 서로에게 파트너가 되는 것을 금하는 금지로부터 그들의 이름들이 불가분한 한에서 그들은 이러한 이름들을 잃는다. 혹은 이름들은 존속하면서 다른 개인들에게 '확장되어도' 좋은 전개인적인prepersonal 강렬한 상태 이상의 것이 아닌 것을 지정한다. 누군가가 자신의 합법적 부인을 '엄마'라고 부르거나 자신의 누나를 부인이라고 부를 때처럼 말이다. (AO, 177/190[282])

우리는 "절대 그 개인과 이름을 한 번에 즐길 수 없다. ── 그럼에도 불구하고 이것은 근친상간의 조건이 될 것이다"(AO, 177/190). 우리는 이것을 오직 욕망-생산들과 그것의 종합의 합법적 그리고 불법적 사용들에 관한 논의로 돌아가야만 이해할 수 있다. 개인의 체계system of persons는 무의식의 종합의 불법적 사용에 부합한다. 그것은 주체들을 포괄적이고 구체적인 상태로 만들고, 그것들 사이에 제한적이고 차별적인 관계를 도입한다. 이와 대비하여, 성명 체계는 무의식적 종합의 합법적 사용에 부합하며 바로 이것이 참으로 욕망되는 것이다.

욕망되는 것은 강렬한 배종적인 혹은 발아력이 있는 흐름이다. 이 흐름 안에서 그는 괜히 아빠, 엄마, 아들, 누나(언니) 등으로 식별할 수 있는 개인들 혹은 심지어 기능들을 찾아볼 것이다. 이러한 이름들은 배종으로 결정된 지구의 온몸에서 오직 강렬한 변이들만을 지정하기 때문이다. (AO, 177/191[282~283])

근친상간 금지가 사실 금하는 것은 코드화되지 않은 욕망이다; 금지가 실현하는 것은 정확히 욕망의 코드화codification이다. 이러한 코드화에는 세 단계가 있다. 근친상간이 (분간할 수 있는 인격체)라도 되는 양 금지된다는 것은 그것이 마치 (강렬한 대지와 같은 실체)라도 되는 것처럼 억압을 도입하는 것이다(AO, 178/191). 반면, 오이디푸스의 모습이 상징하는 이러한 금지를 벗어나려는 욕망은 욕망의 진실한 형태를 감추려는 유혹으로서 제기된다. "이 영상이 '불가능하다는' 것은 거의 문제가 되지 않는다. 그것은 욕망이 그 스스로를 비록 불가능할지라도 그러한 자신에 의해 붙들리게 하는 순간 그것의 업무를 수행한다. 그것은 당신이 원한 것이기에!"(AO, 178/191) 그렇다면 체계의 세 부분은 다음과 같다. (1) 욕망의 대리자로서의 배종적 유입, (2) 이 욕망의 대리자에 반反하는 금지는 곧 억압적인 재현이다. (3) 반면 위반자는 전치된 대리인이다(AO, 180~181/193).

근친상간은 억압된 대리자에 대한on 억압적 재현이 낳은 반동적 효과에 불과하다. 재현은 그것이 지향하는 대리자를 일그러뜨리고 전치시킨다. 그것은 대리자, 범주, 판명난 것들 위로 투사된 것이자 그 자체로 확립된 것들이다. 연대성이 확장적 체계 속에서 긍정성이나 부정성을 조직해 내기 전에 존재할 수 없는 것은 바로 재현의 항들을 적용하는 일이다. 재현은 닫힌 체계를 대리하는 것으로 환원되고 만다. (AO, 181/195[288])

이것은 실천적으로 어떻게 작동하는가? 예를 들어, 이제 서구 사회들에서 거의 한물간 혼전 성관계 금지에 대해 고려해 보자. 이 금지는 결혼 외적인 성관계를 개인에 있어서나 사회에 있어서나 잘사는 것에 유해한 것으로 묘사한다. 그것이 음란함과 관계들에 대한 무신경한 태도를 촉진한다고 여겨지는 한 말이다. 그러나 충분히 명백하게도, '혼전 성관계'라는 가능성을 만들어 내는 것은 금지 그 자신이다. 그것은 이러한 의미에서 근친상간과 동등하다. 요점은 '혼전 성관계'라 불리는 바로 그 욕망이 불명예스러운 것이 되기 위해 그 금지에 의해 만들어지며, 이런 의미에서 진실한 욕망을 재현하지 않는다는 것이다. 들뢰즈와 가타리가 끊임없이 주장했듯이, 개인들도 이름들도 모르는 것이 바로 진실한 욕망의 추방이다. 이 금지를 존중하는 것에 대해 예상되는 보상은 더 행복하고, 오래 지속하는 결혼과 아이들을 양육하기에 안정된 사회이다. 좀 더 특별하게는, 이러한 코드를 존중하는 것은 공동체에서의 위신과 명망을 끌었다. 성적인 자유의 손실에 대한 보상으로 말이다. (리비도는 따라서 초감각적인 것으로, 그리고 나서 희열voluptas로 전환된다.) 이 금지 이면의 논리는 음탕함을 용납하는 것으로 해석될 수 있는 모든 측면들로 확장되었다. 그래서 예를 들어 1950년대에 로큰롤은 검열의 대상이었다. 치마의 길이, 춤출 때 엉덩이의 율동, 음악 스타일은 모두 금지되어야만 하는 욕망의 바람직하지 못한 흐름들을 표출하는 것으로 여겨졌다. 프로이트에 뒤이어, 들뢰즈와 가타리는 이러한 과정을 이차적인 억압 또는 엄밀한 의미의 억압이라고 말한다(AO, 201/217). 만약 이러한 금지가 일종의 도덕적으로

쓸데없는 반복에 빠진다고 한다면, 그것은 이러한 금지가 결혼이라는 분수령에 있어서 한편으로는 급격하게 성적인 자유를 억압함으로써, 다른 한편으로는 범죄로 이끌게 된다는 점을 고려하면 혼외정사라는 훨씬 더 무거운 도덕적 문제에 기여하는 원인으로 여겨지기 때문이다. 그러나 우리는 그러한 결론들에 대해 경계해야 하는데, 왜냐하면 이 결론들은 그 금지가 실제로 미리 존재하는 욕망에 대해 지정되어 있다고 상정하기 때문이다. 실제로는 무엇보다도 그 금지가 그것을 가능하게 하고 있는데도 말이다.

욕망을 코드화하는 것은 그 자체로는 지속적인 사회적 기계를 생산해 낼 만큼 충분하지 않다. 그러나 그것은 단지 수단일 뿐이다. 집단 내에서 개인들 사이의 관계의 본성에 있어서의 변화는 사회 기계가 이루어지기 위해 필요하다. 들뢰즈와 가타리에 따르면 집단 내에서 사람들 사이에는 두 종류의 관계들이 있다. 혈연과 결연이 그것이다. 전자는 구성에 있어서 직계적인(아버지와 아들을 합쳐 혈통을 형성하는) 반면, 후자는 방계적이다(형제들과 사촌들을 합쳐 부족을 형성한다). 사회적 기계는 그 자신의 목적을 위해 두 종류 모두를 동원한다.

전체 체계는 두 극 사이에서 진화한다. 다른 집단들에 대한 반대를 통한 융합의 극과 동맹들과 계통의 자본화와 함께 거듭되는 독립을 열망하는 혈통들의 형성을 통한 분열의 극 사이에서 말이다. 분할적인 영토적 기계는 융합을 몰아내기 위해 분열을 이용하며, 집단과의 무능력한 관계에 있는 족장의 기관들을 유지함으로써 힘의 집중을 지연시킨다. (AO, 167/179[266])

들뢰즈와 가타리에 대한 이차적인 저작에는 거의 언급되지 않지만, 계통과 동맹은 그들 작업의 정치적 차원에 대한 어떠한 이해에 있어서도 절대적으로 중심적이다.[56] 수동적인passive 종합들의 적법한 그리고 적법하지 않은 사용들에 부합하여, 계통은 본성에 있어 집중적이고, 비부분적이고, 포괄적이거나 비제한적이고 다양한 목소리를 지닌 반면, 동맹은 확장적이고, 특수적이고, 배타적이거나 제한적이고 분리적이다. 계통과 동맹은 원시 자본의 두 형태들이다. 즉, 고정 자본 또는 계통적 비축물, 그리고 순환 자본 또는 채무의 유동적인 구역들blocks을 말한다(AO, 161/172). 족장은 족장들의 기나긴 계보long line로부터 내려오며 그의 지배할 권리를 그의 혈통(고정 자본)으로부터 얻는다. 그러나 만약 그가 공들인 연회들과 선물 증정을 통해 그의 직계 가족의 바깥에 동맹들을 형성하고 유지하지 않았더라면, 다시 말해서 만약 그가 그의 부를 이용하여 다른 사람들이 그의 채무(순환 자본) 속에 있도록 유도하지 않았더라면, 그는 효과적으로 지배할 수 없었을 것이다. 이렇게 함으로써 족장은 소멸할 수 있는 부(예를 들면 음식, 가죽들, 무기들)를 불멸의 위신prestige, 즉 지배 권한으로 바꾼다. 기계에 있어서의 이 불균형은 그것의 작동에 있어서 근본적이다(AO, 164~165/176).

이런 체계 속에서 지속적으로 부정되어야 하는 부정은 '비축물'stock의 명백한 긍정이며, 말하자면 축적된 부이다. 그것은 만약 성장이 허용된다면 자본이 될 것이고 그렇게 함으로써 자연히 코드화를 탈출하는 흐름들을 촉발시킬 것이다. 잉여 생산물을 의도적으로 파괴하거나 바다로

---

56 실로 『천의 고원』을 아는 독자로서 그것들 없이는 생성 개념을 이해할 수 없다. 마찬가지로 만일 결연을 넘는 연대를 설정하지 않는다면 리좀이란 과연 무엇이겠는가?

떠나 보내는 것을 포함하는, 포틀래치potlatch 의례의 모든 변형들은 이와 같은 '비축물'을 제거하는 목표를 달성하도록 구조화되어 있다. 이로써 부족은 스스로를 이웃들의 채무 속에 놓고 요소들의 처분에 내맡기며, 그렇게 함으로써 필연성의 힘에 의해 부족의 모든 구성원들이 기아를 예방하기 위해 함께 일하도록 만든다. 부족 구성원들은 이러한 공동의 명분cause과 그들을 먹여 살리는 부족에 대한 개인적 채무를 통해 그들의 살flesh에 부족의 표지를 새긴다.

그것은 모든 사람들이 미래의 나쁜 채무자가 될 것이라고 미리 의심되기 때문이 아니다. 그 반대가 진실에 가까울 것이다. 나쁜 채무자들은 충분히 '체크'되지 않았거나 그런 적이 없었던 것처럼 여겨지기 때문이다. 그는 단지 허용된 한계들을 넘어 동맹의 목소리와 결연의 육체를 분리하는 간격을 넓혔을 뿐이다. 그러한 정도로 고통의 증가를 통해 균형을 재수립하는 것이 필요하다. (AO, 208/225[328~329])

원시적인 기입은 혈통 또는 가문의 강렬한 친자 관계가 부족의 폭넓은 동맹 관계들과 유대를 맺는 도구이다. 그러나 동맹들은 가맹affiliation들로부터 유래하지 않는다. 반면에, 그들은 가맹의 집중된 힘에 대응하기 위해 설계되었다. 같은 이유에서, 동맹들은 교환의 산물이 아니다. 족장은 그의 부를 충성과 교환하지 않는다. 그는 그의 부를 충성으로 전환하여야만 한다. 우리가 돈의 자본주의 체계에서 찾는 것과 같은, 원시 경제에서 교환을 가능하게 해 줄 일반적인 등가는 존재하지 않는다. 그 결과 상당히 고의적으로, 주는 자는 채무를 보장하기 위해서 엄격히 필요한 것보다 더 많이 주어야 하고, 그러나 같은 이유에서 이러한 형식이 교환이 되는 것을 막기 위해서 선물을 주고받는 의례는 그 선물이 절도와 같이 보이게 만든다(AO, 203/219).[57] "사회적 기계가 반드시 해결해야만 하는 문제는 강렬하고 활동적인 질서로부터 폭넓은 체계로 옮겨 가는 것이며, 그것은 질적인 동맹들과 연장된 강화들 모두로 구성된다."(AO, 170/183) 이것이 원시적인 기입의 목적이다.

원시적인 기입은 세 가지 것들을 요구한다.

> 말하거나 읊조리는 목소리, 맨 살에 낸 기호sign, 고통으로부터 기쁨을 추출하는 눈, 이것들은 공명과 보유retention, 잔인함의 극장의 영역을 형성하는 야생의 삼각형의 세 면들이다. 이들은 발음이 또렷한 목소리, 생생한 손, 그리고 감탄하는 눈의 세 가지 독립성을 암시한다. (AO, 207/224[327])

> 목소리는 동맹의 목소리이고, 기호된 육체는 가맹의 육체이며, 감탄하는 눈은 둘의 자리바꿈declension을 가능하게 한다. 원시적인 기입은 글쓰기와 혼동되어서는 안 된다. 참으로, 들뢰즈와 가타리는 그것이 글쓰기의 정반대라고까지 얘기한다(AO, 206/223[325]).

> 야생은 구술적이고 발성적이어서이지 그것이 표기 체계를 결여해서가 아니다. 대지 위의 춤, 벽에 그린 그림, 몸에 새긴 문신들이야말로 회화 체계, 땅에-그리기geo-graphism, 곧 지리학이다. 이 구성들이 구술적인

---

57 이러한 구조는 특히 대중음악 속에서 현대적이고 서구적인 사랑의 신학을 지켜 내고 있으며, 우리는 마음을 훔쳐 내는 그들을 사랑한다.

것은 정확히 그것들이 목소리와 별도로 회화 체계를 가지고 있기 때문이다. 그 체계는 목소리로부터 조정되지도 그것에 종속하지도 않고, 목소리에 연결되어 있으며, 말하자면 발산하는, 그리고 다차원적인 조직 속에 편성된다. (AO, 206/222[325])

기입을 수행하는 업무를 맡는 자로서, 부족의 주술사는 육체에다 **쓰지** 않는다. 부족 사람들은 아마도 다른 덜 충격적인traumatic 수단에 의해 얻어질지도 모르는 정체성 기호를 단순히 의례 속에서 획득한다는 의미에서 '낙인이 새겨지지' 않는다. 소위 말하는 신부족주의의 근대적 형식들, 예를 들면 문신과 보디 피어싱body-piercing은 이러한 관점에서 적절하게 부족적이거나 의례적이지 않다. 그것은 그것의 목적들에 있어 너무 미학적이고 그것의 수행에 있어서는 너무 마취적이다. 살은 반드시 찢겨져야만 하고, 돌은 너무 날카로워서는 안 되며, 그것에 대해 목격된 고통은 욕망된 결과를 생산해 내는 "괴로움을 가하고 강요하는 동맹의 목소리와 손이 그 안에 새기는 기호에 의해 괴로워하는 육체 사이의 끔찍한 등가"이다. 목소리와 손 사이에서, "고통은 눈이 육체 위에서의 활동적인 연설의 효과와 그것이 활동하는 한에 있어서 육체의 반응의 효과를 붙잡으면서 추출해 내는 잉여 가치와 같다"(AO, 207/224). 결과로 초래된 기호는 개인에게 이름을 붙이고, 아이를 생우주적인 것의 세계로부터 강력하게 내쫓음으로써 기관들이 집단에 담보로 맡겨진 주체를 창조한다.

전제군주 기계

누가 원시적인 체계에 종결을 가져왔는가? 니체가 말하듯이, 국가의 창립자들을 의미하는 "금발의 육식동물 팩pack 무리"가(AO, 209/227). 전제적 기계의 기본적인 요소들은 영토적 기계 속에서 언제나 이미 존재했었다. 그러나 의례는 연합에게 그들의 유독성 가시에 대항하여 예방주사를 놓았고, 그들 스스로 기계적machinic이 되기 위하는 방식으로 조직화되는 것을 막았다. 이런 의미에서 심지어는 영토적 기계들이 전제적 기계들을 예정했다고까지 말해질 수 있다(AO, 239/260). 말하자면, 상상할 수 없는 것에 의해서는 겁에 질릴 수 없는 법이다. (비록 그것이 그 공포에 확실한 형체를 줄 수 없을지라도 말이다.) 따라서 영토적 기계가 전제적 체제에 대해 내내 알았다고 말해져야만 한다. 이 논지의 확장은, 그것은 들뢰즈와 가타리의 전제적 체제에 대한 설명에 중심이 되는 것인데, 국가는 조금씩 이루어지며 또는 단계적으로 나타난 것이 아니라 완전히 형성되어 탄생했다는 것이다. "국가는 점진적인 단계들 속에서 형성되지 않았다. 그것은 완전히 무장한 채 나타난다. 조물주가 모든 것을 한 번에 수행해 내었다. 원原국가야말로 국가가 되길 원하는 모든 것들의 영원한 모델이다."(AO, 237/257) 왜냐하면 전제 국가는 ─ 이론적이든 역사적이든 논리적이고 실현 가능한 것으로 말해지고 나면 ─ 오로지 잠재적 실존만을 알기 때문이다. 전제군주 기계는 오로지 추상물로서만 실현된 하나의 추상물에 불과하다(AO, 240/261). 이러한 방식으로, 그것은 전에 왔던 것과 뒤따른 것, 즉 원시적인 국가 기계와 근대 자본주의 기계를 동시에 조건 짓는다. 이것은 우리가 전제군주 기계를 (곧 설명하겠지만, 제임슨의 중요한 개념을 사용하자면) **변증법적으로**dialectically '사라지는 매개자'로서 생각하는 한에서만 논리적이고 실천적으로 가능한 것이다.

헤겔이 주장한 것처럼 역사란 추상에서 구체로 이동한다는 사실, 곧 마르크스가 『정치경제학 비판 요강』에서 도입했던 개념을 들뢰즈와 가타리가 폐기했다는 것에 대해서는 ─ 즉, 변증법적으로 취급되어야 한다는——의심할 바 없이 이해할 수 있다(AO, 240~241/261). 이 점에 관해 마르크스는 거꾸로 선 헤겔의 사례로 변증법을 개념화한 것으로 일반적으로 이해되고 있다.[58] 그러나 이 규칙에 있어서 하나의 예외는 돈이다.

돈은 자본이 존재하기 전에, 은행들이 존재하기 전에, 임금 노동자들이 존재하기 전에 존재할 수 있고, 역사적으로 정말로 존재해 왔다. 따라서 이 점에 있어서 더 단순한 범주가 덜 발달된 전체의 지배적인dominant 관계들을, 또는 이미 역사적인 존재를 지녔던 더 발달된 전체의 종속적인subordinate 관계들을 이 전체가 보다 구체적인 범주에 의해 표현되는 방향으로 발달되기 이전에 표현할 수 있다고 말해질 수 있다. 그만큼 단순한 것에서부터 복합적인 것으로 올라가는 추상적 사유의 경로는 실제 역사적 과정과 부합할 것이다.[59]

들뢰즈와 가타리는 국가 개념이 정확히 같은 방식으로 생각되어야 한다고 주장한다.

국가는 우선 따로따로 기능하는 하위 집합들을 통합시키는 추상적인 통일체였다. 국가는 이제 국가가 그 흐름을 조직화하고 그 지배

---

58 K. Marx, *Capital: A Critique of Political Economy Volume 1*, trans. B. Fowkes, London: Penguin, 1976, p. 103. 이에 관한 확장된 논의로는 I. Buchanan, *Deleuzism*, pp. 17~19를 볼 것.

59 K. Marx, *Grundrisse: Foundations of Critique of Political Economy*, trans. M. Nicolaus, London: Penguin, 1973, p. 102. 들뢰즈와 가타리는 AO, 240~241/261에서 이 구절을 인용한다. 하지만 나는 영어 번역자들이 인용한 부분에 동의하지 않기 때문에 원본을 바로 가져왔다.

와 종속의 자율적인 관계들을 표현하는 힘들의 장에 종속된다. (AO, 241/261[376])

이 모든 것에서의 중대한 암시는 전제적 기계가 결코 사실상 존재한 적이 없었다는 것이다. 그것의 존재는 지금이나 예전이나 오직 본성적으로 가상적이었다. 따라서 근대 자본주의 국가에 대한 우리의 경험은 개인적인 의미에서나 집단적인 의미에서나 우리를 전제적 기계에 대한 이해에 있어서 지도하는 데 이용될 수 없다. 그것은 (결코 현존하지 않는) 그것의 전임자와 같은 방식으로 기능하지 않는다. 참으로, 그것의 기능은 순수하게 이론적이다. 그것은 원시적인 영토적 기계와 근대 자본주의 기계 사이를 매개한다. 그것은 그것의 출발점에서부터 목적지에 이르기까지 그 사이의 어떠한 지점에서도 멈추지 않고 지그재그로 움직이면서 기사가 움직이는 경로를 따르는 통로이다. 전제적 기계가 이 과정 내내 추상적으로 남아 있다는 것을 고려하면, 그것은 오직 '소멸하는 매개자'로서만, 말하자면 서로 다르고 상호적으로 양립 불가능한 사회 체제들 사이의 에너지 전달을 가능하게 하는 촉매적 동인으로 서술될 수 있다.

이론적으로 전제적이고 야만적인 사회체는 원시적 영토 기계와의 대립물로 이해되어야 한다. 즉, 제국의 탄생이라고 하는. 그러나 실제 우리는 하나의 제국이 그것이 되기를 중단할 때에, 제국이 되고자 꿈꿀 때에, 혹은 몰락에 빠져들 때에 이 사회체의 운동을 감지할 수 있다. (AO, 211/228[333])

들뢰즈와 가타리는 전제적 기계가 원시적인 것과 근대적인 것 사이의 전환기가 아니라고 주장한다. 실로 그것은 잠재적 상태로는 주어질 수 없는, 하지만 소멸 중인 매개자의 상태를 멈출 수 없는 것이다.

그러한 역사적 변화의 그림은——아무리 천박한 마르크스주의와 양립할 수 없는 것일지라도——현실 속에서 완벽히 진짜 마르크스주의자의 생각과 일치하며, 참으로 마르크스 자신이 1789년과 1848년의 혁명들을 위해 제안하였던 모델과 일치한다. 1789년에 자코뱅주의는 혁명적 도덕성의, 그리고 부르주아의 보편적이고 민주적인 이상들의 의식적이고 거의 칼뱅주의적 후견인으로서 기능하면서 소멸하는 매개자의 역할을 수행하였다. 그 후견은 부르주아의 사실상의 승리가 확실해지고 명쾌하게 화폐 시장 체계가 이루어질 수 있었던 테르미도르에 제거될 수 있었다. 그리고 저 1789년에 대한 패러디로서 1848년의 혁명에서는 전통들의 망토 아래에서, 대혁명의 가치들 아래에서, 그리고 그것을 뒤따랐던 제국 아래에서 두 번째 제국의 새로운 상업 사회가 유사하게 출현하였다.[60]

그렇다면 어떻게 전제적 기계가 작동하는가? '전제적 기계의 설립 또는 야만인 소키우스는 새로운 결연과 직접적인 친자 관계(계통, 유래, 혈통)로 요약될 수 있다. 전제 군주는 방계 결연들과 오래된 공동체의 확장된 친자 관계들에 도전한다. 그는 새로운 결연 체계를 도입하고 그 자

60 F. Jameson, *The Ideolegies of Theory: Essays 1971-1986. Volume 1: Situations of Theory*, Minneaplis: University of Minnesota Press, 1988, p. 25. 제임슨의 개념에 관한 유용한 논의와 확장으로는 S. Žižek, *For They Know not what they do: Enjoyment as a Political Factor*, London: Verso, 2002, pp. 182~188을 볼 것.

신을 사람들이 반드시 따라야만 하는 신과의 직접적인 친자 관계 속에 위치시킨다(AO, 210/228). 전제 군주는 이전에 진행되었던 모든 것을 지우고 백지 상태blank slate로부터 시작하기 위해 영점에서부터 시작하고자 하는 그의 의지에 의해 인정받을 수 있다. 전제주의는 특정한 심리적 상태라기보다는 사회적 기계의 형식이다. 그리고 비록 그것이 거대한 폭력의 원인일지라도, 그것은 그것 자신을 군사적 활동 속에 드러내 보일 필요가 없다. 들뢰즈와 가타리에 따르면, 모세, 성 바울, 성 요한, 그리고 심지어는 그리스도는 이러한 이유로 전제 군주로 간주되는데, 왜냐하면 그들의 비전들은 선택받은 사람, 즉 신의 자녀임을 주장하는 친자 관계에 기반을 둔 신과의 새로운 동맹을 정확히 수반하기 때문이다(AO, 211/229). 전제 군주 또는 그의 신은 영토적 기계의 지구를 대체하며 연합이 그 스스로를 기입하는 온전한 육체가 된다. 그러나 중요한 것은 새 주권자로서의 개인the person of the new sovereign도 아니고, 참으로 그의 심리도 아니고, 이러한 변화가 개시하는 새 체제의 본성이다. 국가라는 '거대기계'megamachine는 영토적 기계를 대체한다. 새로운 계급이 전제 군주를 최상층에, 그리고 마을 사람들을 최하층에 위치시키며 설치된다. 관료제는 부족 간의 동맹을 대체하고, 모든 재고품의 가장 중요한 것들은 축적의 대상이 되고 이에 부응하여 채무는 전제 군주에게 바치는 공물의 형식으로 무한에 이르게 된다(AO, 212/230). "억압받는 것은 방계 동맹들과 확장된 친자 관계들의 예전 체제가 아니라 단지 그것들의 규정적 특성이다."(AO, 213/231) 영토적 기계의 요소들은 계속해서 존재하지만, 오직 그것들을 안팎으로 넘나드는 전제적 기계의 톱니들과 바퀴들로서 그러하다. 새로운 체제는 욕망에 대한 모든 기존의 코드화들 위에 다시 코드화를 하고, 이러한 방식으로 그것의 잉여 가치에 대한 필요한 몫을 추출한다.

이미 시사한 바와 같이, 돈의 역할은 전제적 기계를 이해하는 데 있어서 결정적이다. 전제적 기계는, 원시적인 기계와 같이, 해독된 흐름들의 사회적으로 부식적인 효과들, 특히 상인들이 촉발시킨 돈의 흐름들을 두려워한다. 그러나 돈은 주로 채무를 무한에 이르게 해 주는 과세를 목적으로 하는 국가의 발명이다.

무한한 채권자와 무한한 융자credit는 유동적이고 유한한 채무들의 블록들을 대체해 왔다. 전제주의의 지평선에는 언제나 유일신교monotheism가 있다. 채무는 존재에 대한 채무가, 주체들 자신의 존재에 대한 채무가 된다. 채권자가 아직 대출해 주지도 않았는데 채무자가 결코 끝도 없이 상환하고 있는 때가 올 것인데, 왜냐하면 상환은 의무이지만 대출은 선택사항이기 때문이다. (AO, 215/234[340])

들뢰즈가 (윌리엄 버로스William Burroughs로부터 빌려온 악몽 같은 구절인) '관리 사회들'이라는 그의 에세이에서 명시하고 있지만 저 때는 지금이다. "인간은 더 이상 인간이 아니라 빚진 인간이다."(N, 181/246) 전제적 기계를 함께 유지하는 것은 법의 지배라기보다는 차라리 빚이다 (AO, 216/235).

대의제가 역사보다 잘 작동해 왔다는 현실적 외양에도 불구하고 이 진술의 함의가 아주 명백한 것 같지는 않다. 그러나 이는 정신분석학적으로 굴절된 라캉 기호론의 토대인 '아버지의 법' 개념에 반反한다(AO, 227/247). 반면 명시적으로 데리다의 그라마톨로지 기호학은 원시적인 기입과 들뢰즈와 가타리가 야만적 글쓰기라고 부르는 것 사이를 구별하지 않는다. 데리다 그리고 잠재적으로는 기호론 전반에 반反하여, 들뢰즈와 가타리는 몇몇 예외를 제외하고는 원초적 기입 체제인 야만적 글쓰기가 기호들이 아닌 욕망으로 구성되어 있다고 주장한다. 전제적 체계에서는, 도상주의graphism는 높은 곳에서 말하는 새로운 목소리를 유발하며 그 스스로를 목소리에 맞추어 조정한다. "그러고 나서 마법 삼각형의 충돌이 발생한다. 목소리는 더 이상 노래하지 않고 명령하고 결정한다. 그래프는 더 이상 춤추지 않고 육체들에 생기를 불어넣는 것을 그만두지만 명판들, 돌들, 그리고 책들에 쓰인 글들로 고정된다. 눈은 스스로를 읽는 것에 고정시킨다."(AO, 223/243) 마법 삼각형의 충돌은 성경 기록들처럼 오직 글을 통해 그 스스로를 표현하는 무언의 목소리를 낳는다. 신은 그의 법들을 내려놓았다. 그가 인간에게 직접 말하기를 멈춘 그 순간에 말이다.

이제 '그게 무슨 의미인데?'라는 질문이 가능해진다. 그리고 "해설의 문제들이 사용과 효험의 문제들에 승리한다. 황제, 신 ── 그가 무엇을 의도한 것인데?"(AO, 224/243) 그것이 우리를 연합에 종속시키는 높은 곳으로부터의 이 불가사의한 의미에 대한 우리의 염려이다. 우리는 그것에의 우리의 헌신을 표현하기 위해, 우리의 사회와의 계약을 특허로 만들기 위해 더 이상 연합의 기호를 요구하지 않는다. 이제부터 글은 '소멸된 전제 군주'에게 증거를 제시하기 위해 아무것도 할 수 없다(AO, 225/245). 그 상태(국가state)가 되는 것에는 두 가지 측면이 있다. 첫 번째는 그것이 점점 더 해독된 사회적 힘들의 장을 내면화한다는 것이다. (이것이 그것의 물리적인 체계를 구성한다고 할 수 있다.) 두 번째는 그것이 다시 코드화overcodes하는 지구 위의 장을 정신적으로 만든다spiritualizes는 것이다. (이것이 그것의 형이상학적 체계를 구성한다고 할 수 있다.) 번역되었을 때, 이것은 국가가 모든 방향에서 자신의 통제를, 다시 말해서 다시 코드화할 자신의 능력을 초과하는 시장의 힘들을(즉, 해독된 흐름들을) 풀어놓는다 는unleashes 것이고, 이 과정이 결국 군주와 그가 이끄는 체계 사이의 전도로 이끈다는 것이다. 이러한 전도의 과정의 발전에 있어서 최고 지점에서, 국가는 사업의 기계 장치로 변형된다. 그러나 심지어 그것의 진정한 힘이 감소함에 따라, 국가는 그 자체를 '도덕적 권위'로서 재창조한다. 따라서 들뢰즈와 가타리가 자주 말하듯이, 국가가 한 손으로 탈영토화하는 것을 그것은 다른 손으로 재영토화한다. 그것은 사람들의 배치assemblage와 함께 자본capital의 공리들을 결합시키는 도덕적 접착제를 제공한다.

문명화된 자본주의적 기계

전제 기계에 의해 촉발된 이러한 해독된 흐름들 자체만으로는 '자본주의의 탄생을 유도'하기에 충분하지 않다(AO, 243/263). 생산 그 자체를 자본주의가 전유하는 시기인 산업혁명의 발발 전에 자본주의는 시작하지 않고, 전제적 시대(이 섹션에서 들뢰즈와 가타리는 이를 조금 더 익숙한 명칭인 '봉건제도'라고 언급하기 시작한다)인 긴 잠재기로부터 빠져나와 독립적으로 존재하지 않는다.

> 의심할 것 없이 상인은, 상업에 기반을 둔 직종에서 스스로 기업가가 되거나 장인을 자신만의 중개인이나 고용인으로 만듦으로써(길드와 독점에 맞서는 대항) 일찍이 생산에 있어서 적극적인 요소였다. 그러나 자본이 생산을 직접 전유하고, 금융자본과 상인자본이 더 이상 일반적인 자본주의 방식의 생산에서 분업에 부합하는 구체적인 기능들 이상의 것이 아니게 될 때까지 자본주의는 시작하지 않고, 자본주의 기계는 모아지

지 않는다. (AO, 246/268[385~386])

마르크스의 자본에 관한 일반 공식 MCM′은 바로 이 역사적 변화, 자본이 자본을 낳고 자본이 자식으로서 의무를 다하는 순간을 위해 의도되었다(AO, 247/269).

이것은 더 이상 삶의 잔인함, 다른 하나의 생명에 대항하여 버텨야 하는 한 생명의 공포가 아닌[원시적인 영토적 기계에서는 그러했지만], 대신 폭정despotism의 **사후검사**post-mortem이고 폭군은 항문이자 흡혈귀가 된다. "자본은 흡혈귀들과 같이, 오직 살아 있는 노동을 빨아먹으며 생존하고, 더 많은 노동을 빨아먹을수록 더 많이 생존하는 죽은 노동이다." 그러므로 산업자본은 자본 기계의 새로운 구성 요소가 되는 새로운 계통을 제공하며, 이제 상인자본과 금융자본은 구체적인 기능들을 맡음으로써 자본주의 기계와 관련하여 새로운 결연 형식을 띨 것이다. (AO, 248/270[388~389])

욕망이 어떻게 유도·관리되고, 사회적으로 용인된sanctioned 길들로 돌려지는지channelled 이해하고 싶다면, 은행 업무가 어떻게 돌아가는지 알아야 한다. 이 새로운 계통과 동맹의 배열을 조정하는 것은 바로 은행이기 때문이다. 실로, 들뢰즈와 가타리는 '마르크스로 돌아가고' 싶다면 (라캉의 유명한 '프로이트로 돌아가라'는 방식으로) 은행 업무 관행에 관한 그의 저작들로 돌아갈 필요가 있다고까지 말할 것이다(AO, 250/273).

들뢰즈와 가타리가 『안티-오이디푸스』 전반에 걸쳐서 주장하듯이, 모순은 사회 시스템을 붕괴시키는 것이 아니다; 그와는 반대로, 그것들은 사회에 활력dynamism을 주는 바로 그 전동기들motors이다. 사회적 기계들은 [다음과 같은 것들을] 먹는다.

그들이 일으키는 모순들, 그들이 유발하는 위기들, 그들이 낳는 불안들, 그리고 그들이 재생시키는regenerate 지긋지긋한 작업들을. 사회주의자들조차도 소모에 의한 자본주의의 자연스러운 죽음의 가능성에 대한 신념을 버리는 동안, 자본주의는 이를(사회적 기계들이 위의 네 가지를 먹는다는 사실을) 배웠고 스스로를 의심하기를 그만두었다. (AO, 166/178[264])

오늘날 자본주의 기계의 정중앙에 있는 분명한 모순, 그것이 끊임없이 가리려고 시도해야 하는 궁극적인 외설은 임금 노동자와 자본가 사이, 순수한 지불금(동맹)으로 기능하는 돈과 재원(혈통filiation)으로 기능하는 돈 사이에 존재하는 돈의 종류의 추문을 담은 차이이다.

하나의 경우에서는, 교환가치에 대한 무기력한 돈의 신호들money signs, 소비재와 사용가치, 그리고 돈과 내세워진 범위의 상품들("내가 권리를 가진 것들, 나에게 마땅히 돌아와야 하는 것들, 그러므로 그것들은 나의 것이다") 사이의 일대일 대응에 비례하는 지불 수단들의 흐름이 있다; 다른 경우에서는, 자본의 힘의 신호들, 현 상황하에서 실현 가능하지는 않지만 유망한 힘 혹은 장기적인 평가를 증명하며 추상적인 수량들의 공리axiomatic로서 기능하는 생산 미분계수들의 시스템인 자금조달의 흐름이 있다. (AO, 249/271[389])

나의 주머니 안에 든 돈은 제품을 사거나 심지어 특정한 제품의 가치를 책정하는 데 쓰일 수도 있으나, 그것의 효과들은 언제나 극단적으로 국지적인 영향의 영역으로 제한되기 때문에 이는 궁극적으로 한정된 힘이다. 그에 반해서 자본가의 돈은 세계은행World Bank과 국제통화기금IMF의 활동들에서 분명하게 드러나듯이 몇백만, 실로 몇십억 명의 삶들에 영향을 미칠 수 있는 역량을 가진다. 세계의 전망에 관심이 없다고 추정되면서도 현실에서는 미국의 정책들을 수행하고 있는 이 두 기관들은 국가들 전체의 돈을 단지 임금 노동자의 지불금으로 만들어 버린다.[61] 제1세계 수준의 삶이 손이 미치는 곳에 있다고 설득되어, 제3세계 국가들은 대부분 시민에게 거의 혜택을 주지 못한 다양한 사회 공공 기반시설 사업들을 벌이기 위해서 어마어마한 빚을 내었다. 그 빚은 그동안 그들을 [빚을 갚기 위해 노동해야 하는] 일꾼의 상태로 전락시켰다. 필수적인 이자 지불금들이 그들 국내 경제의 생명을 빨아내 버렸기 때문이다.[62]

제3세계가 자신의 것으로 취하도록 설득당해 온 꿈은 지불금의 돈을 자금의 돈으로 변신시키는 꿈이다.

어떠한 피지배 계층의 통합도 이 적용되지 않은 태환성의 원칙 없이는 일어날 수 없다. — 그러나 이는 가장 혜택받지 못한 생명체의 욕망

---

61 나오미 클라인은 이 상황을 '일방향의 옷 벗기기 포커게임'으로 묘사한다. 미국과 유럽은 세계은행, 국제통화기금, 세계무역기구를 통해 개발도상국에게 말한다. "당신들의 무역 장벽은 낮추고, 우리의 무역 장벽은 높일 것이다."(N. Klein, "Sacrificial Wolfie", *The Nation*, 14 May 2007, p. 10)

62 오늘날 대출 상황은 제3세계의 워킹 푸어에서 국제금융자본의 금궤에 이르는 부의 실질적 이동망을 상징한다. M. Parenti, *Against Empire*, San Francisco: City Lights Books, 1995, p. 21.

Desire이, 경제에 대한 이해 혹은 몰이해와 상관없이, 자신의 온 힘을 다해 자본주의적 사회 분야 전체에 투자할 것을 보장한다. (AO, 249~250/ 272[390])

그러므로 들뢰즈와 가타리는 현대 사회에서 욕망을 통제하는 것은 은행들이라고 말할 수 있는 것이다. 이는 오늘날에도, 『안티-오이디푸스』가 출판되었던 1972년에도 그러했던 것처럼 사실이다; 실로 그때보다 오늘날 그것이 더 진실이라고 말하는 것도 과장이 아니다.[63]

다른 규모의 두 질서[예컨대, 두 유형의 화폐]를 동일한 분석 단위로 측정하는 것은 마치 미터와 센티미터로 은하계 간의 혹은 원자 간의 거리를 재는 것처럼 큰 사기나 다름없다. 기업과 임금 노동자의 가치 사이에는 아무런 공통 척도도 없다. (AO, 250/273[392])

마이클 파렌티Michael Parenti가 주장하는 바처럼, '진보'와 같은 용어들이 ('지역사회 발전' 혹은 '개발도상국'과 같은 관료주의적인 유행어에서

---

63 예를 들어, 지난 20년간 제1세계의 대다수에서 (단기간에) 타오른 주택 붐은 이러한 직관의 정확성을 증명한다. 은행들은 이자율을 낮추어 대출 가능성을 높임으로써 팽창적이고 소유를 중심으로 삼는 집을 향한 욕망에 기름을 부었지만, 이는 역설적이게도 기하급수적으로 늘어난 가격을 형성하여 주택의 소유 가능성을 감소시켜 놓았다. 제1세계의 유권자들에게, 꾸준히 낮은 이자율을 유지하는 모기지 금융 정책은 불법적이고 부당한 전쟁에 관한 일보다 훨씬 더 중요한 이슈가 되어 버렸다. 주택 붐은 일부 주택 투자자들의 개인적 이득과 시장의 인내력에서 배제된 이들이 감내해야 하는 바가 동시에 존재하는 장이 되었음에도 불구하고 두 가지 유형의 화폐 간의 간극을 줄일 수 없다. 이 주제에 관한 들뢰즈적 시각의 논의로는 I. Buchanan, *Fredric Jameson: Live Theory*, London: Continumm, 2006, pp. 144~148을 볼 것.

찾아질 수 있는) 정확히 이 사실을 숨기기 위해 동원된다. 현대의 문화론적 연구들의 '제1세계' 그리고 '제3세계'와 같은, 주장된 바에 의하면 엘리트주의적인 꼬리표들에 대한 거부는, 비록 부지불식간에 행해졌더라도, '워싱턴 컨센서스'라고 알려진 현재의 체제에서는, 오직 공모로 볼 수밖에 없다.[64]

자본주의 체제의 정중앙에 있는 이 이원론은 마르크스 자신이 이윤율 저하 경향성tendency towards a falling rate of profit이라고 진단한 그 자체의 내부 역학을 가지고 있다. 자본주의적 투자는 이 문제에 직면하고 있다. 한 투자가 처음에 아무리 수익성이 크더라도, 시간이 지남에 따라 수익률은 필연적으로 감소한다. 비교적 단순한 예를 들기 위해서, 건축 붐을 본다면, 한 해라는 간격 안에서 집값이 100%만큼 올라서 집값을 효과적으로 두 배가 되게 할 수도 있다. 이는 놀라운 수익률이다. 만약 한 집이 연초에 10만 달러였다면 연말에 그 집은 20만 달러의 가치를 지닐 것이다. 같은 수익률이 유지된다면, 두 번째 연말에 그것은 40만 달러의 가치를 지니며 계속 그렇게 이어질 것이다. 그것은 대출금, 타지 부동산의 상대적 가격, 실질임금의 상승 등등을 포함한 한 무리의 외부적 요인에 묶여 있기 때문에, 이러한 수익률은 좀처럼 1년 이상 지속되지 못하고, 이러한 이유로 앞서 언급한 순간들을 '붐'이라고 부르는 것이다. 그것들은 짧게 지속되고 효과에 있어서 강력하지만, 궁극적으로 지속 가능하지 못하다. 똑똑한 부동산 투자자들은 이를 알고 있으며 수익률을 유지하기 위한 방안으로 다음 붐을 찾아 지속적으로 망을 본다. 더 큰 규모로 본다면, 제조업은 제1세계로부터 제3세계로 같은 이유 때문에 수출되었다: 수익률

---

64 M. Parenti, *Against Empire*, pp. 6~14.

을 지속하기 위해서. 제3세계의 저임금 지역에서 제품을 제조하는 것이 훨씬 저렴하지만, 그러한 절약은 소비자에게 거의 전해지지 않는다. 그것들은 대표 이사들 그리고 주주들에게 배당금과 그들의 주식에 대한 증대된 자본 총액의 형식으로 훨씬 자주 직접적으로 전해진다. 이윤율 저하 경향성은 자본주의에게 지속적으로 재발하는 '위기'이지만, 아무도 그것을 극복하는 데에는 관심이 없다. 실은, 그것은 체제에게 쉬지 않는 에너지를 줌으로써 그것을 작동시키는 주요한 전동기motor다. 바로 이것이 들뢰즈와 가타리가 체제는 오직 붕괴됨으로써 작동한다고 말할 때 뜻하는 바다.

> [원시 영토 기계와 전제군주 기계에 관련지어 논한 바와 같이] 만일 자본주의가 모든 사회의 외적 한계라면, 이는 그 부분들이 외적 한계를 가져서가 아니라 자본 자체를 마주할 수 없는, 그러나 그것을 늘 대체하며 생산해 내는 내적 한계일 뿐이기 때문이다. (AO, 251/274[392])

자본주의는 스스로에 의해서 유발된 위기들 속에서 번창한다. 들뢰즈와 가타리는 이 절차를 자본주의가 자신의 축적의 위기를 중심에서 주변으로 옮기고displace 다시 갖다 놓는 '분열증화'라고 묘사한다. '낙후성의 진보'development of underdevelopment라고도 알려진 이 절차는 자본주의 그 자체의 지구적 안목에서 보았을 때에는 중심이 자신의 수익률을 유지 가능하도록 하지만, 주변에서는 지역산업(모든 부문 ─ 제1차의, 제2차의 그리고 제3차의) 붕괴로 이어진다(AO, 254/277). 그러나 전통을 파괴함을 의미할지라도 변화하려는 그것의 의지에도 불구하고, 자본주의는 자신의 관점에 있어서 근본적으로 보수적이다. 그것은 오직 수익성이 있을 것 같을 때에만 혁신을 끌어안는다. "일반적으로, 혁신들의 소개는 시장 전망들이 그것들을 대규모로 개발하는 것을 정당화할 때까지 과학적으로 필수적인 시점보다 언제나 지연된다."(AO, 254/277) 이것이 진실임은 기후 변화의 위협에 대한 정부의 죄악이 될 정도로 느릿느릿한 반응, 특히 미국과 오스트레일리아와 같은 최악의 범죄자 중 하나인 나라들에서는 손쉽게 볼 수 있다. 어떤 면에서, 그것은 우리가 지구 온난화 문제에 대한 오직 하나의 해법은 시장의 해결방식뿐이라는 신자유주의의 격언을, 그것이 어떤 사람들에게는 아무리 불쾌할지라도(내가 덧붙일 수 있다면 나 또한 포함된다) 받아들이도록 강제한다. 자본주의 사회는 오직 이윤을 창출할 수 있는 기회에만 응답하기 때문이다.

만약 정부가 환경을 고려한 사업 관행들을 수익성 있도록 만들 수 있다면, 기업은 자발적으로 그것을 포섭할 것이다. 이것이 탄소 배출량에 대해 EU가 도입한 '배출권 거래제' 뒤에 있는 생각이다: 그것은 배출 한도를 할당함으로써 기업들이 그들의 탄소 배출을 줄이도록 요구하면서도 기업들이 효율성을 통해 얻을 수도 있는 잉여 한도를 판매할 수 있도록 한다. 이렇게 하여, 몇몇 해설자들이 이미 불평한 바와 같이, 정부는 유럽의 기업들에게 새롭고 잠재적으로 가치 있는 자산을 효과적으로 공짜로 주었다. 희망적으로, 긍정적인 면은 이제 업무들이 자발적으로 배출물들을 줄이고자 하는 강력한 동기를 부여받았다는 것이다. 그들은 좋은 업무 센스를 발휘하는 것으로서 더 친환경적인 태도를 채택할 것이다. 이 전략이 작동할 것인지는 시간이 말해 줄 것이다. 그것은 10년 전에 비슷한 모델이 시행된 미국에서의 유황배출물 사례에 효과가 있었다. 그러나 이것이 의미하는 것은 국가의 역할이 전제적 시대로부터 급격하게 변화했다는 것이다. 그것은 더 이상 잉여 가치를 흡수하지 않지만 자본

주의가 번영할 수 있는 조건들을 창조함으로써 잉여 가치를 더한다(AO, 255/278).[65]

그러나 들뢰즈와 가타리가 연관되는 한, 자본주의가 수반하는 경제적 변화들조차도 결정적인 것이 아니다. 오히려 그것이 생산하는 사회적 기계의 본성이 핵심적이다. 그것은 얼핏 보기에는 모순인 것처럼 보이는 두 가지 주요한 성질들을 가지고 있다. 한편으로, 그것은 해독의 급진적인 과정을 통해 (과)생산을 자극한다. 그러나 다른 한편으로, 그것은 사회의 모든 단계에 반反-생산을 암시함으로써 저 생산을 지연시킨다. 우리가 보아 왔듯이, 원시적인 영토적 기계는 욕망의 흐름들을 코드화함으로써 그리고 그것들에게 의미를 줌으로써 사회의 구성단위들을 설립시켰다. 전제적 기계는 이러한 코드들을 헐렁하게 했지만, 또한 그것들을 재코드화함으로써 자신의 고유한 체제에 그것들을 결속시켰다. 그것은 그것들의 신성한 내용의 코드들을 공허하게 했고, 동시에 그것들을 정신적으로 만들어 '좋은 사회'를 이루는 것의 부분이 되게 했다. 따라서 우리의 이런 사례를 이용하자면, 만약 혼전 성관계가 원시적인 사회에서 그것이 신을 모독한다는 이유로 금지되었다면, 전제적 체제에서는 그것이 자본의 부드러운 이동을 위협한다는 이유로 금지되었다(예를 들면, 결혼 없이 태어난 아이들은 재산을 상속받을 수 없었다).

---

65 "오늘날 국제 자본시장에서 정부가 단순한 사업 주체라는 마르크스의 추문에 가까운 문제제기는 '자유주의자'와 '사회주의자' 모두가 동의하는 명백한 사실로 입증되었다. 자본의 경영에 관한 절대적인 정치의 동일화는 더 이상 민주주의의 '형식' 뒤에 감춰진 부끄러운 비밀이 아니다. 그것은 우리의 정부들이 획득해 온 정당성에 의해 열린 진리처럼 선언되고 있다."(J. Rancière, *Disagreement: Politics and Philosophy*, trans J. Rose, Minneapolis: University of Minnesota Press, 1999, p. 113) 들뢰즈와 가타리 또한 다음과 같이 말한다. "경제권력이 보내는 신호에 보조를 맞추어 온 국가는 결코 자신의 권력을 상실한 적이 없다."(AO, 274/300)

자본주의자의 해독은 모든 코드들, 즉 모든 규칙들, 규제들, 법들, 행동강령들 등으로부터 그것들을 완전히 제멋대로 만들거나 오히려 순수하게 기능적으로 만들면서 의미를 분리해 제거한다evacuates. 이러한 맥락 안에서, 해독은 해석이나 판독을 의미하지 않으며, 말 그대로 코드를 치우는 것을 의미한다. 그들의 자리를 차지하는 것은 공리이다.[66] "왜 그저 자본주의는 하나의 코드를 다른 하나로 대체한다고, 그것이 새로운 유형의 코드화를 일으킨다고 말하지 않는가?"(AO, 268/294) 왜냐하면 공리는 코드와는 종류에 있어 다르기 때문이다. 그것은 공언할 수 없다.

코드로 번역된 것으로 가정되는 단일한 경제적, 금융적 조작이 존재할 수 없다는 것, 즉 발가벗길 수 없는 공언 불가능한 본성. 다시 말해, 내적 전도와 본질적 냉소주의. (부끄러운 양심의 시대는 순수 냉소주의의 시대이기도 하다.) (AO, 268/294[418])

자본주의는 우리가 믿을 수 있는 어떤 것이 아니다. 심지어 시장을 믿는다고 공언하는 자유 시장주의자들조차도 사실상은 믿지 않는데, 그렇지 않다면 그들은 또한 그것의 규제를 요구하지 않을 것이기 때문이다. 미국은 글로벌 시장에 대한 자유로운 접근을 요구하지만, 응답하지는 않는다. 미국의 시장들은 엄격하게 통제된다. 그러나 말해 왔지만, 자본주의의 흐름들은 코드화할 수 없다. 돈은 모든 것들에 대한 공통의 척도를 주는 일반적인 등가물이지만 그 자체 안에서 그것에 (한때 보장 통화 역할

---

66 "공리는 자본주의의 발명품이 아니다. 왜냐하면 그것은 자본 자체이기 때문이다. 반대로 자본주의는 성장한 것이 아니라 공리의 법칙을 보증한 결과물일 뿐이다…"(AO, 274/300)

을 했던 금본위제와도 같이) 의미를 주려는 모든 시도들로부터 자유로이 흐른다(AO, 269~270/294).

자본주의는 작동하기 위해 우리의 믿음을 요구하지 않는다. 그러나 그것은 규제는 필요로 한다. 자본주의는 제동을 요하는 흐름들을, 그것들이 체계 자체를 폐허로 데려가지 않을 것이라면, 불러일으킨다. 자본주의는 생산과 마찬가지로 반대-생산을 생산해야만 한다. 혁신으로 향하는 움직임은 어리석은 제조에 의해 맞대응될 필요가 있다. "국가, 그것의 경찰, 그리고 그것의 군대는 반대-생산의 거대한 기업을 형성하지만, 생산의 심장부 그 자체에 있어서, 그리고 이러한 생산을 조건 지으며 그렇다."(AO, 256/280) 반대-생산의 장치는 두 가지 중요 기능들을 제공한다.

한편으로는, 자본주의의 우월한 목적의 달성을 위한 거대한 축적이 강제되는가 하면 잉여 자원의 흡수에 따른 엄청난 결손이 늘 상존한다. 다른 한편으로는 자본과 지식의 흐름이 그에 맞먹는 어리석음connerie을 낳고 집단과 개인을 체제 내로 통합해 낸다. (AO, 256/280[400])

들뢰즈와 가타리는 때때로 '군사적-케인스주의'라고 일컬어지는 것, 즉 정부가 경제의 중심으로서 군사적 기반 시설에 투자하는 과정을 염두에 둔다. 어떠한 정부도 미국보다 더 '군사적-케인스주의'를 실천하지 않는다. 미국의 정부 지출에 반대하는 지속적인 미사여구에도 불구하고 말이다. 사실은 미국 정부가 인도의 국내총생산(GDP) 전체와 맞먹는 돈을 자국의 군대에 쓰면서도 여전히 충분하지 않다고 걱정한다는 것이다. 군사적 지출에 대한 통계들은 그저 너무나 놀라운 것이며, 어리석은 제조가 무엇인지 곧장 알려 줄 예를 하나만 들자면 다음과 같다. 하나의 FA-18

제트기의 견적 비용은, 말하자면, 3억 달러까지 올라가며, 그것은 5천 명의 사람들을 대학에 보내는 데 충분한 금액이다. 악명 높은 스텔스 폭격기는 저 수치보다 몇 배나 더 비용이 나간다. 반면, 미국 내에서의 고등 교육은 점점 더 비싸지고 점점 더 소수의 부유층을 제외하면 도달하기 어려워진다. 그러나 들뢰즈와 가타리가 단지 이것들이 정부가 할 수 있는 어리석은 선택들이라고 말하는 것은 아니다. 비록 그들이 의심의 여지 없이 저 수치에 대해서는 의견이 다르지 않을 것이지만 말이다. 오히려, 어리석음으로써 그들은 합의의 제조, 즉 (시네마에 대한 들뢰즈의 책들로부터 구절을 각색하자면) '이 세계를 믿어야 할 이유들'의 지속적인 흐름을 의미한다. 궁극적으로 이것은 정치를 위해 경제학을 대체한다는 형식을 취한다. 랑시에르가 주장하듯이, '경제적 필요성', 즉 포스트모던 시대의 모든 정부들의 잘 알려진 호소하는 말은 정치인들이 정치성을 배제하는 데 이용하기에 극히 강력한 카드이다.[67] 경제적인 것은 그것을 자신들의 정치적 합법성으로 (달리 말하면 기관들 없는 그들의 육체로) 변형하였던 신자유주의자들보다 더 궁극적으로 결정적인 요소라는 알튀세르의 격언은 어느 누구도 이해하지 못했다.

> 마르크스는 종종 (후자가 자신만의 냉소주의를 숨기지 않는다는) 자본주의의 황금기에 대해 넌지시 말했다. 최소한 처음에는 그는 잉여 가치를 갈취하면서 그가 무엇을 하고 있는지 의식하지 않을 수 없었다. 그러나 어떻게든 이러한 냉소주의가 성장해서 어느 지점까지 이르면, 거기서 그는 선언할 수 있다. '아, 아무도 강탈당하지 않고 있어!'라고 말이다.

---

67 J. Ranciere, *Disagreement*, p. 110.

(AO, 259/284[404~405])

이것은 우리를 들뢰즈와 가타리가 이익률 감소 경향에 더하여 두 번째로 채택한 마르크스주의적 법칙으로 데려다주며, 저 대응된 경향의 법칙은 그것의 보충물이다.

[자본주의는] 코드화되거나 초코드화된 다른 모든 사회를 흐르는 탈코드화decoding를 가져오는 한 모든 사회의 한계가 된다. 그러나 그것은 **상대적** 한계이자 **상대적** 단절이다. 왜냐하면 그것은 탈영토화된 그러나 동시에 다른 어떤 것보다 냉혹한 자본에 묶인 채 에너지의 흐름을 유지하는 극단적이고 엄격한 공리로서의 코드로 대체되기 때문이다. (AO, 267/292[416])

정신분열증은 사회의 참된 혹은 **절대적인** 한계이다. 우리가 보아 왔듯이 그것이 야기하는 것이 욕망의 모든 흐름들에 대한 일반화된 해방freeing인 한에서 말이다.

따라서 우리는 정신분열이 자본주의 자체의 **외적** 한계 혹은 가장 깊은 경향이라고 결론 내릴 수 있다. 하지만 자본은 이 경향을 **내재한** 조건 위에서만, 다시 말해 내적이고 상대적인 관계를 바꾸어 가면서 이 한계로 되돌아가거나 대체함으로써만 작동하고 큰 규모의 재생산을 이어 나간다. 그것은 한 손으로는 공리를, 다른 손으로는 탈코드화를 수행한다. 이것이야말로 반작용 경향에 대한 마르크스주의적 법칙을 우리가 재해석해야만 하는 이유이다. (AO, 267/292[416])

오늘날, 이것은 종교들과 전통들에 할당된 규칙, 곧 자본주의가 그것의 육체로부터 분리한 쫓겨난 에너지들의 흡수이다. 이것, 즉 욕망의 재구속이 들뢰즈와 가타리가 재영토화로 의미하고자 하는 것이다. 무슬림 소녀들이 학교에 갈 때 풀라드foulard를 써도 된다는 권리에 대한 최근 프랑스에서 있었던 논란을 고려해 보자. 여기서는 '왜 프랑스 정부가 그것을 금지하고 싶었는가?'보다는, '왜 그 소녀들이 우선 프랑스에서 그렇게 하라는 요구가 없는데도 그것을 쓰기를 원해야 하는가?'가 쟁점인 것인데, 왜냐하면 그것을 금지하는 것은 꽤나 명백한 것으로서 그렇게 할 정치적인 좋은 의미가 있었기 때문이다. (르 펜의 경우 그가 의장직을 획득하기에 거의 충분했다.) 참으로, 2003년에는, 프랑스의 25만 명쯤 되는 무슬림 여학생들 중에 대략 오직 천이백 명만이 규칙적으로 풀라드를 썼다. 그들이 그렇게 하지 않아도 될 자유에도 불구하고 풀라드를 쓰기로 결심한 것에 대한 한 가지 명백한 설명은 그것이 그들에게 그들 자신의 것이 아닌 문화 속에서 그들 스스로를 위한 공간을 협상하는 수단으로서의 무슬림 정체성을 구성하게 해 준다는 것이다.[68] 이는 풀라드를 쓰도록 강제된 것도 아니었고, 많은 프랑스인 여성주의자들이 주장하듯 가부장적인 원리에 의해 억압받는 징표를 그렇게 하기로 선택한 것이다. 풀라드는 '새로운 영토', 완벽히 근대적 기능을 갖춘 의고주의였던 것이다(AO, 279/306).

---

68 "유감스럽게도, 정신분석가들은 억압이 적응의 어려움을 경험한 1세대 이민자들에게서 두드러졌으며, 분열증 환자들은 부적응을 보인 2세대 이민자들 사이에서 두드러졌다고 보고한다. 오랫동안 극심한 정체성 혼란 현상을 보인 청소년들이 이를 해결하고자 종종 이슬람주의자로 전향했다."(R. Wolin, "Veiled Intolerance", The Nation, 9 April 2007, pp. 25~30)

근대 사회들은 두 극 사이에서 나타난다.

전제군주 기계의 몰락 위에서 탈코드화와 재영토화를 거쳐 탄생한 사회들은 초코드화와 재영토화로 소생하고자 한 원국가Urstaat와 절대적 문턱을 향해 자유로운 흐름을 이어 온 것 사이에 존재한다. (AO, 282/309 [437])

사실상, 근대 국가들은 두 방향으로 찢겨져 있다. "의고파와 미래파, 신의고파와 탈미래파, 편집증과 정신분열증"으로 말이다(AO, 282/309~310). 이 모든 것에서 이해를 위한 핵심은 모든 유형의 사회들을 구조화하는 동맹과 계통의 관계들이 더 이상 그들이 이전의 영토적인, 전제적인 체제들에서 그랬던 것처럼은 사람들에게 적용되지 않는다는 것이다. 근대 국가에서 이 관계들은 화폐에 적용된다. 이러한 상황 속에서, "가족은 그것이 더 이상 지배하지 않는 것을 표현하기에 적합한 소우주가 된다"(AO, 286/315). 가족은 근대 체계 속에서 소비의 대상이 된다. 오이디푸스가 마침내 뿌리를 내리는 곳은 바로 이 땅 위에서이다. "오이디푸스적 삼각형은 개인적이고 사적인 영역성이며, 그 영역성은 사회적 재영토화에서의 모든 자본주의의 노력에 부합한다."(AO, 289/318) 그것의 목적은 외재적 한계(예를 들어, 정신분열증) 이외에 욕망의 움직임을 멈춰 세울 내재적 한계를 창조함으로써 근대 자본주의적 기계의 절대적 한계인 정신분열증의 위협을 중화시키는 것이다.

약간의 부가적 작용으로도 모든 것을 전복하기에 충분하며, 우리를 결국 다른 멀리
떨어진 장소들로 인도하기에도 충분하다.

— 질 들뢰즈·펠릭스 가타리, 『안티-오이디푸스』

분열분석은 단일한 목적을 갖는다. 서로에 대해 부분이자 톱니로 작동하여 혁명적
이고 예술적이며 분석적인 기계라는 목적을.

— 질 들뢰즈, 『대담, 1972~1990』

그래서, 혁명적 노선은 무엇인가? 해결책은 무엇인가?

사미르 아민이 제3세계 국가들이 시행하도록 권고하는 것처럼, 파시스
트적 '경제 해결'이라는 신기한 반복에 처한 세계시장으로부터 물러서
게 하는 것이 있을까? 즉 반대 방향으로? 좀더 가 보자면, 탈코드화하고
탈영토화하는 시장의 운동 속에서. (AO, 260/285[406])

아마도 우린 충분히 멀리 나아가지는 않았던 걸까? 작금의 체계의
종말을 일으키는 수단은 그 안에 놓여 있는 걸까?[69] 들뢰즈와 가타리가
논증하는바, 정신분석은 이 문제를 푸는 데는 도움이 안 되는데, 왜냐하
면 정신분석이라는 것은 이미 그들이 비판하고자 하는 바로 그 사회체제
의 일부이기 때문이다. 그러면 분열증 분석이 제안하는 바는 무엇인가?
들뢰즈와 가타리는, 우리가 혁명가가 되고자 할 때 따를 수 있는 어떤 모
델을 제공하지는 않는다. 그러나 그들은 세 가지 과업들 — 하나는 부정

---

69 물론 이는 하트와 네그리의 '다중'에 대한 기본적 입장이다(M. Hardt and A. Negri, *Empire*,
Cambridge, Mass.: Harvard University Press, 2000). 그들에 따르면 자본주의는 사회구성체
의 변화를 야기하는 발전 과정에 있기에 궁극적으로 새로운 체제로 전환될 것이다.

적이며 다른 둘은 긍정적인 ──의 윤곽을 그려 내는바, 모든 혁명들에서 겪는 많은 배반들, 곧 그 안에서 일어나는 배반들에 맞서 우리를 무장하게 함으로써, 우리가 그 노선을 따라가도록 선택해야만 할 때, 혁명가가 되는 데 더 좋은 위치를 차지하게 할 것이다. 『안티-오이디푸스』는 선先-혁명이기보단 반反-역逆혁명이다anti-counterrevolution. 푸코가 그의 서문에서 우리에게 경고하는 파시스트는 정확히 역혁명가, 즉 혁명 안에서 확신과 변화에의 의지 등의 신념을 상실한 혁명가다. 이런 의미에서, 『안티-오이디푸스』는 우파의 냉소주의와 좌파의 패배주의 모두에 대한 반박이다.

부정적 과업

"파괴하라, 파괴하라. 분열증 분석의 과업은 파괴, 곧 무의식에 대한 완전한 소탕, 완전한 단절을 거쳐서 진행된다."(AO, 342/371) 무엇이 파괴되어야만 할까? 오이디푸스, 자아, 초자아, 죄, 법, 거세, 이 모든 것들은 그 근원에서 뿌리가 뽑혀야만 한다. 이는 정신분석에서 행해지듯이, 단순히 이것들을 '꿰는' 사항이 아니다. 왜냐하면 정신분석은 그것을 보존하는 더 나은 것만을 파괴하기 때문이다. 정신분석에서 우리는 우리의 죄를 '꿰는데' 이는 그것을 제거하기 위해서가 아니라 그것을 소유하기 위해, 더욱더 내재화하기 위해서다. 우리는 정신분석이 요구하는 체념과 순응의 지점에 이르기 위해서 거세불안을 극복한다. 라캉주의자들이 요구하는바, 우리의 징후들과 동일시하는 것은, 죄, 법, 그리고 거세 등, 징후들의 원인을 제거하는 것은 아니다. 이런 의미에서 오이디푸스를 제거한다 함은 그저 그것[오이디푸스]을 하나의 관념으로 전환시키는 것을 의미하는데, 이는 사실상 가장 맹독성을 띤 형태다. "오직 관념만이 독을 주입할

수 있다."(AO, 343/372) 들뢰즈와 가타리가 염두에 두고 있는 파괴 절차
는 정신분석에서 시도되는 그 어떤 것보다도 목적이나 효과 면에서 훨씬
더 철저하다. 우리가 이미 봐 왔던바, 들뢰즈와 가타리의 오이디푸스 제
거하기는 오이디푸스를 하나의 문제이자 해결로서 제거함을 의미한다.
그래서 우리는, 오이디푸스 콤플렉스적 함정을 피하는 하나의 수단으로
어떤 탈-오이디푸스 콤플렉스적 국면을 투사할 수도, 전-오이디푸스 콤
플렉스적 국면으로 물러날 수도 없다. 궁극적으로 문제가 되는 것은 오이
디푸스 콤플렉스적 재현들의 배후나 아래에 있는 욕망의 오이디푸스 콤
플렉스적 작동을 재발견하는 것이다. 파괴란 본질적으로 환영들(곧, 들뢰
즈와 가타리의 용어로는 영토들)의 복잡한 덩어리를 소멸시키는 실천적인
사항으로, 이것에 의해 우리는 우리 삶에 구조와 목적을 제공한다. 그러
나 그것은 또한 특정한 정치학을 야기한다. 아마도 유일하게 효과적인 정
치학은 특정한 실천적 정치학인데, 이는 '실용적 들뢰즈주의'라는 슬로건
으로 의미하는 것이라고 말해져야 할 것이다. 그것은 확실히 들뢰즈와 가
타리가 취하는 접근법이다.

정신분석에 동의하면서, 들뢰즈와 가타리는 다음의 관점을 취한다.

> 무의식적 재현들은, 그것이 경험하는 변형, 위장, 전치로부터 결코 독립
> 적으로 파악될 수 없다. 그래서 무의식적 재현은, 본질적으로, 그 자체
> 의 **법칙**에 따라, 영속적 전치 상태와의 관계에 따라 대체되어 재현된다.
> (AO, 344/373[520])

하지만, 그들은 말하길, 정신분석은 이런 초기 전제로부터 두 가지
잘못된 결론들로 빠진다고 한다. 첫째로, 문제의 그 작용이 전치된 재현

물displaced represented의 이면에서 식별될 수 있다는 것, 그리고 둘째로, 이 작용은 재현의 영역에 끼어드는 비재현적 대표자(혹은 '결핍')라는 것이다. 들뢰즈와 가타리에게서, 이런 특수한 오류에 대한 표준전거the locus classicus는 우리가 욕망의 본성을 금지된 것으로부터 연역할 수 있다는 가정이다. 우리가 근친상간의 경우에서 봤던 것처럼(이전 절 '미개인들, 야만인들, 문명인들' 참조), 금지라는 것은 욕망을 망신시키고, 그것을 잘못된 이미지로 옭아매는 하나의 방식이다.

> 오이디푸스는 진실로 전치된 재현물이다, 그렇다, 거세는 참으로 표상적, 전치적 기표이다 ─ 그 어느 것도 무의식적인 것을 구성하지 않으며, 무의식적인 생산물에 대해서 고려하지도 않는다. 오이디푸스, 거세, 기표 등등은 다음과 같은 두 종류의 포획작용들의 교차로들에 실존한다. 하나는 억압적인 사회적 생산이 믿음들에 의해 전치되는 곳이며, 나머지는 억압적 욕망-생산이 재현들에 의해 전치된 자기 자신을 발견하는 곳이다. (AO, 345/374[521])

이런 포획작용이야말로, 실제로 특정한 징후들을 소멸시키는 효과적인 '치료'가 시행될 때, 이해되어야 할 것이다. 들뢰즈와 가타리가 논증하는바, 정신분석이 이를 그릇된 방식으로 착수한다는 것은 다음과 같은 사실에서 분명하다. 곧 소위 정신분석적 치료가 가지는 별나게 특이한 효과는 그 정신분석이 제거한다고 여겨지는 바로 그것을 보존한다는 것이다. 다시 말해, 정신분석은 생존하려는 거부된 믿음들과 믿으려는 불신자들을, 그것들을 위한 사적인 영토를 창조함으로써, 야기한다는 것이다 (AO, 345/374).

반대로, 정신분석은 필연적인 파괴들에 전심전력한다. 믿음과 재현, 연극적 장면의 파괴 말이다. 그리고 이런 과업에 참여하게 될 때, 여기에는 어떤 악의도 없다. (AO, 345/374[521])

이 모든 것 안에서 복잡하게 하는 것은, "욕망-생산이 진실로 재현으로부터 생겨난다는 것, 그 탈주의 노선을 통해서 발견된다는 사실이다"(AO, 346/375). 어떤 효과가 주어질 때, 어떤 기계가 그것을 생산할 수 있었던 것일까? 바로 이것이 우리가 묻도록 배웠던 기본적 질문이다. 또한 우리는 어떤 결과들을 생산하는 기계가 그 결과들이 형성되는 방식과는 다르게 작동하는 것이라 가정하도록 배웠다. 정신분석과의 대결은 분명하다. 그래서 어떤 하나의 결과가 그 궁극적 원인으로 귀결되는 특정한 노선은 존재하지 않는다. 그리고 이제까지 봐 왔듯이, 『안티-오이디푸스』의 모든 개념적 고안물들은 바로 이런 사실에 의해 제시되는 분석적 문제를 해결해야만 한다. 그럼에도 불구하고, 여기서 들뢰즈와 가타리는 탈영토화와 재영토화야말로 이런 목적에 가장 효과적인 장치임을 보여 주고 있다. 이 개념쌍들의 기초 전제는 다음과 같다, 즉 "탈영토화의 운동은 그 자체로는 결코 파악될 수 없으며, 우리는 오직 영토적 재현물들과의 관련 안에서 그 색인자료들을 파악할 수 있을 뿐이다"(AO, 348/377). 이 색인자료들은 욕망기계들로서, 비행기, 기차, 자전거, 방직기 등등 다양한 형태들을 취할 수 있다. 한 가지 주의할 점은 그것은 반드시 특정한 사람이어야 한다는 점이다. "오이디푸스적 외골수 기질을 가지는 정신분석은 그저 이것에 대해서 흐릿하게 이해할 수 있을 뿐이다. 하지만, 우리는 사람들과 환경에 관해서는 재영토화하며, 기계들에 관해서는 탈영토화한다."(AO, 348/378)

『욕망의 권리』*The Rights of Desire*라는 앙드레 브링크André Brink의 탈-인종정책 소설을 예로 들어 보자. 주인공이자 화자인, 60대의 퇴역한 사서인 루벤 올리비에는 그의 집에 세 들어 사는 테사 버틀러라는 젊은 여자와 사랑에 빠진다. 그들의 사랑의 노정은 순탄하지 않다. 그녀는 그와 동침하지 않는다는 조건에서만 사랑하는 데 동의한다. 그럼에도 불구하고, 그녀는 자신의 알몸을 보여 주고, 그는 그녀의 배꼽찌navel ring에 사로잡힌다. 그의 생일에 그녀는 그에게 배꼽찌를 선물하고, 그는 자신이 그것을 가지고 있는 한 만사 오케이일 거라 말하면서 그것을 간직한다. 예상할 수 있는바, 그는 그것을 분실하고, 바로 그 이유로는 아니지만 테사와의 관계는 끝장난다. 마침내 그녀는 그를 떠나게 되고, 그는 우연히 그 찌를 다시 찾게 되며, 다시 만사 오케이가 됨을 느끼게 된다. 그러나 그 역시 자신의 세계가 변했음을 인지한다. 그래서 그는 과거 10년 혹은 그 이상 동안 자신을 추방시켰던 지역 안에 있는 그의 저택 바깥을 보고 싶어 한다. 브링크가 지적처럼 말하면서, 들뢰즈를 읽었어야 했다고 말하는 것은 매력적이다. 왜냐하면 루벤과 테사가 파국에 이르렀던 이유는 정확히 그들의 관계가 탐닉의 산물임을 그들이 깨달았기 때문이다. 즉 각각은 서로를 재영토화하고 있는데, 그녀는 (아마도) 아버지상이 필요했고, 그는 (아마도) 사별한 아내를 다시 만나는 것이 필요했기 때문이다. 하지만 그 어느 쪽으로도, 그들의 관계는 건강하지 못하다. 그것은 너무 연극적이며 결국 그들은 그것을 깨닫게 된다. 그러나 그렇다 한들, 그들의 동행으로 그들이 분열적 항해를 하게 됨으로써 이제껏 그들이 각기 개척해 왔던 그 작은 영토들은 분쇄되어 버린다. 루벤은 테사를 알게 되었고 그녀를 상실했다는 것이 무엇을 의미하는지를 숙고하면서 다음과 같이 결론짓는다. "나는 지금 혼자이며, 테사가 단조로운 나의 낡아 빠진 세계를 부수고는 떠나 버린 이 혼란스러운 사막 속에 있어. 하지만 또한 나는 혼자가 아니야."[70] 그 사막의 한가운데서 윙윙거리는 것은 그가 간직하고 있는 작은 배꼽찌다.

주요 파괴과업은 재영토화의 소거다.──들뢰즈와 가타리는 재영토화를 항구적 위협으로 묘사한다.

> 심지어 '떠남'[곧, 탈영토화]에 최고로 능한 자조차도, 죽음이나 태어남 같은 자연으로 떠나는 자들조차도, 로런스나 밀러처럼 비인간적 섹스를 모색하는 자들조차도 인류학적이고 남근적인 재현에 복무하지만──오리엔트든, 멕시코든, 페루든 간에──영토성과 멀리 떨어진 일에 복무한다. 분열자의 산책이나 여행조차 영토적 순환 없이는 거대한 탈영토화를 낳을 수 없다. 몰로이가 탄 자전거의 비틀거림이 그의 부모의 자취를 보존한 것처럼 말이다. (AO, 346~347/376[523])

우리의 영토들은 우리의 탐닉이며, 우리의 도착증이다. 들뢰즈와 가타리에게 도착증이란 다른 이름을 한 재영토화일 뿐이다. 그래서 그것은,

> 인위적인, 이국적인, 낡은 찌꺼기의 그리고 사적인 것에 불과한 모든 유형의 재영토화들. 따라서 오이디푸스와 정신분석은 도착적이다. 레몽 루셀의 분열 기계는 아프리카를 연극적으로 재현하는 도착적 기계로 화化한다. (AO, 347/377[524])

---

70 A. Brink, *The Rights of Desire*, London: Vintage, 2000, p. 306.

의심할 여지 없이 우리가 마주쳤던 다른 기계들 — 단지 베케트와 루셀의 것뿐만 아니라 아르토의 것도, 뷔히너와 슈레버의 것도 의심 없이 그렇고, 선홍색 보석이 박힌 루벤의 작은 배꼽찌 역시나 도착적 기계다. "글로벌하거나 국지적인 재영토화, 곧 재현의 기슭을 재구성하는 재영토화를 수반하지 않는 분열적 욕망의 흐름을 띠지 않는 탈영토화란 없다."(AO, 347/377) 말하자면, 만일 우리가 "무슨 뜻인가?"라는 질문을 할 수 있다면, 우리는 특정한 재영토화를 다루는 것이며, 그 질문이 다시 가능해지지 않을 때 우리가 해소시켜 버렸음을 알게 될 것이다.

낡은 땅[예를 들어, 과거의 재영토화와 그 결과가 낳은 영토]으로 돌아가 자연과 운명을 연구해야 한다. 우리는 어떻게 하면 기계들이 자신을 뛰어넘어 이 땅을 일구는가를 발견해야 한다. 어떻게 해야 우리는 매 시간, 영원히 이 땅으로의 여행을 복원할 것인가? 정신분석 임상과 신경증적이고 인위적인 오이디푸스의 땅을. (AO, 350/380[528])

이 마지막 질문에 대한 답은 단적으로 다음과 같다: 재영토화들을 소멸시키는 부정적 과업은 반드시 그런 재영토화들이 구성되었던 방식과 이유를 소멸시키는 긍정적인 과업에 동반되어야만 한다는 것이다. 들뢰즈와 가타리는 자기-인식에 큰 가치를 놓는다. — 하지만 우리의 내적 자아를 인식하는 것에 대해서 요구하기보다는, 그들은 어떻게 그 내적 자아가 형성되는지를 인식하라고 요구한다.

첫 번째 긍정적 과업

"첫 번째 긍정적 과업은, 일체의 해석들과는 독립적으로, 어떤 주체 안에서 그의 욕망기계들의 본성, 형성, 그리고 기능을 발견하는 것으로 이루어진다. 당신의 욕망기계들은 무엇인가, 당신은 이 기계들 속으로 무엇을 집어넣는가, 결과는 무엇이며, 어떻게 그것이 작동하며, 당신의 비인간적 성性들은 무엇인가?"(AO, 354/384) 이런 질문에 답할 수 있는 지점에 이르려면 탐구는 해석적 영역 —— 여전히 '무슨 뜻인가?'가 적용되는 —— 을 넘어 들뢰즈와 가타리가 기능적 혹은 기계적 영역으로 명확히 말했던 영역으로 밀어 넣어야 한다. 이는 우리 삶을 짜 맞추는 모든 기계들 —— 사회적, 기술적, 그리고 욕망하는 기계들 —— 모두에 해당한다. 들뢰즈와 가타리는 라캉주의적 정신분석가인 세르주 르클레르Serge Leclaire를 빌려 기계들의 부분들을 인지하는 것에 다음과 같은 규칙을 맞춘다.

> 욕망하는 기계의 요소들은 어느 하나가 다른 것에 의존할 필요 없이 상호 독립적이다. 그것은 동일자same identity의 대립도, 남성적·여성적인 성별처럼 단일 상태의 변별도 아니라, 차이나고 구별되는 '상태들'being (실재적으로 구별되는), 즉 (클로버잎이나 벌처럼) 비인간적 성의 분산에서 발견된다. (AO, 355~356/386[537])

정신분석이, 르클레르가 '성욕을 일으키는 육체'erogenous body로서 언급했던 것을 이루는 이 분산된 요소들에 도달하지 않는다면, 그런 육체로써 그가 들뢰즈와 가타리가 '특이성들'이나 '강도들'로 언급했던 것을 의도하지 않는다면, 곧 전前-개인적인, 전-개체적인, 전-주관적인, 리비도적으로 채워진 입자들을 의도하지 않는다면, 턱없이 모자란 것이다. 더 간단히 하자면, 남근이나 유기체와 같은 지배적인 고리나 외적 구성장치가 부재한 상태에서 연접, 이접, 통접의 관계에 이른, 모아진 입자들을 밝

혀내는 문제인 것이다.

우리가 진정 궁금한 것은 이 분산과 진정한 구별이 어떻게 작동하는가에 관한 것이다. 즉, 어떤 기계적 **체제**regime의 실존도 허용하는 부재 말이다. 부분 대상은 어떻게 기계를 형성하고 배치를 일구는가. 그 대답은 수동적 종합에 있다. 사유 작용의 상호성이 지닌 우회적 본성 말이다. (AO, 357/387~388[539])

"흐름을 야기하거나 멈추게 하는, 무의식의 실제 활동들은 수동적 종합 그 자체로 이루어져 있는데, 그 수동적 종합이 상관적 공존과 두 개의 서로 다른 기능들을 대치하는 한에서 그렇다."(AO, 357/388) 부분적 입자들과 욕망하는 기계들은 무의식의 기계적 구성요소들이다. 이제까지 봐 왔듯이, 이런 기계적 구성요소들은 억압의 다양하고 서로 다른 인자들의 작동으로 차단된다. ── 기관들 자체가 없는 신체가 존재하며, 그것은 정신분석에서 '일차적 억압'이라 말하는 것에 일치하며, 그래서 사회적 역학들 그 자체가 존재하며, 그것은 정신분석에서 '이차적 억압' 또는 '본억압'repression proper이라 말하는 것과 일치한다. 들뢰즈와 가타리가 여기서 지적하는 특수한 문제는 후자가 전자에 의존한다는 것이며, 그래서 분열분석의 최우선의 본질적 과업은 그 둘의 공존을 파괴하는 것이다. 그래서 일차적 억압이 이차적 억압의 형태로 강화되는 것을 부정하며, 이차적 억압이 일차적 억압의 형태로 정당화되는 것을 부정한다. 그러한 것을 하기 위해서, 분열분석가는 무의식을 다시금 생산적이게끔 할 수 있는 방식으로, 일차와 이차 억압의 결합을 특징짓는 매력과 반감의 관계를 새롭게 해야만 한다. 이로써 욕망하는 기계들은 그 작동을 쇄신한다.

두 번째 긍정적 과업

정신분열증의 분석에 있어서 두 번째 긍정적 과업은 이것이다.

전의식적 투여와 변별될 뿐인, 대항행동에 불과할 뿐 아니라 그 반대와
도 공존할 뿐인 사회적 장이 가진 무의식적 욕망에의 투여. (AO, 383/
419[579])

이것이 의미하는 바는 무엇인가? 들뢰즈와 가타리는 젊은 사람들
이 "자신들의 이해관계(직장, 저축, 좋은 결혼) 대신에 욕망(자동차, 신용카
드, 대출, 남녀관계)을 우선시하는 것"을 나무라는 나이 많은 사람들이 갖
고 있는 '세대차'를 의미하는 사례를 든다(AO, 384/419). 여기에 언급된
문제는 '있는/말 그대로의 욕망' ── 자동차를 소유하고자 하는 욕망, 혹
은 신용카드를 얻고자 하는 욕망, 등등 ── 으로 묘사된 것이 이미 욕망과
이해관계의 혼합, 곧 "구체적으로 반발적이면서도 모호하게 혁명적인 욕
망과 이해관계 형식의 혼합"이라는 것이다(AO, 384/419). 두 사람의 말
을 인용하자면, 상황은 완전히 '엉망진창'muddled이다. 물론 이것이 요구
하는 질문은 상황을 정돈하는 방법은 무엇인가이며, 따라서 우리 앞에 제
기된 두 번째 과제를 완수하는 것이다. [이 질문에 대한] 대답은 바로 분
열증 분석이 성을 사물의 상태를 가리키는 지표로 활용해야 한다는 것이
다. 그러나 『안티-오이디푸스』에서 이 부분의 진짜 요지는 이것이다. "성
sexuality이 나르시스적인 것 ── 의식적이든 아니든 간에 ── 안에 감춰진
한에서는 오이디푸스 콤플렉스적인 이것Oedipal, 곧 가장 엄격하게 잠재
의식을 억압하는 힘censors의 승리를 보장하기에 충분한 거세하는 [것을
의미하는] 동의어들coordinates, 즉 로런스가 언급한 백발의 신사들이 작동

하지 않을 것이다."(AO, 384~385/420) 따라서 욕망과 이해관계의 뒤엉킴을 정돈한다는 것의 의미는 실제적이고 기계적인 욕망을 그것의 가족주의자familialist와 자기도취적인 타자, 곧 환상fantasy으로부터 분리해 내는 것이다.

예를 들어, '게이해방운동'은 이성애와 같은 배타적 이접의 관계 속에서 이해될 수 없다. 그 관계란 그저 오이디푸스적이고 거세 콤플렉스적인 계열에 갇힌 것이다. 대신 욕망의 탈코드화된 흐름 속에서 상호적이고 횡단적인 의사소통이 와야 한다. (AO, 384/420[580])

무엇보다도 성적 차이/차별의 역학을 제거하지 않는다면 성은 해방될 수 없다. 들뢰즈와 가타리는 성과 관련하여 그것의 단순성 속에서 과격한 입장을 취하고 있다. 그들은 성이 권력의 이해관계에 이바지하지 않는다면 성적 차이/차별은 존재하지 않았을 것이라고 논한다. 우리는 오직 문화적으로만 주목한 나머지 실제로 성들sexes 사이의 생물학적 차이/차별에 사로잡혀 있다. 왜냐하면 그렇게 하는 것이 우리의 사회적 이해관계 안에 있기 때문이다. 성적 차이는 권력이 그것으로 자신을 행사하는 하나의 수단이다. 요지는 성적 해방이 남자나 여자나, 동성애자, 성전환자 누구든지 간에, 모든 이해당사자들에게 향유enjoyment의 '권리'를 확장함으로써 성취되는 것이 아니라, 이해관계의 요소들을 모두 소멸시키는 작업을 통해서 이뤄진다는 것이다. 문제와 해결책을 모두 제거해야 한다.

분열증 분석은 한 주체 안에 있는 특정 성n sexes에 대한 가변적인variable 분석이다. 이 주체에게 사회가 부과하는 의인화된 표상을 넘어서, 또한 그것으로 그 주체가 자신만의 성을 표상하는 것이다. 욕망하는-혁명의 분열분석적 슬로건은 무엇보다도 이것일 것이다: 각자에게 자신만의 성을! (AO, 325/352[493])

네 가지 테제

『안티-오이디푸스』는 정신분열 분석의 프로젝트를 하나의 전체로 집약하여 특징짓는 네 가지 테제를 개요로 지정하면서 결론을 내린다.

1. 모든 리비도적 무의식의 외피는 사회적이며 사회역사적인 분야에 영향을 미친다. (AO, 375/409[566])

2. 사회적인 외피에는 두 유형이 있다: 무의식적인 리비도적 그룹 혹은 욕망의 외피와 전前의식적인 계급 혹은 이해관계의 외피. (AO, 377/411[569])

3. 비가족적인 리비도의 무의식적 외피는 가족적인 무의식의 외피에 우선권을 가진다. (AO, 390/427[588])

4. 무의식적인 사회적 욕망의 외피는 두 가지 주요 유형으로 분류될 수 있다: 편집증, 곧 반발적이고 파시즘적인 형태 혹은 분열증, 곧 혁명적이고 유토피아적인 형태. (AO, 401/439[604])

매우 임시적인 방식으로, 우리는 현대 문화와 정치적 모습/측면의 전체적 범위에 이르는 정신분열 분석이 위의 네 가지 테제를 이용함으로써 토머스 프랭크Thomas Frank의 베스트셀러이자 미국의 보수파-되기 becoming-conservative에 대한 상당히 설득력 있는 이야기인 『캔자스가 무슨 문제인가?』What's the matter with Kansas?[『왜 가난한 사람들은 부자를 위해 투표하는가』]를 읽기 위한 기본적 토대 같은 것에 이를 것이라고 느낄 수 있다. 2004년 미국 연방 선거 직전에 출간되었던 프랭크의 이 책은 조지 W. 부시를 백악관에 재입성시킨 우경화를 정확히 예측했다. 매파적인 부시 정권에서 벗어날 수 있는 미국인들에게 주어진 첫 번째 기회였지만, 그 선거는 실제로는 '테러와의 전쟁', 특히 미국의 제국주의 행동에 대한 국민투표가 되었다. 유권자들 앞에는 아웃사이더들이 볼 때(미국의 전 세계적 역할로 볼 때, 나는 나머지 모든 나라들에게 미국의 선거에 투표할 권한을 줘야 한다고 제안하는 비판자들에 동의한다) 부시의 재집권을 막는 것을 설득하는 데 요청되는 모든 증거들이 있는 것처럼 보였다: 수천 명의 미군들이 이미 이라크에서 죽거나 부상당했고, 아부그라이브 스캔들이 이미 터진 직후였기에 관심을 갖고 들여다본다면 점령자 정책의 야만성이 모든 미국인들에게 드러날 수 있었다. 미국의 경제는 휘청거리고 있었으며 ──실업의 증가, 달러의 하락, 적자의 증가, 복지예산의 축소──미국 본토는 결코 안전하지 않았다. 그럼에도 불구하고 부시의 재집권은 이뤄졌다. 명백한 것은 그것이 상당한 표 차이에 의한 것도 아니었으며, 어떤 매우 교활한 투표숫자의 도움을 안 받은 것은 아니었지만, 특별히 오하이오 주의 부동표층이 매우 중요한 역할을 했다.[71] 이 모든 것은 유권자들이 선거 직전에 냉소적이지만 않았으면 그 다음에 일어날 일대로 될 수밖에 없었을 것임을 의미한다.

이와 같은 맥락에서 보면, 슬라보예 지젝이 최근에 냉소주의를 자신의 현대 정치적 상황 분석의 모퉁이돌로 삼는 이론적 추이/조치를 이해

71 R. J. Fitrakis, S. Rosenfeld and H. Wasserman, *What Happened in Ohio? A Documentary Record of Theft and Fraud in the 2004 Election*, New York: New Press, 2006을 참고할 것.

하기에 별 무리가 없어 보인다. 사회를 변화시키려는 의도를 가진 어떤 정치적 그룹이 맞닥뜨려야 할 본질적 문제 ─ 아니면 차라리, 극복해야 할 문제 ─ 인지; 또한, 이론적이고 사회학적인 질문, 곧 왜 현재의 정치적 상황이 엄청 혼란스러워 보이면서도 궁극적으로는 왜 근본적인 변화가 겉으로는 불가능해 보이는 것인지에 대한 질문에 결정적인 대답인지. 왜냐하면 그것의 핵심적 태도 ─ 그가 옥타브 마노니Octave Mannoni에게서 빌려 온 구절 '나는 잘 안다, 그러나 모든 게 동일하다…'에 요약되어 있는 ─ 때문에 그에게는 그 문제가 슬그머니 스며드는 종류의 것이다. 도덕적으로 의심받는 어떤 종류의 행동을 포함하는 것뿐 아니라 **모든 사회적이고 문화적인 행동의 기초를 형성한다.**[72] 그의 말은 우리 모두가 냉소주의자들이라는 것이 아니라 우리가 세상에 존재하는 기본적인 방식상 지식을 거부하게끔 하므로 이런 것이 우리를 냉소주의적인 전망에 잘 빠지게 만든다는 뜻이다. 지젝은 자신의 논변을 지지하는 것으로 내세울 수 있는 일상적 지식거부 현상의 수많은 사례들을 가지고 있다: 나는 내 지갑에 있는 지폐가 정말 쓸모없음을 안다. 그러나 거의 언제나 나는 마치 그렇지 않은 듯이 행동한다; 나는 산타클로스가 존재하지 않음을 안다. 그러나 거의 언제나 나는 마치 산타가 있는 듯이 살아간다; 나는 내 은행잔고 내역이 정말로 안전한지를 도무지 알 길이 없지만, 거의 언제나 그것이 정말 안전한 것으로 여기고 살아간다. 아부그라이브 스캔들에 대한 에세이에서 도널드 럼스펠드 미 국방장관을 예로 들면서, 지젝은 종종 라캉이 말하곤 했던 것처럼 이러한 지식거부 현상을 마치 "미지의 지식

---

72 예를 들어, S. Žižek, *Enjoy Your Symptom! Jacuqes Lacan in Hollywood and Out*, p. 109를 볼 것. 지젝은 시니컬하게 피터 슬로터다이크의 비판을 묵직하게 그려 내고 있다.

unknown knowns, 곧 우리는 우리가 아는 것을 모르는 것이며, 정확하게 프로이트적인 무의식의 표현, '그것 자체를 알지 못하는 지식'"이라고 지적한다.[73]

지젝에게 이데올로기란 본질적으로 우리가 잘못된 사실을 믿도록 하는 이중적인 부인의 과정(즉, 정치적 홍보와 같은 '상술'에 넘어가는)이다. 나는 이라크에 대량 살상무기가 없다는 걸 알면서도 사담 후세인 같은 독재자를 제거해야 한다고 믿는다. 이런 식의 표현이 진행되면, 냉소주의가 진정으로 현대사회의 이데올로기적인 구조/꾸밈에 대해 놀랄 만큼 황당한 많은 것들을 설명하는 듯이 보인다. 그렇지 않으면 어떻게 부시 재집권을 지지하는 자들의 저 이해할 수 없는 과도한 신뢰를 설명할 수 있겠는가? 그러나 개념적으로 냉소주의는 수확체감의 법칙Law Of Diminishing Returns에 종속되어 있다. 바로 그것의 전제 —— 저 '나는 매우 잘 안다…' —— 는 경험적으로 지지를 받을 수 있는 것이 아니다. 2004년에 아들 부시의 지지자들은 부시가 대통령으로서 임무를 감당할 수 있을지를 '매우 잘 아는' 것처럼 보이지 않았다. 확실히 2000년도에는 부시가 미국인들을 승리할 수 없는 두 개의 전쟁에 끌어넣고, 환경보전법을 소멸시키고, 국가의 적자가 유례없이 높은 비율로 치솟고, 처음 집권을 시작한 이후로 수행한 부적절한 다른 행위들로 국민을 농락할 것인지를 알 길이 없었을 것이다. 2004년에는 이런 사실들이 인지되었지만, 캔자스 주의 투표인들, 곧 토머스 프랭크가 쓴 책의 주인공들은 이런 모든 일들이 잘못되었다는 것을 알았거나 혹은 잘못이라고 믿었는가? 다른 어떤 주

---

73 S. Žižek, *Organs without Bodies: On Deleuze and Consequences*, London: Routledge, 2004, p. 95.

들에서 이전에 푸른 주(민주당 지역)의 투표인들이지만 이제는 철두철미한 붉은 주(공화당 지역)가 된 주민들과 더불어서, 이제 그들은 두 개의 승리 불가능한 전쟁을 치르고 환경보전법을 소멸시키고 국가의 적자를 유례없이 더 높은 비율로 치솟게 지지하는 것에 고의로 투표를 했다는 것인가? 아니면, 그들은 부시의 재집권으로 이 모든 것이 역전될 것을 희망하면서 투표했다는 것인가? 투표자들의 입장에서는 모든 이슈거리들을 실용적인 사고방식으로 정돈하고 스스로 추론해 볼 때, 비록 부시의 재집권으로 전쟁에 휩쓸렸고 따라서 그 때문에 그를 반대하는 투표를 하고 싶었을지라도, 모든 가능성을 고려해 볼 때 부시 말고는 국가적 고난을 극복할 만큼 적합한 사람이 없었으므로 그를 선택할 수밖에 없었다는 것이 가능하지 않겠는가? 그러한 계산이 냉소적이란 말인가?

이런 맥락에서 '그들'에 대해 말하는 것은 확실히 분석적인 허구/소설이다 ─ 여기서 바로 '그들'은 오직 미국 선거에 대해서만 문제의식을 가진 것을 말하는데, 그들은 수천만 명의 사람들로 구성되며, 그들 모두가 실제로 투표를 한 것은 아니다. 실제로, 전혀 다른 차원의 문제들 곧 오직 하나의 프레임만을 제시하고 투표를 삼가게 하는 것이 많든 적든 냉소적인지 아닌지를 문제 삼으면서 투표를 안 한 사람들이 투표자들보다 엄청나게 더 많다. 이런 것은 명백히 변덕스러운 이슈들이며 프랭크가 이런 일들을 다루지 않은 것에는 그만 한 이유가 있다. 그가 초점을 두는 곳은 아주 바닥까지 내려와서 궁극적으로는 자신의 이해관계가 상당하게 걸린 노동문제이기 때문이다. 그러면 우리는 캔자스 주 투표자들이 2004년에는 부시의 재집권이 그들의 빈곤한 고용 상황을 치유해 주지 않을 것을 알고 있었지만, 다른 대안이 없다는 것을 믿고 선택하였던 것인가라는 질문을 할 수도 있다. 나는 프랭크가 하듯이 이 이슈를 골라냈다. 왜냐하면

2000년도의 선거에서는 캔자스 주가 자신의 지역 색깔을 단호하게 붉은 색(공화당)으로 보였기 때문에, 그 당시 이슈는 전쟁이 아니라 경제가 중심 논제(결정적이라고는 할 수 없지만, 선거의 실제적인 결과를 판정한 것은 유권자들이 아니라 대법원이었기에)였기 때문이다. 모든 가능성을 고려해 볼 때, 이 질문에 대한 답은 캔자스 주의 투표자들은 그런 것에 대해 전혀 알지 못했다는 것이다.

그러면 마르크스주의자들의 개념인 '허위의식'false consciousness을 끄집어내서 미국이 우익으로 치우친 것을 설명하는 것이 적절해 보일 수도 있을 것이다. 프랭크는 이런 개념을 실제로 사용하지 않고서도 캔자스 주가 좌편향적 친노동자 입장의 주에서 우편향적 반노동자 주로의 정치적 변신metamorphosis을 설명하며, 단지 몇 세대 만에 캔자스의 주민들은 '그들이 무엇을 하고 있는지 모른다'는 확신으로 토대를 바꿨는지 설명한다. 그의 생각에는 이런 식의 설명이 캔자스 주가 실제적인 상황에 직면하여 이러한 이데올로기적인 변이/이동에 설득력 있게 넘어가서 이미 경제적 침체가 견딜 수 없을 만큼 진행된 이상 어떤 낡은 방식의 노동자 연대라도 외쳐야 하는 것으로 보였을 것이라는 방식은 최소한 자신의 견해라고 할 이유는 없다. 여기서 놓치지 말아야 할 점은 지젝이 즐겨 사용하는 표현처럼, 그들이 '자신들이 무엇을 하고 있는지 모른다'는 것이 '나는 잘 안다, 그러나 거의 언제나…그렇다'와는 같은 뜻이 아니라는 점이다. 냉소주의는 프랭크가 인터뷰하고 있는 캔자스 투표자들에게는 전혀 존재하지 않는 어느 정도의 비행/악행 의식을 필요로 한다. 이에 반해서, 그들은 오직 자기 스스로를 의롭다self righteous고 할 만큼 자신들의 올바름에 대한 확신을 갖고 있다 ── 그들은 '허용적인/관용적인' 자유주의자들에 대항해 투표하는 것은 올바른 일을 하는 것이라는 확신을 마음에 품고 있다. 다른 당파/그룹이 아무런 기회도 갖지 못하고 또한 아마도 낙태권리를 보호하는 입법과 그들이 철회하고자 어렵게 얻어 낸 다른 시민적 권리들을 뒤집으려는 의도조차 갖고 있지 않다는 사실은 전혀 고려하지 않고서 말이다.

우리는 또한 캔자스 투표자들이 그들 앞에 항상 쏟아지고 있는 엄청난 양의 모순된 지식들을 거부해 왔는지 아닌지를 질문해야만 한다. 예를 들어, 그들이 한 투표는 특정인들, 곧 '퇴폐적인' 할리우드 영화계 스타들과 거짓말쟁이 CEO들에게 감세를 베푸는 정당을 지지하는데, 그들은 매우 웃긴/유머감각 있는 사람들로 생각한다. 그들이 단지 그런 일을 처리하는 데에 실패했다고 보는 것이 가능한가? 그들은 무슨 일이 일어나고 있는지를 의식하지 못하고 있는 것인가, 아니면 충분히 의식하면서도 다른 식으로 행동하기를 택한 것인가? 그들의 태도를 묘사하는 데에 가장 잘 어울리는 것은 냉소주의인가 아니면 허위의식인가? 캔자스 주민들이 공화당의 참된 어젠다 — 복지프로그램을 해체하고, 노조를 와해시키고, 세금을 감면하고, 대기업의 이윤추구를 위해 만사를 용이하게 하기 — 를 전혀 몰랐다는 프랭크의 의심을 공유할 수밖에 없다. 궁극적으로, 프랭크는 캔자스 투표인들의 의식이 그처럼 결여된 것에 매우 충격을 받아서 호머 심슨Homer Simpson을 불쌍히 여기면서도 웃음을 금할 수 없었다. "그것은 웃긴다. 왜냐하면 진실이니까." 만사에 슬픔을 자아내는 아이러니의 방식처럼. 그러나 그것은 분석적인 절망의 웃음일 뿐이다. 그가 캔자스 주를 두루 다녀 본 결과 사실상 모든 곳에서 우익의 어젠다가 캔자스 주민들에게 결코 이롭지 않다는 증거를 보게 된 것이다. 프랭크는 자신의 성향과 색깔을 공공연히 드러내지만, 그가 목격한 중부 미국의 사회적·경제적 황폐함 — 작은 마을들마다 널빤지로 덧댄 가게 창문들, 무너진 재산가치, 파산한 가족농장들은 거대농산업 복합기업에 팔리고, 일자리와 자본의 이탈, 다국적 기업을 위한 달콤한 거래를 성사시키는 일에 세금이 낭비되고, 비참한 환경파괴가 일어나는 등… 사례들이 끝없다 — 마저도 치우친 성향의 시각이라고 치부할 수는 없다.

이러한 황폐함의 원인에 대한 열린 토론은 그런 일을 승인한 주체가 우익인지 좌익인지를 결정하려는 정도에만 그친다. 그것은 가장 최근에 자본주의가 손쉽게 자행한 일에 해당되는 현상임에는 질문의 여지가 없다. 정확히 말해서 프랭크가 자신의 성향을 드러내 놓고 있기 때문에 좌익에서 그는 가장 엄격한 역할, 곧 중부미국의 불안지대로 현재 밀려들어 가는 것을 직접 막는 일을 일으키거나 아니면 그것을 막는 일에 깨씸하게도 실패하고 있는 것과 마찬가지로 두 가지 경우 모두에 있어서 힘든 일을 감당해야 하는 파에 속한다. 프랭크는 분노의 손가락을 전임 클린턴 대통령에게 겨눈다. 클린턴의 중도파 정책은 좌익들의 노른자 빼먹기 행위에 대해 직접 책임이 있다고 주장한다. 프랭크가 보기에 민주당은 정말로 비참하게도 '기업을 지지하는 다른 여느 정당'이 되고 말았다. 달리 말해서, 문제는 긍극적으로 우익이 좌익보다 더 나쁜 선택이라는 것이 아니라, 그들 모두가 '최악의 선택'이라는 것이다. 왜냐하면 민주당이든 공화당이든 다른 어떤 것들을 고려하기보다도 시장 가치를 우선시하기 때문이다. 이렇게 시장 중심적인 정책으로 보통 명명되는 신자유주의는 결코 새롭거나 자유주의적인 전망을 가지고 있지 않기 때문에 상당히 잘못된 이름misnomer이라고 할지언정, 어느 정당이 그것과 짝을 이루게 되든지 상관없이 사실상 유일한 선택이다.

두 정당을 위한 투표가 모두 기업을 위한 투표라고 하면, 그런 투표는 정말로 지젝이 말하는 대로 '강제 투표'forced choice의 전형적인 예다:

미국, 서구 대부분에서 오늘날 우리는 좌익이나 우익에 투표할 수는 있지만, 기업을 반대하는 투표를 할 수는 없다. 이런 법칙에 해당하지 않는 예외가 있다면, 비록 미국에서는 지난 이십 년 동안에도 녹색당이 없지만, 서구 대부분의 나라들에서는 유력하게 힘을 얻은 녹색당이 있다. 그러나 녹색당에 투표하는 것은 기업이나 자본에 대항하는 투표가 아니라, 친환경적인 기업의 연대를 위한 투표이다. 영국과 다른 곳에서는 전통적인 환경주의의 라이벌인 보수당들이 자신들의 친기업적인 관점을 타협하지 않고도 녹색당의 정책을 채택할 수 있게 되었다. 왜냐하면 더 많은 사업들이 발굴되었기 때문에 환경적인 입법이 될수록 하층부에 이익을 줄 수 있기 때문이다: 소비자들은 그들이 보기에 친환경적인 생산물에 더 많이 돈을 쓸 것이기 때문이다. 그러나 그만큼 많은 사람들이 논쟁을 유발할 것이란 점에서 이것은 다른 여느 것들처럼 그들의 절망을 드러내는 징표가 된다. 블레어 총리는 자신의 중도파 정책을 자신만의 성향으로 성공적으로 수행했으며, 더 중요한 것은 중도파 정책을 헤게모니적인 세계관으로 정착시키는 데에 성공했으며, 보수파는 자신들의 영역에서 반대 입장과 싸우면서 지지를 얻기 위한 노력을 하는 수밖에 다른 도리가 없었다. 『손자병법』에 나오는 모든 군사지략가들은 첫 수gambit에 실패하면 돌이킬 여지가 전혀 없기 때문에 그보다 더 위험한 전략은 없다고 말한다.

그러한 조건, 곧 진정 선택할 대상이 없고 욕망이나 이해관계로도 어느 방향으로 갈지 모를 때, 유권자들이 어느 정당을 다른 정당 대신에 택했다고 해서 그들을 나무랄 수는 없다. 프랭크처럼 철두철미한 좌익 작가가 생각하는 것처럼 그렇게 민주당이 실제로 공화당보다 더 좋은 것도 아니며, 아니 공화당보다 민주당이 아예 다른 것도 아니다. 프랭크는 자기 스스로 정치적 지형/형세로부터 몰아냈다고 보여 주고 있는 저 1930년대 뉴딜 정책 안에서 형성된 민주당의 이념 ─ 아니 이상ideal이라고 보는 게 낫다 ─ 에 집착하고 있다. 프랭크의 결론은 이것이다. 좌익이 그 기원을 버리고 전혀 다른 색깔을 입게 되었지만 우익의 모든 본질적인 것들을 모방하는 것과 동일하다는 것이 오늘날 캔자스 주의 투표자들의 현실적 선택에 대한 그의 비판과 함께 읽어 내야 하는 점이다. 캔자스 주의 블루칼라 투표자들이 유권자들에게 의미심장한 친노동자 정책으로 아무 것도 제공할 수 없는 민주당에 투표하지 않는다고 좌익 사람들이 그들을 비난하는 것은 정말 야속한 노릇이다. 민주당의 정책은 공화당의 '각본'에 의해서 철저하게 공격받았다 ─ 즉 사업은 일자리를 창출하지만, 그렇게 하는 일에 이익이 창출되지 않으면 성공할 수 없다. 따라서 일자리를 '절약/줄임'save으로써 사업의 이윤창출을 통제해야 한다, 심지어 이런 것이 최소한 노동자 보호정책을 희생하여 최저 임금, 부당한 해고법과 직업상 건강 및 안전 법규, 차별금지 및 성폭력 법률 등등으로 귀결된다는 것을 뜻한다고 할지라도 말이다. 만약 사업 영역에 있어서 제3세계의 노동환경을 제1세계 수준으로 정착하기를 요구한다면, 다시 말해서 일자리를 제3세계로 수출'해야' 하는 것을 절감할 수 있다면, 그렇게 하도록 하라. 이러한 논리에 의하면 정부는 자기 스스로 사업에게 인질이 되었을 뿐만 아니라 나머지 우리 모든 사람들과 더불어 사업의 놀림거리/봉patsy이 되고 말았다.

사업이 실패하면 그것에 대해 정부의 관료주의로 인해 수익성이 봉쇄된다는 식으로 비난이 쏟아질 것이며, 그러면 공공/시민의 지갑/지출에 의한 긴급원조 패키지를 요구하게 된다. 그러면 정부는 일자리 상실로 인해 불가피하게 빚어질 정치적 재앙을 두려워한 나머지 레닌주의자 혹은 바울주의자Paulist 방식의 제스처(실제로 이것은 애덤 스미스 식의 제스

처이다 ─ 이 이론에 의하면 비수익성 사업은 타인들을 위한 월스트리트주의 채택 같은 것을 실패하게 만들도록 용인되어야 한다)를 통할 경우가 아니라면 벗어날 수 없는 경기순환 사이클을 작동하는 것 같은 식의 부당한 강요/강제행위에 빠져드는 경향이 있다. 혹은 정부가 사업이 벽에 부닥쳐서 그 결과를 수용하도록 용인해야 하든지, 아니면 사업을 이어받음으로써 사업에 대한 책임을 충분히 지도록 해야 하든지 둘 중에 하나다. 그러나 둘 중 어느 것도 정치적으로 고려 가능한 옵션이 아니다. 따라서 우리가 유권자들이 우익성향으로 계속 치우침으로써 최선의 이해관계 속에 있는 행동이 아님을 통찰하는 데에 실패한다고 비웃는 것보다 우리가 더 많은 것을 해야 한다면, 왜 이런 치우침 현상이 그런 결과가 나올 수밖에 없는 조건하에서의 올바른 선택으로 보이는지를 이해할 필요가 있다.

좌익과 우익의 정치 평론가들은 유권자들을 골탕 먹이는 슬로건들을 받아들이는 유권자들의 어리석음을 비난하는 부류와 정치가들이 복잡한 이슈들을 듣기 좋은 소리로 축소시킨다고 비난하는 부류로 늘 갈라진다. 우리는 언제나 이런 것이 오늘날 정치의 현실이라는 소리를 귀에 못이 박히도록 들어 왔다. 만약 어떤 정치적 메시지가 6시 뉴스에서 듣기 거북하다고 하면, 어떤 방송도 타지 않을 것이다. 그런 것이 헤드라인으로 축약되지 않는다면, 주요 일간 이슈는 그것과 더불어 방송되지 않을 것이다. 만약 그것이 생생한 감각을 자극하지 않는다면 대담/수다 떠는 라디오 프로그램을 지배하는 쇼킹한 농담거리들은 뒤로 밀려나지 않을 것이다. 이런 세 가지 경우 ─ 심야뉴스에 나오는 현장보도reportage, 상시로 올라오는 헤드라인과 대담/수다 ─ 가 없이는 우리는 정치적으로 죽은 것이나 다름없다. 물론, 이것은 좋은 점도 있고 나쁜 점도 있다. 2004년 존 케리John Kerry가 발견된 것처럼, 만일 잘못된 결론을 낳는다면 이

레이스에 불을 당길 것이다. 그러나 이는 단순한 규칙의 입증에 불과하다. 케리는 결코 전문가들이 말하는 '메시지'를 가지고 있지 않았다. 비록 그가 분노에 차 총이라고는 쏴 본 적이 없는 병역기피자와 다른 베트남 참전용사라 해도, 등 뒤에서 '진정한 미국인'을 찌른 반역자의 만신전에 제인 폰다Jane Fonda와 더불어 새겨지기에는 충분했다.

프랭크는 좌익의 종말을 상세히 설명하는 것은 노동의 포기였다고 논한다. 그러나 나는 이것이 이야기의 전부는 아니라고 본다. 그것은 좌익과 우익이 현재의 지각불능의 상태에 이르게 된 것을 설명하지 못한다. 나는 그것이 복지국가의 포기였다고 논하는 대신에 차라리 제임슨이 '보장된 삶'guaranteed life에 대한 정치적인 위탁/헌신으로 아주 콕 집어서 묘사한 것처럼 그것의 종말을 가져왔다고 논하고자 한다. 만약 좌익이 모든 사람에게 적절한 생활수준을 제공하는 데 몰두하지 않는다면, 그것은 무엇을 위한 것이 되는가? 여기에서 좌익 정당들의 본질적 정책강령인 노동에의 기여가 실제로는 '보장된 삶'에 더 크게 기여하는 일에 방해가 된다. 왜냐하면 좌익으로 하여금 값싼 이주 노동력의 수입으로 인한 임금수준의 붕괴를 막을 수 있도록 하게끔 다른 어떤 것들보다도 반이민 정책에 몰입하는 입장으로 만들어 버리기 때문이다. 바로 이런 이유 때문에 호주에서는 노동당이 '백호주의'white Australia 정책을 개시하였고, 외국인혐오증xenophobia이 발동해서 노동시장의 보호 장벽을 만들었다. 냉소주의가 우리의 상황을 설명해 주지 않는 이유는 유권자들이 실제로 생각하고 행동하는 방식이 어떠한지에 대해 충분히 복합적인 설명을 제시해 주지 않기 때문이다. 허위의식도 그런 점에서는 마찬가지다. 정작 필요한 것은 욕망과 이해관계가 차별적이고 실제로 갈등을 빚어내는 방향 속에서 어떻게 움직이느냐 하는 것에 대한 분석이다. 냉소주의는 적절하게 정신분열 분석적인 모순을 전기 회로의 단락을 일으키는 것처럼 욕망과 이해관계의 분리라는 것이 마치 우리에게 수용 가능한 것처럼 보이도록 형식화하는 것을 용인해 준다. 그래서 정신분열 분석적 비평이 허용해서는 안 되는 것이 바로 그것이다: 그 목적은 정확히 반대이다 —— 항상 현재의 불가해성unendurability을 항상 두드러지게 하는 것이다.

'허위의식'과 '냉소주의' 논증 모두 다 들뢰즈가 '철학적 착각'이라고 부르는 것에 지지된다. 그 둘은 모두 '저 밖 어딘가'에 진리가 있으며 캔자스의 선량한 시민들이 직시하는 일에 실패하거나 아니면 목격하고서도 인정하기를 실패한 것과 같은 진리가 있다고 추정한다. 마르크스주의 이론은 유토피아적인 관점으로 조건 지어져 있어서 실존의 참된 조건에 대한 의식이 충분히 보편화된다면 사회변화는 일어나야만 하며, 그 이유는 아무도 의식적으로 자본주의를 있는 그대로 지지할 수 없기 때문이라는 것이다. 사실상, 이것은 마르크스가 말한 대로 유럽에 출몰하던 유령, 즉 한 번 알려졌으나 허용 불가능한 진리의 유령이라는 것이다. 허위의식과 냉소주의는 지난 한 세기 이상 (그저 선언이었지만) 좌파에 의해 마법을 부려 온 것들이다. 결코 일어난 적도 없을 뿐 아니라 그저 최소한의 수단들(최저 임금, 건강보험, 연금 등)을 가진 사회주의의 평등을 향한 의심은 진정한 자본주의의 본성만큼이나 사람들의 의심을 받을 것이다. 그것은 지식("나는 자본주의가 불공정한 시스템이란 것을 안다")과 행동("그러나 거의 언제나… 어쩔 수 없이 행동한다") 사이의 분열schism이거나, 아니면 허위의식과 냉소주의가 설명하고자 시도하는 어떤 모자란 그렇고 그런 경우가 될 수도 있다. 그것들은 우리가 자신의 상황에 대한 진리를 안다면 우리가 행동할 수밖에 없을 것이며, 따라서 우리가 행동하지 않는다는 사실은 우리가 진리를 거부했거나 아니면 진리에 대한 모든 지식을 억누르고 있음을 뜻하거나 그것도 아니면 그 진리의 함의를 인정하는 것을 택하지 않기로 한 뜻이라고 논증한다. 우리가 무슨 대가를 치러도 해야 하는 것은 냉소주의가 이런 새로운 진리가 되어서 이미 거기에 항상 도사리고 있는 것을 막는 것이다. 왜냐하면 그런 일이 정치적 사유에 일어난다면 정치적 행동은 말할 필요도 없이 끝장나기 때문이다. 오늘날의 문제는 시민들이 소비자로서 유행에 대해 불평하거나 그것을 변화시키도록 동기부여를 받을 수 있는 반면에, 그들이 행동에 나서도록 설득하는 일이 거의 불가능하다는 데에 있다. 냉소주의는 이러한 사태를 설명해 주지 않고 그저 변명만 한다. 이런 의미에서 냉소주의는 푸코가 말한 파시즘의 새로운 이름이며, 그러한 것은 『안티-오이디푸스』의 메시지로서 이 책이 처음 출판되었을 때와 마찬가지로 오늘날에도 충분히 본질적이며 긴급한 것이다.

4장
수용과 영향

『안티-오이디푸스』의 수용은 개별 주석가들이 이 저작의 악명 높을 정도로 현란한 언어를 얼마나 잘 소화할 수 있었는가에 의해 크게 좌우되었다. 이 점은 긍정적인 응답들의 경우나 부정적인 응답들의 경우나 마찬가지로 확인된다. 들뢰즈와 가타리에 열광한 사람들은 그들을 비방한 사람들과 매한가지로 이 저작의 이해에 애를 먹었고 나아가 크고 작게 오해했다. 『안티-오이디푸스』가 구사하는 수사의 어려움은 그들이 말하려는 바를 잘 이해하는 것만으로도 큰 성취라 할 만큼 난해했다. 바로 이 점 때문에, 그들이 말하는 바가 정당한지valid, 또는 설득력이 있는지, 나아가 언급할 가치가 있기나 한 건지보다는 그들이 도대체 무엇을 말하고 있는지를 드러내는 일이 급선무가 된 것이다. 이 점으로 볼 때 들뢰즈와 가타리에 관해 서술된 것들 중 진정으로 비판적인 것, 즉 그것의 강점과 약점을 충분히 이해하고 판단을 내린 수준에서 서술된 것은 거의 없다고 할 수 있다. 이런 수준으로의 결정적인 발걸음을 딛고서 들뢰즈와 가타리가 진정 비판이론에 무엇을 공헌했는지를 탐색한 사람들은 만프레드 프랑크Manfred Frank나 페리 앤더슨Perry Anderson 같은 비방자들, 분열분석을 잘못된 것으로 치부한 이들뿐이다. 그러나 이하 간략히 논하겠지만 아쉽게도 이들은 들뢰즈/가타리 사유의 복잡성을 전혀 파악하지 못한 입장에서 그렇게 했을 뿐이다. 반대 방향에서 볼 때, 내가 곧 덧붙이고 싶은 말은 들뢰즈와 가타리의 사유가 사유의 다른 형식들을 넘어섰다고 본 사람들은 그들의 견해를 방어할 필요성을 전혀 느끼지 못했고 또 그들 논변의 전제들을 평가하려 하지도 않았다는 것이다. 이들에 관해 쓴 그 많은 저작들은 이들의 사유가 다른 사유들에 관련해 더 뛰어난 점들이 많다고 보았으면서도, 너무나도 자주 이 다른 사유들을 허수아비처럼 다루었다고 할 수 있다. 특히 변증법에 대해서 그렇다고 할 수 있다. 만일 『안티-오이디푸스』로부터 그 수사적인 부분들을 잘라 낸다면, 이 저작에 대한 진정한 비판적 독해의 교두보를 마련할 수 있을 것이다. 본 저작의 목적은 바로 이 점에 있다.

『안티-오이디푸스』의 수용에 관한 이야기는 두 가지 갈래로 정리될 수 있다. 첫째로 들뢰즈/가타리의 동시대인들과 이들의 학생들 사이에는 세대차가 뚜렷했다. 위 세대는 아래 세대에 비해 냉담했다. 둘째로 이 저작들에 대한 응답은 지역별로도 달랐는데, 프랑스에서 더 멀어질수록 오히려 열광적이었다고 할 수 있다.[1] 오늘날에 있어서조차도 시드니에는 파리보다도 더 많은 들뢰즈주의자들이 존재한다. 들뢰즈와 가타리는 프랑스에 있어서도 의심할 바 없이 유명인사cause célèbre였지만, 이들이 학계의 기라성academic superstars이 된 것은 역시 이들의 저작들이 국제적으로 뜨겁게 받아들여졌기 때문이다. 이들에 관련해 영어로 쓰인 책들과 논문

---

1 지면의 제약으로 나는 호주, 미국, 프랑스, 독일의 경우만 살펴볼 것이다. 이 제한된 시야 내에서만 보아도 이들이 지역별로 어떻게 다르게 수용되는가에 대한 연구는 매우 흥미롭다.

들의 수는 프랑스어로 쓰인 것들의 수를 크게 상회한다(물론 이는 북구의 국가들에서 영어를 학술 언어로 쓰고 있기 때문이기도 하지만). 그러나 이 두 갈래에 덧붙여 세 번째 갈래도 언급되어야 하는데, 이는 곧 전공들 사이의 간극 또는 경쟁에 관련된다. 프레드릭 제임슨이 지적했듯이, 우리 [영어권 학자들]가 오늘날 "이론"이라고 부르는, 들뢰즈와 가타리에 관한 것들도 포함하는 거대한 영역은 사실 영어영문학과나 철학과 또는 문화연구 전공이 아니라 불어불문학과에서 일어난 경향이다.[2] 아마도 그 어디보다도 들뢰즈의 영향이 큰 나라라 할 호주의 경우, 이 세 요인이 겹치면서 들뢰즈의 철학에 대한 거의 국가적인 열광이 도래했다. 호주의 오지奧地 출신인 젊은 학자들의 지지가 있다. 로지 브라이도티Rosi Braidotti, 안나 깁스Anna Gibbs, 메간 모리스Meaghan Morris, 스테판 뮈엑케Stephen Muecke, 폴 패턴Paul Patton 등이 그 중심이라 할 수 있다. 이들은 1970년대에 프랑스 철학에 심취했으며, 파리에서 무언가 지적으로 매우 중요한 일이 일어나고 있다는 것을 간파해 낸 세대이다. 이들은 호주에서는 얻을 수 없는 것을 파리에서 얻을 수 있었다. 이들은 파리에서 들뢰즈, 데리다, 푸코, 리오타르 등등에게서 직접 배웠으며, 호주에 돌아와 호주의 학계를 급진적으로 바꾸어 놓았다. 갑작스럽게 호주가 이론의 온상이 된 것이다.[3]

---

2 F. Jameson, "Live Jameson", I. Bucanan, *Fredrick Jameson: Live Theory*, London: Continuum, 2006, pp. 121~124. 미국의 경우도 마찬가지라는 사실은 들뢰즈에 관한 최초의 주석가들(로널드 보그, 마이클 하트, 유진 홀랜드, 프레드릭 제임슨, 앨리스 자딘, 브라이언 마수미, 찰스 스티베일)이 모두 불어불문학과나 비교문학프로그램에 속한 사람들이라는 점에서 잘 드러난다.
3 이러한 흐름은 다시 그때까지 문학 연구를 지배했던 직관주의(리처즈I. A. Richards와 리비스F. R. Leavis의 시대)를 극복함으로써, 그리고 제국의 길을 따라간 인류학과와 역사학과의 자의적인 가정들을 정치적으로 해부함으로써, 그리고 또한 텍스트와 컨텍스트 사이의 경계를 무너뜨림으로써 문화연구(Cultural Studies)의 큰 성장을 증진시켰다. 오늘날 호주에서의 문화연구

오랫동안 프랑스에서는 『안티-오이디푸스』의 수용이 뱅상 데콩브 Vincent Descombes의 『동일자와 타자』*Le même et l'autre*(1979)에 실린 편협한 설명에 의존했다. 게다가 이 책의 영역본은 『현대 프랑스 철학』*Modern French Philosophy*이라는 오해의 소지가 있는 제목을 달고 나왔다. 데콩브는 들뢰즈와 가타리는 '욕망의 철학자들'(그릇된 이미지를 연상시킬 수 있는 말이다)로 분류하고서, 『안티-오이디푸스』는 니체에게서 영감을 받아 저술된 책이라고 규정했다. 이런 오해의 여지가 많은 파악은 상당한 영향을 끼쳤으며, 들뢰즈와 가타리를 비난하는 사람들은 데콩브의 이런 언급을 무책임하게 받아들여 『안티-오이디푸스』를 성실하게 읽지도 않은 채이들을 매도했다. 『안티-오이디푸스』보다 10년 전에 저술된 니체에 관한 책의 개념들을 사용하면서, 데콩브는 이 저작의 논변들을 이항대립적인 용어들로 서술했다. 반동적 욕망과 능동적 욕망, 실패한 혁명가들 또는 노예들과 진정한 혁명가들 또는 주인들 등등. 더 나아가 그는 들뢰즈와 가타리가 계급투쟁 개념을 박물관에 처넣었으며 그로써 그들의 논의로부터 마르크스를 아예 증발시켜 버렸다고 주장했다.[4] 나는 이런 지적이 명백히 잘못된 것이라는 점이 지금까지의 논의를 통해 분명해졌기를 바란다. 이미 보았듯이 『안티-오이디푸스』는 계급투쟁 개념에 새롭게 생명을 불어넣었다고 할 수 있다. 이 저작은 이 개념을 욕망 개념에 연결시켰으며, 그로써 계급적 연대성이 처음에 어떻게 생겨나는지 그리고 흔히 외관적인 요구에도 불구하고 그것이 어떻게 자주 실패하게 되는지를 설

가 이론에의 열광으로부터 다소 물러났지만, 우선 이론이 꽃피지 않았더라면 문화연구가 이렇게 발달할 수는 없었을 것이다.

4 Vincent Descombes, *Modern French Philosophy*, trans. L. Scott-Fox and J. M. Harding, Cambridge: Cambridge University Press, 1980, p. 178.

명하고자 했다. 만일 들뢰즈와 가타리의 『안티-오이디푸스』에 욕망과 관심[5] 간의 이항대립이 존재한다면, 이는 억압에 대한 욕망에 관한 설명에서만 그러하다. 전자의 관점이 더 폐해가 크다 해도 관념론에 대한 고발이라는 효과를 낳는다. 데콩브는 이에 대한 직접적 언급의 회피를 부끄러워하지 않았다.[6] 들뢰즈가 니체의 영향을 많이 받았다는 사실은 잘 알려져 있다. 그러나 이미 논했듯이 『안티-오이디푸스』에서 니체가 중요하다면, 그것은 이 저작의 유물론적 기획을 밀고 나아가는 데 도움을 주는 한에서이다. 나로서는 이 저작에서 니체는 마르크스를 더 강하게 만들기 위한 포석이지 그를 부정하는 포석이 결코 아니라고 생각한다. 『안티-오이디푸스』의 중심을 차지하는 것은 항상 혁명적인 마르크스이다. 이 저작이 우리에게 궁극적으로 요청하고 있는 것은 끔찍한 사회체계에 직면해서 우리 자신을 점검하고 우리의 관성을 이해하는 것이다. 우리로 하여금 사회를 체계적인 방식으로 점검할 것을 요구한 인물은 마르크스이며, 우리로 하여금 사회가 우리의 욕망을 반영하는 것이 어느 정도인지를 깨닫기를 요청한 인물은 니체이다.[7]

---

5 '관심'은 "프로이트가 첫 번째 욕동의 이원론의 틀에서 사용한 용어로, 리비도 또는 성 욕동의 에너지와 대립하는 자기보존 욕동의 에너지를 가리킨다". 라플랑슈 외, 『정신분석사전』, 66쪽.—옮긴이

6 Descombes, *Modern French Philosophy*, p. 178.

7 유진 홀랜드(Eugene W. Holland)는 니체가 들뢰즈와 가타리의 사유에서 가지는 중요성을 나의 설명과는 약간 다른, 그러나 모순되지는 않은 설명을 제시한다(E. Holland, *Deleuze and Guattari's Anti-Oedipus: Introduction to Schizoanalysis*, Routledge, 1999, pp. 11~13). 그는 니체를 프로이트와 마르크스를 잇는 일종의 '사라지는 매개자'로 위치 짓는다. 나는 이 관점이 잘못된 것이라고는 생각하지 않지만, 니체의 구조적 중요성을 너무 강조한 것이라고 생각한다. 홀랜드의 설명에서 『안티-오이디푸스』의 기초적 구성은 니체로부터 온 것이 되지만, 나로서는 니체의 역할은 오히려 마르크스에 기반하는 기획의 '텐서'(tensor) 또는 '강화제'(intensifier)라 보고 싶다.

오늘날 프랑스에서 『안티-오이디푸스』의 수용은 내가 위에서 언급한 전선戰線들에 따라 나뉘어 지속되고 있다. 에릭 알리에즈Éric Alliez 같은 들뢰즈의 제자들은 알랭 바디우 같이 들뢰즈와 동시대에 활동한 사람들의 공격에 맞서 싸우고 있으나, 결정적인 성과를 얻지는 못하고 있다. 전자가 들뢰즈와 가타리의 사유의 순수함을 옹호하고자 한다면, 후자는 사유 자체의 순수함을 옹호하고자 한다.[8] 바디우는 『안티-오이디푸스』를 무시하고, 그의 보다 철학적인 작품들에만 공격의 초점을 맞춘다.[9] 이 전투는 찜찜한 면을 담고 있는데, 왜냐하면 이미 지적했듯이 바디우는 들뢰즈와 가타리의 공동 저작들에서 애매한 부분들을 발견하면 그것을 모두 가타리의 탓으로 돌리고 있기 때문이다. 바디우는 가타리를 들뢰즈를 망쳐 버린 원흉으로 지목하면서, 들뢰즈로 하여금 철학의 순수한 길을 가지 못하도록 만들어 버린 인물로 규탄한다. 이런 지탄은 참 아이러니한데, 만일 이런 지적에 일말의 진실이 있다는 이는 가타리가 들뢰즈를 순수한 니체주의의 추구로부터 떼어내 보다 종합적이고 명시적인 마르크스주의로 이끌었다는 점이기 때문이다. 지젝은 이 점을 아예 이분법적 구분으로, 비-가타리화된 좋은 들뢰즈와 가타리화된 나쁜 들뢰즈로 나누어 버리고서는, 그의 『신체 없는 기관들』의 핵심 틀로 삼고 있다. 그에 따르면, 자신을 철학적 깊이로 인도한 것은 후자가 아니라 전자이다. 그러나 본문

---

8 다음 저작들을 보라. Éric Alliez, "Anti-Oedipus: Thirty Years On(Between Art and Politics)", M. Fuglsang and B. M. Sørensen, *Deleuze and The Social*, Edinburgh University Press, pp. 135~168; Alain Badiou, *Deleuze: The Clamour of Being*, trans. L. Burchill, University of Minnesota Press, 2000; David-Ménard, *Deleuze et la psychanalyse*, Presses Universitaires de France, 2005.

9 A. Badiou, *Deleuze: The Clamour of Being*, 2000. 아쉽게도 들뢰즈주의자들은 지젝의 들뢰즈론에 대해서는 일찍부터 거부의 언어들을 발했지만, 바디우의 저작에 대해서는 그다지 말들이 없었다. 사실 바디우의 독해는 지젝의 그것보다 훨씬 잘못된 독해이다.

에서 논했듯이 이런 식의 이분법은 잘못된 것이다. 『안티-오이디푸스』의 이론적 배경은 들뢰즈의 초기의 철학, 특히 『차이와 반복』에서 온 것이기 때문이다.[10] 이른바 좋은 들뢰즈와 나쁜 들뢰즈 사이에는 명백한 연속성이 존재할 뿐, 바디우와 지젝이 말한 것과 같은 간극은 존재하지 않는다. 결국 "두 사람의 들뢰즈"라는 주제는 마오쩌둥에 대한 덩샤오핑의 유명한 평가 ─ 70%의 긍정과 30%의 부정 ─ 와 같은, 즉 자신들이 쉽게 무시할 수가 없는, 여전히 큰 영향을 끼치고 있는 위대한 선철을 선별적으로 다루는 방식과 같은 것이다. 이런 독해는 바디우와 지젝으로 하여금 그들 자신의 과업에 일치하는 들뢰즈의 철학적 전설, 특히 스피노자와 니

---

10 지젝에 대해 더 이상 비난하는 것은 불가능하다. 다른 학자들이 이미 충분히 이 저작의 문제점들을 지적했기 때문이다. H. Berressem, "Is it Possible Not to Love Zizek? On Zizek's Missed Encounter with Deleuze", *Electronic Book Review*, 2005; G. Lambert, *Who's Afraid of Deleuze and Guattari?*, Continuum, 2006, pp. 81~101; D. Smith, "The Inverse Side of the Structure: Zizek on Deleuze and Lacan", *Criticism*, 2004. 그러나 지젝이 자신에게 쏟아진 비난에 짧게 답한 글에 언급할 필요가 있다. 이 글은 아무리 동정적으로 봐도 끔찍한 것이기 때문이다. 스미스에게 그리고 나에게 보낸 짧은 응답에서(S. Žižek, "Notes on a Debate 'From within the People'", *Criticism*, 2004; "Concesso non Dato", *Traversing the Fantasy: Critical Responsed to Slavoj Zizek*, Ashgate, 2005) 그는 비판자들이 자신의 책이 진지한 명제를 제시하고 있다는 것, 즉 무의식에 대한 들뢰즈와 가타리의 개념은 사실상 융을 이은 개념화라는 명제를 무시했다고 말한다. 이 응답에서 끔찍한 점은 그의 저작에는 이런 명제가 존재하지 않는다는 점이다. 우리는 그가 들뢰즈와 가타리의 저작들을 제대로 읽지 않았을 뿐만 아니라, 지젝이 지젝을 제대로 읽지 않았다는 점을 덧붙여야 한다. 융에 대한 그의 언급의 근거는 참으로 빈약하다. 분명 융은 1961년에 쓴 보고서에서 '리좀'이라는 말을 썼다. 이것이 들뢰즈와 가타리가 융주의자라는 증거가 될까? 전혀 아니다. 마찬가지로 들뢰즈가 자허마조흐에 대한 그의 책에서 프로이트에 대한 비판의 맥락에서 융을 도입했다고 해서 이것이 그를 융주의자로 만드는 것 또한 아니다. 이는 지젝이 때로 들뢰즈를 긍정적으로 인용한다고 해서 그를 들뢰즈주의자라고 부를 수는 없는 것과 같은 이치이다. 보다 진지한 주장은 들뢰즈와 가타리의 무의식 개념이 궁극적으로는 "원초적"이라는, 전사회적(pre-social)이라는 주장이다. 이 주장 또한 명백히 틀린 것이다. 이는 들뢰즈와 가타리가 『안티-오이디푸스』에서 사용한 기본적인 논점이 바로 무의식적 욕망은 사회의 하부구조의 부분이며 그 역도 사실이라는 논변이라는 점을 떠올리면 간단히 이해할 수 있다.

체에 대한 독해에 자신들을 부합시킬 수는 있겠지만, 그들의 입장을 뒤흔
들 그런 대목들은 옆으로 제쳐 놓는 그런 독해일 뿐이다. 그러나 이런 평
가가 프랑스에서는 들뢰즈와 가타리에 대한 흥미로운 주석들이 나오지
않고 있다는 것을 주장하는 것은 아니다. 사실 덧붙이고 싶은 것은, 적어
도 국외자의 눈에 비치는 한에서는, 아버지를 단적으로 살리려는 욕망과
그를 단적으로 죽이려는 욕망 사이에서 오이디푸스적인 방식으로 흔들
리고 있는 듯이 보인다.

독일에서의 『안티-오이디푸스』의 수용은 프랑스에서와 마찬가지
로 한 사람의 영향력 있는 철학자이자 비평가인, 위대한 해석학자 한스-
게오르크 가다머의 학생인 만프레드 프랑크의 그림자 아래에서 이루어
졌다.[11] 불행하게도 프랑크는 데콩브와 마찬가지로 매우 큰 부정적 영향
을 끼쳤다. 『안티-오이디푸스』에 대한 그의 설명은 처음부터 10년 넘게
독일에서의 들뢰즈/가타리에 대한 이해를 막아 버리는 결과를 가져왔
다.[12] 프랑크의 영향은 그가 독일 학계의 다른 사람들, 특히 위르겐 하버
마스처럼 들뢰즈와 가타리를 간단히 경멸적으로 치부하기보다는 상당
히 상세하게 다루었기 때문이다. 프랑크는 1984년에 출간된 『후기구조

---

11 이 저작에 대한 독일에서의 수용이 왜 처음부터 그렇게 차가웠는지에 대한 보다 상세
한 설명은 다음에 나와 있다. F. Balke, "Sur la non-réception de Gilles Deleuze en
Allemagne", trans. J. Lacoste, *La Quinzaine Littérature*, December-February, pp.
23~24. 발케는 내가 바디우와 지젝을 혹평하는 것처럼 노골적으로 프랑크를 혹평하지는
않는다. 그러나 독일 학자들이 처음에 왜 그렇게 들뢰즈와 가타리에게 냉담했는지에 대한
그의 설명은 프랑크가 그린 그들의 이미지 탓이라는 점을 지적한다.

12 한 사람의 예외는 테벨라이트(Klaus Theweleit)인데, 나치 돌격대에 대한 그의 방대한 저작
인 『남자들의 환상』(*Männerphantasien*, 1977)은 『안티-오이디푸스』를 적극 활용하고 있
다. 그러나 이 저작도 궁극적으로는 들뢰즈적인 저작은 아니다. 이 저작은 들뢰즈와 가타리
의 기계 개념을 환상 개념으로, 즉 원천의 개념이 아니라 꿈내용의 개념으로 전락시키고 있
기 때문이다.

주의란 무엇인가?』Was ist Neostrukturalismus?에서 (프레드릭 제임슨이 언급한) "프랑스의 시대"가 시작되면서 비판이론에서 몰락해 버린 모든 측면들에 대해 온갖 장광설을 늘어 놓았다. 그의 또 다른 과녁은 자크 라캉, 미셸 푸코, 자크 데리다, 장-프랑수아 리오타르인데, 그는 이들을 싸잡아서 비이성주의적 철학자들로 매도했다. 이들은 비-주체적 철학a-subjective philosophy, 주체에 정위하지 않은 철학을 전개하는 우를 범했다는 것이다. 프랑크는 들뢰즈와 가타리의 작품이 푸코와 라캉의 작업 위에서 구축되었다는 점을 올바로 지적하고 있으면서도, 이 점을 발전으로서 해석하기보다는 오히려 악영향의 증거라고 말하고 있다. 그에 따르면 푸코와 라캉은 벌써 나쁜(비이성적인) 철학자들이라는 점이 판명되었으며, 들뢰즈와 가타리는 이들의 악영향의 그림자를 벗어나지 못했다는 것이다. 그러나 프랑크가 정말 부정적으로 언급하는 것은 들뢰즈와 가타리의 작품이 철학적으로 비-정합적이라는 사실에 그치는 것은 아니다. 이들의 작품이 누린 대중적 인기는 그에게 골칫거리로 다가왔던 듯하다. 그는 이를 "위기의 징후"로 해석하면서, "우리의 영혼과 문화의 현재 조건에 있어" 널리 퍼져 있는, 특히 청소년들에게 퍼져 있는 불만의 징후로 묘사한다.[13] 그래서 그는 이들의 작품이 오늘날의 비판이론에 있어 잘못된 점들의 징표로 해석하고, 그가 독자들에게 요구하는 것 즉 이들의 사유의 "도전"을 "진지하게 받아들이기"에 그 스스로가 실패하고 있다.[14]

　　프랑크는 『안티-오이디푸스』가 분명 만만치 않은 책임을 알고는 있었다. 그는 이 저작의 수사가 그로서는 해독 불가능함을 인정하기도 했으

13　M. Frank. *What is Neostructuralism?*, trans. S. Wilke and R. Grey, Minneapolis: University of Minesota Press, 1989, p. 317.

14　Ibid., p. 318.

며, 왜 그런 식의 용어들 — 예컨대 '분자적'molecular — 이 사용되었는지 이해하기 힘듦을 고백하기도 했다.[15] 결과적으로 우리는 그가 욕망하는-생산의 병리적 심급들과 비-병리적 심급들을 구분하지 못한다고 해서 놀랄 필요는 없을 것이다. 그래서 그는 들뢰즈와 가타리를 "신생기론자들"이라 부르게 된다. 이들이 기계들과 생명을 뒤섞고 있기 때문이라는 것이다. 그러나 이미 논했듯이 이는 이들의 입장과는 거리가 멀다.[16] 이런 식으로 세계를 지각하는 것은 오직 분열자들뿐이며, 그들이 세계를 이런 방식으로 보는 것은 병의 존재를 암시하는 것이다. 프랑크의 『안티-오이디푸스』에 대한 오독은 너무 많아서 일일이 열거할 수가 없지만, 그는 한 가지 핵심적인 물음을 던지고 있다. 이는 들뢰즈와 가타리에 대해 정치적 의식을 가지고서 독해한 대부분의 사람들을 괴롭힌 문제이다: 저자들은 누구의 이름으로 싸우는가?[17] 들뢰즈와 가타리가 주체를 분쇄해 버렸다는 앤더슨의 두려움은 들뢰즈와 가타리가 사실상 누구에 대해서도 또 어떤 것에 대해서도 말하고 있지 않다는 보다 전략적 성향의 비판자들 사이에서 깊은 관심을 불러일으킨 사안이다. 이에 대한 극단적인 판본은 초기의 페미니즘적 반응으로서, 이는 뤼스 이리가레에 의해 주도되었고 그 후 신체를 훼손한 앨리스 자딘에 의해 강화되었다. 들뢰즈와 가타리는 페미니즘 정치의 핵심 원천, 즉 뿌리 깊은 성적 차별에 결부된 것을 박살냈다.[18]

---

15 Ibid., pp. 329, 333.

16 Ibid., p. 319.

17 Ibid., p. 341.

18 L. Irigaray, *This Sex which is not One*, trans. C. Porter, Ithaca: Cornell University, 1985, pp. 106~118; A. Jardine, *Gynesis: Configurations of Woman and Modernity*, Ithaca: Cornell University, 1985, pp. 208~223. 그러나 다음도 참조하라. C. Colebrook, "Is Sexual Difference a Problem?", eds. I. Buchanan and C. Colebrook, *Deleuze and Feminist Theory*, Edinburgh: Edinburgh University Press, 2000, pp. 110~127.

신체가 통일성 없는 리비도화된 부분들의 느슨한 연합체로서만 규정된 것은 페미니즘 사상가들을 두렵게 했고, 페미니즘 정치학을 불가능하게 만들었다. 결국 일반화되어 있는 가부장적 이론일 뿐이라는 것이다. 캘리니코스Alex Callinicos 같은 마르크스주의 학자들에게는 들뢰즈의 니체주의가 목의 가시였고, 그래서 『안티-오이디푸스』를 관점주의의 실행 또는 (어쨌든 캘리니코스에게는 같은 말이지만) 극단적인 상대주의의 실행으로 해석했다.[19] 그러나 이것은 들뢰즈와 가타리에 대한 좋은 해석이 아닌 것은 물론이고, 니체에 대한 좋은 해석조차 아니다. 제임슨이 논했듯이, 만일 프랑스의 비판이론에 있어 헤겔이 스탈린의 코드명이라면, '니체주의자'라는 표지가 극한의 모욕으로 받아들여진 영미의 비판이론에 있어 자체의 코드명이 니체라는 사실을 어떻게 받아들여야 하는가.[20] 캘리니코스의 사용에 어떤 취할 점이 있다면, 나는 그것이 '근본주의자'를 나타내고 있다고 생각한다. 이는 단계들에 대한 마르크스주의적 논리(여기에서 근본적인 것들은 필연적으로 자본을 앞선다)에 있어 결국 누군가가 '원시-자본주의자'라는 것을 말함이다. 이는 들뢰즈와 가타리에 대한 지젝의 독해, 즉 후기자본주의의 이데올로그들이라는 해석과 일치한다.

---

19 A. Callinicos, *Is there a Future for Marxism?*, London: Macmillan, 1982, pp. 85~111; A. Callinicos, *Against Postmodernism: A Marxist Critique*, Cambridge: Polity, 1989, pp. 83~91. 또한 다음도 참조하라. P. Dews, *Logics of Disintegration: Post-structuralist Thought and the Claimes of Critical Theory*, London: Verso, 1987, pp. 131~143.

20 폴 패턴이 그랬던 것처럼(Paul Patton, "Marxism and Beyon: Strategies of Reterritorialization", eds. C. Nelson and L. Grossberg, *Marxism and the Interpretation of Culture*, London: Macmillan, 1988) 들뢰즈와 가타리의 니체적 영감을 지지하는 관점주의는 양가적 가치를 갖는다. 왜냐하면 그것이 너무 많은 논쟁에 열릴 수 있는 대립의 근거가 되기 때문이다. 이에 관해 나는 들뢰즈와 가타리의 틀을 선호하는 반면 상이한 각도에서 모든 것이 접근 가능하다고 하는 유토피아적 시각에 반대한다.

카리스마를 갖춘 인물들 ——들뢰즈와 가타리의 최초의 동료들과 제자들은 이 점을 증언하곤 했다 ——의 경우가 자주 그렇듯이, 이들의 사유는 그들로부터 거리를 두어야만 비로소 명료하게 이해할 수 있다. 이들에 대한 훌륭한 해설자들인 로지 브라이도티, 마이클 하트, 유진 홀랜드, 브라이언 마수미, 폴 패턴 등등이 모두 타지 사람들이었던 것은 이런 맥락에서 이해할 수 있다. 그러나 『안티-오이디푸스』에 대한 입문서를 썼던 유진 홀랜드를 예외로 하면, 이 세대의 들뢰즈 학자들은 이 저작보다는 『천의 고원』을 선호했다. 이 점을 잘 보여 주는 예로서 브라이언 마수미의 『『천의 고원』 가이드』는 『안티-오이디푸스』에 거의 관심을 보이지 않고서, 『천의 고원』을 읽으면 『안티-오이디푸스』는 그 안에서 당연히 소화되는 듯이 논했다. 들뢰즈 학자들 중 제2 세대에 속하는 사람들, 즉 클레어 콜브룩, 마누엘 데란다, 그렉 램버트, 그리고 나 자신을 포함해 많은 학자들 역시 대체적으로 이런 경향을 띠었다. 내가 말하고 싶은 요점은 『안티-오이디푸스』를 『천의 고원』과 구분하지 않는다면, 우리는 전자가 혁명적인 저작이라는 것(그러나 후자는 아니다)을 놓쳐 버리리라는 점이다. 1972년에 들뢰즈와 가타리는 어떤 희생을 치르고서라도 사회를 변화시키고자 했다. 그러나 1980년에 이르러 이들은 이전의 급진적인 입장에서 한 걸음 물러났으며, 필요한 어떤 수단을 써서라도 사회를 바꾸어야 한다는 이전의 생각과는 달리 사회 변혁에 있어 일정한 제한을 요청하기에 이른다. 그의 생애 말년에 나온 「들뢰즈 ABC」에서 들뢰즈는 너무나 많은 그의 제자들이 죽었고, 그가 그들의 극단적인 행동을 말렸어야 했다고 말하게 된다. 그러나 당시의 상황이 여러 사람들의 목숨을 앗아 갔고 그들의 꿈을 산산조각 냈다고 해서, 『안티-오이디푸스』의 혁명적 사유가 이런 회한悔恨의 분위기 속에서 잊혀져 가야 한다고는 생각하지 않는다. 이 저작의 기도는 왜 우리가 사회를 바로 이런 식으로 굴러가도록 방기했고 나아가 욕망했는지를 물어봄으로써 사회 전반을 바꾸고자 하는 것이었고 지금도 그런 의미를 담고 있다. 이 저작이 전하는 진리는 사회란 바로 우리가 행하는 그대로의 결과이며, 우리가 그것을 바꾸고자 한다면 그것은 우리가 우리의 욕망을 지금의 현실을 바꿀 수 있도록 사용하는 것에 달렸다는 것이다. 『안티-오이디푸스』는 엄밀한 의미에서 유토피아적인 책이다. 그것은 다른 세상에 대한 청사진을 제공한다. 그러나 환상적인 용어들로 세상을 서술함으로써가 아니라, 이런 세상으로부터 벗어날 수 있는 길을 제시함으로써. 그리고 이는 오늘날에도 매우 가치 있는 그러나 미완의 기획인 것이다.[21]

---

21 그래서 로트링거가 함부로 말한 것, 즉 들뢰즈와 가타리는 우리가 따라야 할 어떤 모델도 제시하지 않았으며, 응용할 수 있는 어떤 이론도 남기지 않았으며, 결국 그들의 사유에서 무엇인가를 배우려 한 사람들을 실망시켰다는 것은 언급할 가치도 없는 매도이다. S. Lotringer, "Doing Theory", eds. Lotringer and Cohen, *French Theory in America*, Routledge, 2001. 들뢰즈와 가타리는 확고한 태도로 사회를 변화시키고자 했으며, 그들이 청사진이나 프로그램을 남기지 않았다는 지적은 무의미한 주장이다. 그들이 깨달은 것은 변화는 오로지 우리가 현존하는 체제에 굴복하는 것을 그만둘 때에만 가능하다는 것이었다. 그러한 기획은 '유토피아적'이라고 적절히 불릴 수 있다. 이는 『안티-오이디푸스』에서 푸리에가 어떻게 인용되고 있는지를 보는 것만으로도 증명된다.

더 읽어 보기

들뢰즈와 가타리는 『안티-오이디푸스』의 모든 내용을 다방면에 걸쳐 절충하여 썼다. 그들은 말 그대로 인류학에서 비교종교와 철학, 정신분석과 자연과학에 이르는 모든 분야의 자원을 끌어들여 믿을 수 없을 만큼의 결과물을 내놓았다. 이는 상당히 혼란스러울 수 있다. 그들의 작업이 새로운 독자들에게 불러일으킨 지속적인 물음은 들뢰즈의 이전 작업들에서 아무거나 긁어모은 게 아닌가라는 점이었다(『안티-오이디푸스』는 가타리에 의해 처음 출판되었다). 이 질문에 대한 내 대답은 조심스레 '그렇다'이다. 다만 두 개의 단서가 있다. 첫째, 들뢰즈의 이전 저작들은 첫 저작에서 가장 최근 저작까지를 연속성 속에서 바라보아야 한다는 점에서 '두 명의 들뢰즈'라는 식의 궤변은 피해야 한다. 둘째, 우리는 들뢰즈와 가타리가 마이클 하트의 주된 방법론적 접근이기도 한 '선택적' 독자들을 택한 것임을 명심할 필요가 있다.[1] 그들은 자신들의 기획을 위해 다른 사상가들 — 프로이트, 마르크스, 라캉 등 — 을 이용하면서 이들에 대한 체계적인 설명을 제공할 시간이 없었다. 그들이 니체주의자인지 라캉주의자인지 혹은 그들을 바르게 가져다 썼는지 아닌지를 묻는 것은 의미가 없다. 이는 어떤 의미에서든 그들의 과오를 모면케 해 주려는 것이 아니라

---

1 M. Hardt, *Gilles Deleuze: An Apprenticeship in Philosophy*, Minneapolis: University of Minnesota Press, 1993, p. xix.

그들의 창작물이 보여 주는 설득력에 근거한 독해가 선행되어야 함을 뜻한다. 이에 관해 유일하게 물어야 할 것은 정신분석이 어떻게 작동하고 있는가에 관한 것이다. 확실히 이를 판단하기 위해서는 그들의 아이디어가 어디로부터 온 것인가를 알아야 도움을 받을 수 있다. 다음 소개하는 자료들은 들뢰즈와 가타리를 어떻게 독해할 것인가에 관한 기초적인 가이드라인이 될 것이다.

들뢰즈의 저작

나는 들뢰즈의 이전 저작들에 대한 사전 독해가 『안티-오이디푸스』에 대한 이해에 도움을 줄지 확신할 수 없다. 어떤 면에서 그것은 불필요한 일이라고 할 수도 있을 텐데, 왜냐하면 『안티-오이디푸스』는 들뢰즈의 이전 작업이 보여 준 가장 실용적인 면만을 확대·발전시킨 저작이기 때문이다. 물론 일부는 그의 이전 저작을 면밀히 검토한 것이기도 하다. 요컨대, 나는 들뢰즈의 다음 저작을 권하고 싶다. 『차이와 반복』 2장은 수동적 종합에 관한 들뢰즈의 상세한 논의를 접할 수 있다. 『의미의 논리』 13장은 기관 없는 신체라는 아르토의 개념을 설명해 준다. 『경험주의와 주체성』 5장은 관계성이 외재적 항들에 따른 개념임을 설명하고, 『니체와 철학』 3장 마지막은 이에 관한 비평을 담고 있다.

들뢰즈와 가타리가 인터뷰에서 밝힌 바와 같이 『안티-오이디푸스』 이후 발간된 저작들이 이 책의 이해에 큰 도움을 준다. 예를 들어, 『디알로그』와 『대담, 1972~1990』이 그것이다.

가타리의 저작

『안티-오이디푸스 초록』*Anti-Oedupus Papers*이라는 가타리의 보다 최근 저작은 이 책의 이해에 흥미를 가진 모든 이에게 매우 유용하다. 내가 보기에 가타리가 보여 준 여러 아이디어들은 이 책을 원천으로 삼고 있기 때문이다. 자기 분석의 형식을 띤 정신분석 사례는 정말 흥미롭다.

다른 저자들의 저작들

세 개의 범주에서 목록을 뽑아 보면 다음과 같다. (1) 정신분석, (2) 역사적 유물론, (3) 문학. 이 목록들은 중요도에 따른 것으로 오로지 영어권 독자들에게만 한정하여 제시된 것임을 밝힌다.

정신분석

프로이트Sigmund Freud : 들뢰즈와 가타리는 프로이트의 저작을 참고하고 있기 때문에 이를 무시하는 것은 불가능하다. 특히 우리는 최소한 슈레버에 관한 글인 「편집증에 관한 자서전 노트」Psychoanalytic Notes on an Autobiographical Account of a Case of Paranoia(프로이트 전집 표준판[SE] 12권)를 읽어야 한다. 또, 슈레버의 「나의 새로운 병에 관한 기억」Memoirs of My Nervous Illness도 읽어야 한다. 다음에 제시하는 프로이트의 글들이 유용하다. 「아이가 맞고 있었다」A Child is Being Beaten(SE 19권), 「무의식」The Unconscious(SE 14권), 그리고 「에고와 이드」The Ego and the Id(SE 19권)가 그것들이다. 이 목록들은 쉽게 넓힐 수 있긴 하지만 이것들만으로 출발점을 삼기에는 충분하다.

라캉Jacques Lacan : 들뢰즈와 가타리(특히 라캉학파의 훈련을 철저하게 받았던 가타리)는 확실히 라캉의 작품 전부는 아니지만 대체로 그와 친밀하다. 이러한 친밀함은 그들이 일생에 걸쳐 펼친 작업 덕분이다. 나는 최소한 라캉의 글들뿐 아니라 엘리자베스 그로스Elizabeth Grosz의 『자크 라캉: 페미니즘 입문』*Jacques Lacan: A Feminist Introduction*이나 슬라보예 지젝의 『삐딱하게 보기』*Looking Awry*를 추천한다. 핵심적인 라캉의 글들은 다음과 같다. 「도둑맞은 편지」The Purloined Letter, 「무의식의 위치」Position of the Unconscious 그리고 「신경증적 개인의 신화」The Neurotic Individual's Myth(『정신분석회보』48, 405~425)가 그것들이다.

베텔하임Bruno Bettelheim : 들뢰즈와 가타리는 욕망하는 기계에 관한 설명에서 베텔하임의 『텅 빈 요새』*The Empty Fortress* 속에 나온 조이Joey 분석 사례를 직접적으로 끌어들인다. 이 글은 베텔하임이 조이의 기계에 관한 그림을 보완하고 있다는 점에서 무척 흥미롭다.

클라인Melanie Klein : 들뢰즈와 가타리는 욕망하는 기계에 관한 광범위한 설명 그리고 좁게는 열 살 소년 리처드('꼬마 리처드' 혹은 '딕')에 대한 분석에서 집중적으로 클라인의 작품들을 활용한다. 『아동분석에 관한 서사』*Narrative of a Child Analysis*라는 작품은 확실히 분석의 확립 단계를 상세히 기술한 첫 몇 장에 넣을 가치가 있다. 여기에는 리처드 자신의 일러스트가 포함되어 있다는 점이 주목할 만하다. 리처드의 정신적 어긋남을 야기한 부모와의 '전쟁'을 명확히 보여 주기 때문이다.

라이히Wilhelm Reich : 들뢰즈와 가타리는 다른 분석가들에 의해 무시되어 온 라이히를 중시하고 자주 소환한다. 하지만 사실 그의 작품에서 끌어 온 것은 매우 실용적인 수준의 방법론에 한정된다. 『오르가즘의 기능』 *The Function of the Orgasm*과 『파시즘의 대중심리』*The Mass Psychology of Fascism*는 훑어보면 유익하다. 라이히의 작품은 많은 결함에도 불구하고 일찍부터 현대 정치 문제를 정신분석에 적용할 때 시도되어 왔다.

역사적 유물론

마르크스Karl Marx : 들뢰즈와 가타리는 일찍부터 세계를 마르크스적 관점에서 보았지만 마르크스의 작품에 대한 접근은 결코 교조적이지 않았다. 마르크스는 우리가 쉽게 분할할 수 있는 사상가가 아니기에 도입이 용이한 견본을 확인하기가 무척 어렵다. 그러나 독자들은 『정치경제학 비판 요강』*Grundrisse*이나 『자본 1』*Capital: Volume1*에서 자본의 일반형식에 관한 장을 읽기 위해 이들의 작업을 찾을지도 모른다. 또, 『자본 3』의 이익률 하락 법칙에 관한 논의를 어떻게 담았는지도 궁금해할 수 있다.

니체Friedrich Nietzsche : 들뢰즈와 가타리는 니체의 『도덕의 계보학』*The Genealogy of Morals* 중 죄와 악, 빚에 관한 두 번째 글에 큰 관심을 보인다. 이러한 표준적인 니체 작품은 조금만 노력을 기울인다면 상대적으로 쉽게 읽을 수 있는 매우 촉발적인 글이다.

푸코Michel Foucault : 들뢰즈/가타리는 『광기의 역사』*Madness and Civilisation* 1장 말미에 나온 정신분석에 대한 푸코의 비판이 행했던 연속선상에 자신들의 작업을 위치 짓는다. 특히 우리는 「정신병원의 탄생」The Birth of the Asylum을 읽어야 할 것이다.

사르트르Jean Paul Sartre : 들뢰즈와 가타리 모두 사르트르에 빚을 졌다고 말한다. 그들의 『안티-오이디푸스』는 사르트르의 『변증법적 이성 비판 1』Critique of Dialectical Reason: Volume 1(2권의 1장과 2장 포함)에서 주요하게 다루고 있는 몰적인 것과 분자적인 것에 관한 논의에 크게 빚지고 있다.

파농Frantz Fanon : 들뢰즈와 가타리에게 파농의 『대지의 저주받은 사람들』The Wretched of the Earth은 중요한 작품인데, 왜냐하면 프로이트적 영감에도 불구하고 이 작품은 정신착란delirium이 가족적이기 전에 매우 급진적이고 정치적인 것임을 강하게 드러내고 있기 때문이다.

터너Victor Turner : 들뢰즈와 가타리는 빅토르 터너의 유명한 『은뎀부 의사』Ndembu Doctor 중 10장 「상징의 숲」The Forest of Symbols이 정신분석의 가장 완벽한 사례라고 말한다. 이 덕분에 꼭 읽어야 할 책으로 간주된다.

문학

아르토Antonin Artaud : 들뢰즈와 가타리가 아르토의 용어인 '기관 없는 신체'를 자신들의 것으로 활용했음은 잘 알려져 있다. 그러나 분명하지 않은 것은 그 개념이 얼마나 아르토에게 빚지고 있는가라는 점이다. 나는 이들을 연결하는 일이 특정 개념의 원천이 누구냐를 넘어 조심스레 다루어져야 한다고 본다. 다음 글들을 참고할 수 있다. 수전 손택Susan Sontag 이 편집한 『앙토냉 아르토 선집』Antonin Artaud: Selected Writings은 좋은 안내자이다. 「신경 계량」The Nerve Meter, 「타라후마라로의 여행」Voyage to the Land of Tarahumara, 「반 고흐, 사회에 의한 자살」Van Gogh, the Man Suicided by Society 그리고 가장 유명한 「신의 심판과 더불어」To Have Done with the

Judgement of God 등이 있다.

로런스D. H. Lawrence : 들뢰즈와 가타리의 후기 작업에서 D. H. 로런스의 중요성을 과장하기는 어려울 것이다. 『정신분석과 무의식』*Psychoanalysis and the Unconscious*과 『무의식의 판타지』*Fantasia of the Unconscious*는 읽을 가치가 있다. 이것들은 철학적이 아닌 신화적인 작품이기에 주의를 요한다. 들뢰즈와 가타리가 이 작품들의 논쟁성을 수용한 것은 맞지만 개념적 구축물까지 받아들인 것은 아니다.

프루스트Marcel Proust : 들뢰즈에게 프루스트의 중요성은 과장할 필요가 없을 것이다. 프루스트는 들뢰즈의 작품에 늘 나타난다. 3,000쪽이 넘는 방대한 분량으로 근본 질문을 찾아 헤매는 『잃어버린 시간을 찾아서』*Remembrance of Things Past*의 첫 번째 권인 「스완네 집 쪽으로」*Swann's Way*는 일독할 만한 가치가 있다.

베케트Samuel Beckett : 비록 그 어려움에도 불구하고 베케트의 3부작인 『몰로이』*Molloy*, 『말론 죽다』*Malone Dies*, 『말할 수 없는』*The Unnameable*은 들뢰즈와 가타리가 파괴적 병이 아닌 창조적 과정으로서 분열증을 이해하는 데에 결정적인 참고문헌이 되었다.

뷔히너Georg Büchner : 들뢰즈와 가타리는 욕망하는 기계에 관한 논의에서 뷔히너의 단편 「렌츠」Lenz(펭귄판 희곡전집인 『렌츠와 여러 글들』*Lenz and Other Writings*)를 활용한다. 이는 뛰어난 상상으로 분열증적 섬망을 재구성한 아름다운 작품이다.

네르발Gérard de Nerval : 그의 아름다운 단편 「실비」Sylvie(펭귄판 선집) 또
한 들뢰즈와 가타리가 분열증적 과정을 안내하는 과정에서 활용되었다.

버틀러Samuel Butler : 들뢰즈와 가타리는 '기계적 생기론'에 영감을 준 것
이 새뮤얼 버틀러의 「기계의 책」Book of Machines(『에레혼』Erewhon 23절)
이라고 말한다. 이 작품은 그들의 쌍둥이 개념인 비非전체적 총체성non-
totalized whole과 부분 아닌 부분part of no part 개념을 잘 조명해 준다.

옮긴이 후기

포르노그래피는 인간의 성욕을 그대로 보여 주지 않는다. 수그러든 남성의 성기를 다시 세우고, 조명을 바꾸고, 카메라를 이동시키는 일련의 행위들은 성행위 자체에 초점을 맞추고 있다기보다는 상품으로서 누군가에게 팔리는 일에 복무한다. 때문에 포르노그래피는 공식에 따라 욕망을 채취한 뒤, 상업적으로 가치 있는 장면을 분리해 내는 작업에서 성욕을 다루길 멈춘다. 들뢰즈와 가타리가 보기에 이런 식으로 실재하는 욕망을 조작하는 작업은 자본주의 사회뿐 아니라 국가 사회주의에도 만연해 있다. 사물에 대한 경제학적 사고.──들뢰즈와 가타리가 기획한 '안티'는 바로 이런 사고방식에 대한 도전이라고 할 수 있다.

마르크스의 MCM′ 공식, 곧 '유동적이고 선택 가능한 화폐(M)─이익을 목적으로 투자된 자본(C)─확장적이고 유동적인 화폐(M′)'가 개별 자본가를 위한 한 건의 이익을 넘어 자본의 보편적 운동을 증명하는 논리임은 잘 알려져 있다. 예를 들어, 오늘날 마이크로소프트사는 전 세계 시장의 98%를 독점한 끝에 이윤율 하락 법칙의 적용을 받기에 이르렀다. 새로운 고객에게 소프트웨어를 파는 것만으로는 더 이상 지탱할 수 없는 이 회사가 취한 전략은 구글과 경쟁하거나, 야후와의 합병을 추진하거나, 혹은 기존 시스템과 호환되지 않는 새로운 시스템을 개발하여 기존 고객을 떼어 내는 것이다. 마이크로소프트사는 기존의 관습과 단절하여 1990년대 초 인터넷과 같은 새로운 영역을 창출했지만(탈영토화), 투자 기회가 줄어듦에 따라 아마존과의 경쟁에 뛰어들었다(재영토화).

역사적으로 자본주의는 먼저 길드 조직을 해체하여 개별 노동자로 변신시켜 그의 근육을 기계의 리듬에 복속시켰다(원시적 축적의 과정). 기계와 이어진 노동자라는 주체는 부르주아-노동자 관계의 재생산을 위해 끊임없이 호명된다. 누군가의 아버지이자, 산업 일꾼으로 호명된 노동자에게 다른 대안은 없다(사회적 관계의 재생산 과정). 노동자는 처음에는 자유를 얻은 것 같지만 사실 특정한 사회적 관계 속에 갇힌 것이다. 자본주의는 고정된 사회적 관계 위에서 개인들의 욕망이 흘러가도록 한다.

들뢰즈와 가타리는 두 종류의 돈을 구분한다. 하나는 개인이 물건을 사기 위해 쓰는 돈으로서 이는 그저 한 개인의 삶에 영향을 끼칠 뿐이다. 반면 자본가의 돈은 수십억 명의 삶에 영향을 끼친다. 제1세계의 자본가와 그를 대리하는 기관들(IMF, 세계은행 등)이 제3세계인의 삶을 개선한다는 명목하에 제3세계에 공공 기반시설을 만든다. 제3세계의 노동자들은 자신들이 진 빚을 갚기 위해 기꺼이 노동자가 된다. 여기서 공공 기반시설의 진짜 수혜자는 제1세계의 자본가인 것이다. 이러한 폐해들은 궁극적으로 지구 생태계 전체를 파괴한다. 수익률이 나지 않는다면 혁신도 없다는 자본주의의 명제는 지구온난화 문제에 대한 해법은 오직 시장밖에 없다는 아이러니를 낳았다. 예를 들어, EU는 배출권 거래제를 통해 기업들의 이익을 보장하면서도 겉으로는 탄소배출량을 제한하고 있다.

가족주의는 이 사회적 관계를 떠받치고 있다. "가족은 우리를 '완전한' 사람들로 만드는 역할들을 배분한다."(114쪽) 가족 속에서 우리는 부모로서의 권한과 형제 간의 공평함 등 가족으로서 감당해야 몫을 할당받는다. 가족의 논리는 사회 전체로 울려 퍼진다. 어머니와 결혼하지 말고, 아버지를 죽이지 말 것. 정신분석은 금지의 논리 위에서 이를 벗어나는 모든 것을 치료의 대상으로 간주한다. 오늘날 자본주의의 무의식적 작동 원리는 바로 정신분석이다. 자본가와 국가 그리고 노동자로서의 정체성을 명확히 할 것. 내가 자본가가 될 수 있다면 타인은 반드시 노동자로 남는다는 사실을 아는 신경증자가 될 것. 가족은 이 날 때부터의 위치를 무의식적으로 내면화시켜 주는 훌륭한 제도이다. 따라서 신경증자와 대비되는 분열증자는 자본주의의 한계를 대변한다. "오이디푸스적 삼각형은 개인적이고 사적인 영역성이며, 그 영역성은 사회적 재영토화에서의 모든 자본주의의 노력에 부합한다."(189쪽)

결국 서구에 사는 대부분의 국민들이 좌파나 우파에 투표할 수는 있지만 기업에 반대하는 투표는 할 수 없다. 가령 미국에는 녹색당이 아예 존재하지도 않거니와 유럽에서도 녹색당에 투표하는 것은 기업이나 자본에 대항하는 의미가 아니라 친환경적인 기업에 투표하는 행위이다. 더 많은 친환경적인 사업의 발굴을 통해 하층부 국민의 일자리 확대를 기대한다는 것이다. 1972년 출간된 『안티 오이디푸스』는 이렇게 소비자로 축소되어 저항 행동을 거세당한 당대 유럽인의 현실을 직시하여 큰 주목을 받았다. 저항 행동을 거세당한 사람들이 할 수 있는 것은 냉소밖에 없다. 이러한 메시지는 오늘날 한국 사회에도 시사하는 바가 크다고 하겠다.

번역자들은 이 책의 번역 과정에서 많은 난관에 부딪혔다. 들뢰즈와 가타리의 난해한 용어를 제외하더라도, 저자가 보여 주는 예술 작품에 대한 해박한 지식과 서구 사회의 정치적 역학 관계를 따라잡기 어려웠기 때문이다. 때문에 결과물에 대한 책임은 온전히 번역자들에게 있다. 마지막으로 출간을 위해 인내심 있게 기다려 준 홍민기 편집자님을 비롯한 그린비출판사 임직원분들에게 고마움을 전한다.

2020년 2월 번역자 일동